François Belliot

L'anticonspirationnisme mis à nu
à travers l'imposture Rudy Reichstadt

François Belliot

Homme de lettres, François Belliot écrit sur le terrorisme, les opérations sous faux drapeau et les manipulations médiatiques, depuis le début de la décennie 2010, en prenant pour point de départ les attentats du 11 septembre 2001. Il a publié en 2016 un ouvrage en deux volumes sur la guerre en Syrie, dans lequel il dénonce le mensonge organisé des médias et des politiques français, et leur instrumentalisation des massacres sur le mode de l'inversion accusatoire. Fin 2020, il a notamment recensé et analysé sur son site internet francoisbelliot.fr les dizaines d'opérations terroristes de plus ou moins grande ampleur attribuées à Daech qui ont endeuillé la France depuis 2015. Cette enquête critique sur le massacre de Charlie Hebdo du 7 janvier 2015 s'inscrit dans le droit fil de ce travail de fond sur l'un des enjeux majeurs de notre époque déboussolée.

L'anticonspirationnisme mis à nu
à travers l'imposture Rudy Reichstadt

Publié par
Le Retour aux Sources

www.leretourauxsources.com

© Le Retour aux Sources – François Belliot – 2021

« *[La ligne droite de l'éreintage] consiste à dire : "M. X... est un malhonnête homme, et de plus un imbécile ; c'est ce que je vais prouver", — et de le prouver ! — primo, secondo, tertio, — etc. Je recommande cette méthode à tous ceux qui ont la foi de la raison et le poing solide.* »
Charles Baudelaire, *L'art romantique*

« *Ô vous, soyez témoins que j'ai fait mon devoir
Comme un parfait chimiste et comme une âme sainte.
Car j'ai de chaque chose extrait la quintessence,
Tu m'as donné ta boue et j'en ai fait de l'or.* »
Charles Baudelaire, extrait de préface posthume
aux *Fleurs du mal*

« *L'on voit des hommes que la faveur pousse d'abord à pleine voile ; il perdent en un moment la terre de vue, et font leur route : tout leur rit, tout leur succède ; action, ouvrage, tout est comblé d'éloges et de récompenses ; ils ne se montrent que pour être embrassés et félicités. Il y a un rocher immobile qui s'élève sur une côte ; les flots se brisent à ses pieds ; la puissance, les richesses, la flatterie, l'autorité, la faveur, tous les vents ne l'ébranlent pas ; c'est le public, où ces gens échouent.* »
La Bruyère, *Les caractères*

Introduction

C ela fait une dizaine d'années que je « pratique » Rudy Reichstadt. J'ai fait sa connaissance, au propre comme au figuré, à l'époque où je travaillais avec un ami sur un ouvrage sur les attentats du 11 septembre 2001, prophétiquement intitulé *J'accuse la pandémie conspirationniste*, sur le mode du pamphlet inversé[1]. L'individu était alors un quidam complètement inconnu du grand public. Il tenait déjà le site Conspiracy Watch, qui n'était alors qu'un blog rudimentaire et marginal, qui s'attirait les railleries en raison de son outrancier positionnement néoconservateur et pro-israélien. Pendant des années, Rudy Reichstadt a végété dans les limbes d'internet, même s'il avait dès le départ de solides amitiés dans les milieux sionistes, le seul terreau tout bien pesé dans lequel, en France occupée, une graine intellectuelle peut espérer passer du néant à la lumière, et tutoyer un jour le zénith. À un moment donné de son parcours, justement, les bonnes fées — ou les sorcières au nez crochu, cela dépend du point de vue — de la Fondation pour la Mémoire de la Shoah (FMS) se sont penchées sur son destin, et, d'un coup de baguette magique, ont augmenté son corps de vermisseau destiné à l'insignifiance, d'une paire d'ailes enchantées de la République grâce auxquelles il a pu

---

[1] *J'accuse la pandémie conspirationniste*, par Donald Forestier (pseudonyme loufoque), dont tous les chapitres sont consultables sur mon site francoisbelliot.fr, dans la catégorie « Donald Forestier ». Le principe du pamphlet inversé est expliqué à la page XXX du présent ouvrage.

s'élever, irrésistiblement, vers des hauteurs absolument insoupçonnables au début de la décennie 2010.

Dans mon précédent ouvrage consacré au massacre de *Charlie Hebdo*[2], j'ai consacré une partie entière au discours anticonspirationniste (AC) et aux dispositifs AC, en démontrant que l'on pouvait considérer que les petits soldats de cette mouvance, donneurs de leçons perpétuellement drapés dans la vertu et les valeurs, et la bouche bavant en continu d'insultes et anathèmes, méritaient rien de moins que le qualificatif de criminels participant à *une escroquerie intellectuelle en bande organisée*. J'ai décortiqué la fraude sémantique de l'usage des termes « complotiste », « conspirationniste », « révisionniste », « négationniste », « extrémiste » ; je suis revenu sur l'instructif cas d'école du dispositif AC mis en place pour sanctuariser le storytelling de la guerre en Syrie, sur laquelle j'ai publié en 2015 et 2016 une série de chroniques en deux volumes exposant le mensonge organisé des médias et des politiques français et le maquillage des massacres sur le mode de l'inversion accusatoire[3] ; j'ai enfin analysé le dispositif AC mis en place pour protéger la version officielle du massacre de *Charlie Hebdo* du 7 janvier 2015, en démontrant qu'il s'agissait d'une fraude intégrale, dont l'objectif ne pouvait être que de détourner les masses françaises de toute une constellation de doutes et questionnements profondément dérangeants.

Dans le présent ouvrage, je me propose de mettre à nu l'imposture de l'anticonspirationnisme, dans son ensemble, en prenant pour fil directeur narratif l'extraordinaire parcours de Rudy Reichstadt, devenu en dix années le *pape de l'anticomplotisme* — pour détourner une expression chère à la

---

[2] *Le massacre de Charlie Hebdo, l'enquête impossible*, Le Retour aux Sources, juillet 2021.

[3] *Guerre en Syrie, le mensonge organisé des médias et des politiques français*, Sigest, 2015 ; *Guerre en Syrie, quand médias et politiques instrumentalisent les massacres*, Sigest, 2016.

pègre AC — dont ma plume croise systématiquement le chemin depuis dix ans que m'intéresse aux opérations sous faux drapeau et aux escroqueries médiatiques. Un récit riche en rebondissements vaut presque toujours mieux qu'une laborieuse et austère démonstration.

Une telle biographie intellectuelle présente également l'intérêt, je l'espère, de balayer l'actualité des 15 dernières années, dont beaucoup de pans se sont estompés de nos consciences, en raison de l'enchaînement de plus en plus rapide des événements traumatisants et obsédants dont notre attention est constamment saturée, par des médias et des politiques qui depuis des années ne nous laissent plus une seconde pour respirer, prendre du recul, et nous rendre compte de ce qu'il en train de nous arriver, *de ce que l'on est en train de nous faire*. Ce livre permettra ainsi de revenir, dans l'ordre, sur les incroyables attentats du 11 septembre 2001, fomentés par une vingtaine de barbus depuis des grottes d'Afghanistan, les Printemps arabes de 2011, avec la destruction démocratique de la Libye puis de la Syrie, la mort de Ben Laden en 2012, avec son cadavre jeté en pleine mer depuis un porte-avion, la si limpide affaire Mohamed Merah en plein entre-deux-tours de l'élection présidentielle française de 2012, l'ignoble lynchage médiatico-politique de Dieudonné début 2014 sous la houlette de Manuel Valls, autre vermisseau ailé de l'écosystème politique, le massacre de *Charlie Hebdo* et la prise d'otages de l'Hyper Cacher début janvier 2015 avec leur version officielle instantanée et éternelle, les attentats du 13 novembre 2015, la montée en puissance du discours anticomplotiste et de la lutte contre les théories du complot tout au long de l'année 2015, les vannes ouvertes en grand aux flots de millions de migrants sous le patronage de Saint Soros, la grande mobilisation de l'Éducation Nationale contre les conspirationnistes et les théories du complot à partir de février 2016, sous le patronage de la cruche Young leader Najat Vallaud-Belkacem, la montée en puissance de la Dilcrah cette même année avec la constitution de son conseil scientifique et sa dotation multimillionnaire, l'entrée officielle de la Fondation pour la Mémoire de la Shoah dans l'escroquerie en bande organisée anticomplotiste avec le financement de Conspiracy

Watch et de Rudy Reichstadt, l'incroyable ascension de l'employé de la banque Rothschild Emmanuel Macron porté à la présidence de la République en avril 2017, l'élection de Donald Trump, début d'une campagne de lynchage médiatique quotidienne contre le nouveau Barry Goldwater[4] dans tous les pays de la zone OTAN pendant quatre ans, l'incendie de Notre-Dame de Paris le 15 avril, immédiatement protégé par un dispositif anticomplotiste pouvant être considéré comme la signature du crime, l'essor du mouvement des Gilets jaunes fin 2019 et sa répression brutale ainsi qu'il est d'usage en République depuis la Commune en 1871, l'entrée dans l'enfer de la crise sanitaire en mars 2020, le confinement de toute la population française pendant trois mois, enfin le décret de la

---

[4] Barry Goldwater (1909/1998), membre du parti républicain, ami et collègue de Joseph Mc Carthy et de John Fitzgerald Kennedy, sénateur de l'Arizona de 1952 à 1987, candidat à l'élection présidentielle de 1964 contre Lyndon B. Johnson. Lors de sa campagne électorale, il subit, à l'instar de Donald Trump, les attaques répétées des médias ligués contre lui, l'accusant de conspirationnisme, d'extrémisme, de tendances dictatoriales incontrôlables. Il a été finalement battu à 61,05 % contre 38,47 %. Il a servi de modèle à Richard Hofstadter pour établir les caractéristiques du *style paranoïaque*, dans son ouvrage du même nom unanimement considéré comme l'ancêtre de tous les travaux anticonspirationnistes. Comme tous les ouvrages AC ultérieurs, il s'agit largement d'une frauduleuse opération d'enfumage dans la mesure où Hofstadter suit à la lettre la règle d'or de ne jamais entrer dans le détail des « théories du complot » défendues par Goldwater, en particulier le celle du complot communiste. Elles sont posées comme fausses a priori, comme sont posés comme a priori mauvais et à combattre ceux qui les dénoncent. L'ouvrage de Hofstadter est néanmoins d'un grand intérêt pour le chercheur désireux de comprendre les fondements, les motivations, les caractéristiques, en un mot le *style anticonspirationniste*. Il arrive à Rudy Reichstadt de le citer comme le Saint patron de sa corporation. Exemple : « *Lire Hofstadter aujourd'hui permet de prendre la mesure du niveau affligeant auquel nous ramènent quelques graphomanes pressés et bruyants, plus soucieux de trouver des excuses aux adeptes du style paranoïaque que véritablement inquiets de la résurgence de cette authentique pathologie politique.* » (*Slate.fr*, 10/11/2012)

vaccination tacitement obligatoire de toute la population le 12 juillet 2021. Si l'on ne considère que la séquence 2015–2021, l'accélération a été prodigieuse et sans précédent dans l'histoire de France. C'est dans ce contexte de transformation progressive de la douce France en irrespirable enfer que des démons comme Rudy Reichstadt ont pu croître et s'épanouir sous le soleil de Satan.

François Belliot, août 2021, an II après Covid

Première partie

Du néant au zénith, grâce aux ailes de la République

Cela fait belle lurette que l'imposture intellectuelle Rudy Reichstadt a été mise en lumière, en long, en large et en travers. Quoique la renommée du personnage soit loin d'approcher celle d'un Bernard-Henri Levy, elle est tout aussi exemplaire de l'impunité totale dont jouissent les agents israéliens dans le détournement de la politique intérieure et étrangère de la France. Rudy Reichstadt... ou comment un parfait inconnu, sans aucune qualification particulière, est devenu en une dizaine d'années le principal acteur AC du pays, coqueluche de tous les médias dès que sur une très grave affaire un soupçon de « complotisme » pointe dangereusement le bout de son nez, auto proclamé spécialiste de tous les sujets les plus graves et les plus complexes, sans jamais avoir travaillé ni écrit une ligne sérieuse dessus : les attentats du 11 septembre 2001, les attentats de Londres et de Madrid, l'attentat du marathon de Boston, les attentats de Paris du 7 janvier et du 13 novembre, l'attentat de Nice, négateur en général de toutes les opérations sous faux drapeau (false flags), spécialiste de la tuerie de Sandy Hook, inlassable partisan des campagnes de vaccination et incidemment des grands groupes pharmaceutiques, pourfendeur zélé des autorités vénézuéliennes, russes, iraniennes, syriennes, inconditionnel défenseur d'Israël et pourfendeur acharné de l'antisémitisme, du révisionnisme et du négationnisme, apologète de la version officielle de l'assassinat de John Fitzgerald Kennedy, spécialiste de la shoah et du génocide rwandais, pompier des incendiaires de la version accidentelle de la destruction de Notre Dame, fin connaisseur de Daech, des printemps arabes, infatigable avocat de George Soros, ardent banalisateur des réunions du groupe de Bilderberg, de la commission Trilatérale et du Council of Foreign Relations, pourfendeur des sceptiques de l'origine exclusivement anthropique du réchauffement climatique, dénonciateur des dérives complotistes et antisémites des Gilets Jaunes, chaud partisan de l'installation des compteurs linky, ami intime des associations de la communauté juive organisée et de la franc-maçonnerie, vigile attentif de tout doute émis sur la réalité des premiers pas de l'étasunien sur la lune, admirateur de George W. Bush, Barack Obama, Hillary Clinton, et opposant déclaré à Donald Trump, gardien des origines et de la postérité de la Construction Européenne, trumpisateur de l'affaire Epstein et bémolisateur du « Pizzagate », avocat du clan Clinton dans les deux cas. À cette omniscience, le trentenaire Rudy Reichstadt, a été à sa naissance l'heureux récipiendaire d'un don unique, celui de la science infuse, qui lui permet de devenir spécialiste de n'importe quel sujet complexe et polémique de façon instantané. Quand Notre-Dame prend feu, il devient derechef pompier et spécialiste des feux et des incendies, quand l'épidémie de coronavirus éclate, il devient médecin et épidémiologiste, au point de faire la leçon aux spécialistes chevronnés et aux prix Nobel, quand Daech surgit et connaît son expansion foudroyante, il devient géopolitologue vieux routier des affaires du Moyen-Orient, si un grave et douteux incident nucléaire survenait, à n'en pas douter en un instant il se découvrirait spécialiste de l'atome. En plus de ces innombrables casques, casquettes, blouses et costumes, c'est du heaume et de la lance du chevalier anticomplotiste qu'il aime le plus à s'équiper. Le plus grand plaisir, la plus grande occupation de Rudy Reichstadt n'est pas l'ensevelissement austère dans la poussière des grimoires, mais la sueur et le sang de la lice où il aime, infatigablement mais toujours à armes inégales, défier et pourfendre les figures désignées par lui et ses frères d'armes comme appartenant à la « complosphère », comme il aime les appeler, ou la « fachosphère » dans ses moments de colère. C'est ainsi qu'après toutes ces années de lutte, il croit pouvoir s'honorer d'avoir accroché à son ceinturon les scalps de Dieudonné, Étienne

Chouard, Alain Soral, Christine Boutin, François Fillon, Jean-Luc Mélenchon, Jean-Marie Le Pen, François Asselineau, Robert Faurisson, Matthieu Kassovitz, Vincent Reynouard, Jean-Marie Bigard, Tariq Ramadan, Hugo Chavez, Donald Trump, Bachar el-Assad, Olivier Berruyer, Fidel Castro, Kemi Seba, Hervé Ryssen, Gérard Depardieu, Claude Coasguen, Emmanuel Ratier, Henri De Lesquen, Alex Jones, Marion Cotillard, Jérémy Corbyn, Yann Moix, René Balme, Aymeric Chauprade, David Ray Griffin, Jacques Cheminade, John Paul Lepers, Frédéric Taddéi. J'imagine que cette liste paraîtra hétéroclite voire incohérente tant aux yeux des confiants que des désenchantés. C'est que notre héros a la gâchette facile. Le moindre soupçon d'adhésion aux théories du complot touchant les thèmes et événements dont il a la garde met tous ses sens en alerte et le pousse à dégainer plus vite que son ombre. C'est ainsi que dans son tableau de chasse Robert Faurisson et Vincent Reynouard peuvent côtoyer Gérard Depardieu et Claude Coasguen. Si Rudy Reichstadt était gardien de la paix, il ne lui faudrait sûrement pas plus d'une semaine d'activité avant d'être radié de la corporation pour irréparable bavure. Heureusement pour lui son employeur n'est pas la Police nationale mais la Fondation pour la Mémoire de la Shoah, beaucoup plus souple dans le rapport à la déontologie.

Sa sainte et impitoyable fureur ne dédaigne pas à l'occasion, des cibles moins glorieuses, des professeurs d'école, de lycée, d'université, des conseillers politiques, municipaux, soutiens de campagne qu'il tire de l'ombre pour les exhiber dans la charrette avec délectation, afin de ruiner leur réputation et leur faire perdre leur travail.

Cet anticomplotiste maniaque, désordonné, grossier, ne dédaignant jamais de recourir aux procédés rhétoriques les plus infamants, lui a attiré, c'était à prévoir, des commentaires et dénonciations cinglants de la part des personnes ou groupes attaqués, systématiquement passés sous silence dans les grands médias où il est reçu dans un fauteuil avec tous les égards dus à un acteur AC de haut rang. Il faut commencer par un florilège de ces critiques et dénonciations qui sont mille fois méritées. Leur ton indigné ne doit pas être interprété comme une perte de ses moyens, mais comme l'effet bien compréhensible d'une indignation profonde et stupéfaite face à tant de médiocrité, de perversité et d'outrecuidance mêlées d'absolue impunité. Le portrait que je brosse dans ces pages de Rudy Reichstadt est en effet loin d'être le premier du genre. Toutes ses méthodes ignominieuses, ses accointances politiques avec la communauté juive organisée et l'extrême droite israélienne, son absolue impunité, son importance publique de plus en plus démesurée, ont en effet été dénoncées de la façon la plus convaincante — sans aucun effet il est vrai ! — mais définitivement mises à jour, et c'est là que la comparaison avec Bernard Henri Levy est amplement justifiée, même si le grand public n'en a pas forcément conscience.

Commençons par citer certaines de ces critiques, en suivant l'ordre chronologique.

Des commentateurs de reopen911.info ([1], [2]) : 1) « *Le blog en question me paraît bien trop confidentiel et caricatural — limite parodique même ! — pour mériter une telle publicité...* » (2006) 2) « *J'ai surtout l'impression que le principal travail de ce blogueur est de piquer des news de ci delà et de les ranger très consciencieusement et sagement dans sa boîte à conspirationnistes sans grande analyse. Tant que son blog végète, il ne rencontrera guère de soucis mais il suffit qu'il y en ait un désigné nommément que cela pique de l'attaquer pour diffamation, cela fera, qui sait, peut-être réfléchir l'hébergeur.* » (2008) 3) « *Même dans les églises évangéliques on rencontre très peu de personnes aussi dénonciatrices des anti-sionistes. Même si personnellement le fait que les juifs soient de retour en Israël me réjouit, jamais je n'irais crier sur tous les toits au complotisme chaque fois que quelqu'un est contre la politique d'Israël. Rudy pense au contraire que c'est sa mission divine, il pense sincèrement que le mouvement pour la vérité*[5] *est*

---

5 On appelle aux États-Unis *9/11 truth movement* (traduction : mouvement pour la vérité sur le 11 septembre), le mouvement populaire

profondément anti-Israël [et antisémite, devrait-on ajouter]. » (2010) 4) « *Grâce à ce site, les sceptiques sont en mesure de réaliser que ceux qui défendent la version officielle du 11/9 sont les mêmes que ceux qui défendent la version officielle de l'assassinat de JFK, de RFK, de MLK, de Bérégovoy, de Boulin, etc.* »

Etienne Chouard (septembre 2011) : « *Je vous préviens, ce site Web (Conspiracy Watch) est un véritable égout... On s'y fait calomnier de la façon la plus violente et la plus injuste, et, après une première réponse publiée pour servir d'alibi, on n'a ensuite pas le droit de se défendre : les protestations sont censurées... Pendant ce temps, des affreux anonymes (comme ce "Will") viennent faire des faux témoignages, vous ne pouvez pas protester contre ses mensonges éhontés, et une bande d'autres courageux et très crédibles pseudos viennent répéter et amplifier le mensonge initial... pour donner une apparence de vérité à des propos sans fondement. Du travail de pro. (...) Donc, si j'ai bien compris, ce site intitulé "conspiracy watch" diffame à tour de bras, ment et calomnie, tout en interdisant aux victimes de se défendre correctement. Et bien sûr, tout en donnant des leçons de démocratie et en accusant les gens de défendre des thèses d'extrême droite... Tout ça donne la nausée, et je ne vais pas traîner longtemps sur ce site glauque de propagande, manifestement au service de tous les comploteurs du monde puisqu'il s'est apparemment donné l'étrange mission de dénoncer... tous les donneurs d'alerte. Super mission,*

---

contestant la version officielle des attentats du 11 septembre 2001 et le rapport de la commission d'enquête Kean/Hamilton de 2004. Il comprend différentes branches professionnelles relatives aux différentes anomalies, zones d'ombre, incohérences de la version officielle : Architects & Engineers for 9/11 truth, Pilots for truth, Scholars for 9/11 truth, Scholars for 9/11 truth and justice, 9/11 citizens watch, Firefighters for 9/11 truth, 9/11 commission campaign. L'existence de ce mouvement de très grande ampleur, diversifié, hétéroclite, n'a jamais été une seule fois évoquée comme il se doit par le complexe médiatique « français » en près de 20 ans d'existence.

vraiment… Bravo. Nous sommes DE FAIT sur le site de Big Brother, celui qui vaporise les opposants. »

Investig'action (septembre 2013) : « *Comme à son habitude, il utilise son répertoire de techniques de manipulation : insinuations, amalgames, diffamations, tout en se proclamant défenseur de valeurs universelles inattaquables : laïcité, démocratie, lutte contre le racisme et l'intégrisme, antifasciste, etc. (…) L'argumentaire par les amalgames est un principe récurrent dans la dialectique utilisée par Reichstadt, il englobe sans vergogne et artificiellement des personnalités de gauche comme Michel Collon et Jean Bricmont, avec d'autres de l'extrême droite (celle qui ne lui plaît pas, bien évidemment !). (…) Rudy Reichstadt se dit surpris d'être qualifié de "néoconservateur". Pourtant le blogueur a bien collaboré à la revue "Le Meilleur des Mondes". Cette revue qui a cessé de paraître en 2008 fut le prolongement du Cercle de l'Oratoire, un cercle de réflexion néoconservateur composé d'intellectuels français favorables à la guerre en Irak. En 2006, le journal Libération titrait : Les meilleurs amis de l'Amérique. Le journal commente : Depuis les manifestations contre l'intervention des États-Unis en Irak, des intellectuels français, révoltés par l'antiaméricanisme, ont fondé le Cercle de l'Oratoire. (…) il semble évident que le titre de néo-con est le plus approprié pour décrire le profil de Rudy Reichstadt. Son idéologie affichée, proche de plusieurs extrémistes, fait de lui un opportuniste bien trop engagé pour pouvoir se revendiquer "expert" en quelque domaine que ce soit, mis à part en propagande néo-conservatrice.* »

Arno Mansouri, directeur des éditions Demi-Lune (décembre 2013) : « *Enfin, vous avez l'habitude de vous présenter comme un "expert du 'complotisme'" sans expliciter vos allégeances politiques et idéologiques — essentiellement au sein des milieux néoconservateurs français (Le Meilleur des Mondes [la revue pro-américaine du Cercle de l'Oratoire], La Règle du Jeu, [fondée et dirigée par Bernard-Henri Lévy depuis 1990], etc.). Cette allégeance manifeste, qui est loin d'être un gage d'objectivité, a notamment été soulignée par le respectable* géopoliticien Pascal Boniface. *Mais si vous étiez réellement l'"expert" intègre que les médias nous présentent, il serait bien plus déontologique d'assumer ouvertement votre positionnement politique, à l'instar d'Aymeric Chauprade. Néanmoins, peut-être craignez-vous de donner raison à vos principaux ennemis "complotistes"* — *c'est-à-dire toute personnalité médiatiquement visible ayant tendance à critiquer l'influence démesurée de Washington ou de Tel-Aviv sur les cercles de pouvoir français ?* »

Alterinfo.net (février 2015 : « *Un certain Rudy Reichstadt a entrepris de créer un soi-disant "observatoire des théories du complot"… En réalité, son site Conspiracy Watch est plutôt un instrument de propagande principalement destiné à promouvoir ses idées pro-israéliennes, atlantistes et néo-conservatrices, et à discréditer ses adversaires idéologiques. Son site ne dénonce jamais les théories du complot et contre-vérités propagées par ses amis, voire par Rudy Reichstadt lui-même.* »

Panamza (mai 2016) : « *Fonctionnaire de la Ville de Paris, animateur du site Conspiracy Watch, ex-collaborateur de la revue néoconservatrice Le Meilleur des mondes, ancien rédacteur du magazine pro-israélien L'Arche, co-fondateur de l'association "Onze janvier" (dirigée par Mohamed Sifaoui), camarade de Caroline Fourest et proche de l'Union des étudiants juifs de France, ce blogueur crypto-sioniste est devenu, en quelques semaines, le référent politico-médiatique de la mouvance "anticomplotiste"* » (…) « *Animateur du site Conspiracy Watch et proche de l'UEJF, ce blogueur crypto-communautariste incarne avec brio — mais à son insu — l'alliance consubstantielle et révélatrice entre la galaxie sioniste et la mouvance dite "anticomplotiste".* »

François Asselineau (août 2017) : en réaction à la dénonciation par CW des propos du député Claude Coasguen soupçonnant la CIA de participer à la déstabilisation du Venezuela, alors que ce dernier est un atlantiste et sioniste notoire, et que dans ses propos il a aussi violemment chargé le président Nicola Maduro : « *La palme de la police de la pensée revient cependant à l'inénarrable site "Conspiracy Watch", "l'observatoire du conspirationnisme" [sic], créé par un Français très proche des néo-conservateurs américains : Rudy Reichstadt (...) Cette officine s'est fait une spécialité des dénonciations calomnieuses contre quiconque prononce le mot de CIA, ou remet en cause la version officielle des événements tels qu'ils sont présentés par Washington. (...) On notera au passage que le site Conspiracy Watch qui prétend apprendre aux internautes à discerner la vérité du mensonge : a) déforme sciemment les propos de Claude Goasguen ; lequel n'a jamais dit que Washington serait "le seul responsable de la crise qui secoue aujourd'hui le pays" et a, bien au contraire, souligné la responsabilité de Maduro (cf. verbatim ci-dessus). b) garde bien sûr le silence sur le parallèle dressé par Goasguen avec la déstabilisation du régime chilien par la CIA, alors qu'il s'agit d'une vérité historique absolument irréfutable.* »

Observatoire du journalisme (décembre 2017) : « *La personnalité de Rudy Reichstadt ne permet pas d'accréditer la possibilité d'un positionnement neutre et objectif.* »

Egalité&Réconciliation (septembre 2018) : « *Rudy IIIème Reichstadt, c'est le dernier maillon de la chaîne de mensonge oligarchique. C'est lui, aussi crédible qu'un ado échappé de l'asile, qui a la charge de porter la parole officielle sur les attentats du 11 Septembre. Un job pas facile puisqu'il lui faut mentir comme un dentiste nazi, pratiquer l'inversion accusatoire, planquer les faits déroutants, etc. Mais comme il est payé pour ça, il continue. Il faudra dire un jour la rude vérité à Rudy : tout le Net entier se fout de sa poire, et le laisse pérorer dans le vide. Plus personne n'écoute ce pantin des lobbies, même quand il parade devant les futures élites de Sciences Po : son discours pour crétins ne passe plus. Mais l'oligarchie, cette vieille et increvable reine du Mensonge, ne renonce pas pour autant, et oblige toutes ses officines à relayer sa parole sacrée.* »

Ce corpus de citations ne donne qu'une mince idée de l'étendue de la défiance que l'homme doit inspirer. Alors que celui-ci répète en boucle dans les médias, protégé par son froc et son auréole AC, qu'il est impossible de contredire les conspis parce qu'ils se plaisent à multiplier à l'infini les arguments mensongers, rendant impossible toute critique systématique, c'est exactement ce à quoi il s'abaisse en permanence. En vérité, il faudrait plusieurs volumes, pour démonter une à une les milliers de perversions dont sont intentionnellement incrustés ses articles et interventions. Tout ce qui vient d'être cité est vrai, très facilement vérifiable, et les différents commentateurs n'ont même pas eu besoin de se consulter et de conspirer pour aboutir à la même conclusion : Rudy Reichstadt est une imposture intellectuelle au service du système. Les nuances ne sont à chercher que dans la truculence de la verve et des vannes qu'un culot aussi formidable, impuni, et universellement honoré, ne peut manquer d'inspirer.

Nous sommes tombés à plusieurs reprises, dans la seconde partie de notre précédent ouvrage *Massacre de Charlie Hebdo : l'enquête impossible,* sur le nom de Rudy Reichstadt, en cochant la case « Invocation d'autorités en carton-pâte », signalant à coup sûr le caractère anticomplotiste (AC) des productions littéraires et journalistiques prétendant interdire et condamner la remise en cause, même légère et lointaine, de la version officielle du massacre de *Charlie Hebdo*. Nous en rappelons le principe : à défaut d'entrer dans le détail des faits, des objections et arguments consistants développés par les sceptiques les plus sérieux, les acteurs AC, afin de donner à leurs réquisitoires une patine sérieuse, crédible, éprouvée, nimbée d'inattaquable respectabilité, invoquent et citent des « autorités » aux titres ronflants, souvent connus du grand public, ayant publié des ouvrages et passant souvent dans les médias. Ces réflexions et « commentaires » ont pour particularité jamais démentie d'être complètement déconnectés de l'affaire concernée. Ainsi étions-nous tombés sur les noms de Jean-Yves Camus, de « Guillaume », de Barbara Lefebvre, de Gérald Bronner, de Pierre-André Taguieff, d'Hannah Arendt, de Pierre Birnbaum, de

Paul Zawadzki, d'Emmanuel Taïeb, de Richard Hofstadter… et de Rudy Reichstadt.

Nous avions fait remarquer que ce dernier, à l'instar de presque tous ses collègues, était à la fois un rouage essentiel de la communauté juive organisée, en même temps qu'un acteur majeur, au niveau institutionnel, de la lutte contre les complotistes, les conspirationnistes, et les théories du complot. Nous nous étions également promis, in petto, de revenir ultérieurement sur ce cas particulier dans un opus dédié à part entière.

Le cas de Rudy Reichstadt mérite en effet que l'on s'y penche un peu sérieusement pour différentes raisons, dont la moindre n'est pas le fait que par la force des choses et des événements, son parcours, en tant qu'acteur AC, est intrinsèquement lié au massacre de *Charlie Hebdo*. D'une certaine façon, on peut même dire que le massacre de *Charlie Hebdo* a fait Rudy Reichstadt, comme il a fait, à un degré moindre, tout un ensemble d'acteurs AC qui se sont multipliés dans les médias à partir de janvier 2015. À partir de cette date. Rudy Reichstadt représente par ailleurs une synthèse parfaite de l'acteur et du discours AC tel que mis en évidence précédemment. Il s'agit, sans aucun abus de langage, d'une authentique *synthèse*, emblématique de ce que le système de mensonge organisé dans lequel nous vivons est capable d'engendrer et de promouvoir. L'ouvrage qu'il a publié en septembre 2019 sur le sujet : *L'opium des imbéciles, la lutte contre les théories du complot est un sport de combat*, peut également, au niveau littéraire, être considéré comme une synthèse de la littérature AC dans tout ce qu'elle peut manifester de plus impersonnel et de plus caricatural. Retracer son parcours et la place désormais centrale qu'il occupe dans le dispositif AC permettra de mieux comprendre ce qu'il faut penser à la fois de la version officielle du massacre de *Charlie Hebdo*, mais encore de tout un ensemble d'événements estampillés « théorie du complot » et dénoncés comme tels à longueur d'articles sur son site référence de délation Conspiracy Watch, et dans les interview, émissions, conférences en tous genres auxquels il participe à un rythme effréné depuis janvier 2015, sur tous les supports médiatiques et politiques possibles et imaginables.

Dans le premier volume de *Guerre en Syrie*, nous avions choisi pour fil directeur révélateur du mensonge organisé des médias et des politiques français le destin extraordinaire du Père Paolo Dall'Oglio, prêtre jésuite italien expulsé en juin 2012 de Syrie, pays où il vivait depuis 30 ans, en raison de ses dénonciations déloyales et outrancières de « l'horrible-régime-de-Bachar-el-Assad-qui massacre-son-propre-peuple », expulsion qui l'avait propulsé aussitôt dans une tournée triomphale dans les pays de la zone OTAN, où il avait été favorablement reçu et relayé par tous les médias plus hautes autorités politiques. Je n'avais pas encore trouvé l'expression à l'époque, mais à l'évidence, comme bien d'autres acteurs de la propagande antisyrienne, le père Paolo Dall'Oglio ne déviait jamais de la rhétorique « AC », appelant la « communauté internationale » à prendre ses responsabilités et provoquer, au besoin par la voie de la guerre, un changement de régime en Syrie. J'avais été frappé à l'époque de constater à quelle vitesse et dans quelles proportions une personnalité ne représentant rien ou presque par rapport à un domaine complexe et aux enjeux brûlants, pouvait être soudain projeté sous les feux de la rampe médiatique, la moindre de ses prises de parole — aussi discutable, extrémiste, peu solide et étayée fût-elle — étant accueillie comme un oracle indiscutable et rencontrant aussitôt une caisse de résonance formidable. En fait, ce genre de personnage émerge dans le paysage médiatique à chaque fois que se fait jour l'impératif de rendre crédible un mensonge organisé dans les sociétés démocratiques occidentales, mais le cas était tout de même peu ordinaire : un prêtre étranger appelant à noyer son pays d'accueil sous les bombes ! En entrant dans le détail du parcours de Rudy Reichstadt, je dois avouer que j'ai eu la nette impression de passer dans une dimension encore supérieure, et de plusieurs crans. Le lecteur en jugera à la lecture de ce parcours que l'on pourrait appeler, en paraphrasant le titre d'un célèbre film de Claude Lelouch, *Itinéraire d'un AC gâté*.

Rudy Reichstadt, les origines

Martin Heidegger a écrit, dans *Approche de Holderlïn* qu'«*il arrive couramment que l'esprit se montre aux hommes sous les apparences du "créateur" et du "génie". Or tout ce qui est "créateur" est inné, c'est-à-dire doit être d'ores et déjà chez soi dans le fond de sa naissance. Comment pourrait-il sans cela croître jusqu'au terme de sa "grandeur" ?*[6] » (p. 115) Et dans les familles patriciennes de l'ancienne Rome, il était considéré comme augure nécessaire d'une éclatante carrière qu'un jeune homme à l'orée de l'âge adulte se distingue par une action d'éclat mémorable.

Ce qui vaut pour la vertu et la grandeur vaut sans doute pour la petitesse et le vice. C'est ainsi que les tout premiers pas de Rudy Reichstadt dans le monde des idées et de l'action politique apparaissent a posteriori comme une récapitulation initiale de tout ce qu'il déploiera par la suite. Il mettra du temps à passer de la condition de luciole à celle d'astre rayonnant dans le ciel médiatique, mais dès le premier pas, à l'évidence tout était en germe.

Rudy Reichstadt n'a même pas encore obtenu son diplôme de l'IEP d'Aix-en-Provence, en 2004, quand il publie un long article à charge contre l'ouvrage que vient de publier l'un de ses anciens professeurs, Vincent Geisser, et il ne le publie pas n'importe où : dans la revue *Prochoix* de Caroline Fourest et Fiametta Venner[7].

Dans *La nouvelle islamophobie*, publié en 2003 aux éditions de La Découverte, Vincent Geisser dénonce la dérive

---

[6] *Approche de Holderlïn*, Martin Heidegger, traduit de l'allemand par Henry Corbin, Michel Deguy, François Fédier et Jean Launay, Gallimard, 1996, p. 115.

[7] *Nouvelle islamophobie ou nouvelle* imposture ?, Rudy Reichstadt, prochoix.org, 16 septembre 2004.

d'un certain nombre d'intellectuels médiatiques, après les attentats du 11 septembre 2001, qui se sont mis à imposer sur l'agora un discours réduisant l'Islam et les musulmans vivant sur le territoire français à une caricature d'islamistes en puissance, inassimilables, représentant un danger pour la République et ses valeurs, et développant une nouvelle judéophobie : « *Cette logique réductionniste aboutit à la construction d'un idéal type du "musulman médiatique", pris systématiquement sous les mêmes postures ; des fidèles en prière vus de dos, les fesses en l'air ; des rassemblements compacts menaçants et hurlants ; des femmes voilées ; un individu barbu, bouche ouverte et yeux écarquillés.* » (p. 24) Il les accuse de jeter constamment de l'huile sur le feu en développant un discours visant à placer ces nouveaux Français dans un camp inconciliable avec celui des Français historiques : « *Nous sommes en présence d'une vision huntingtonienne in societa — la théorie du "choc des civilisations" vulgarisée dans sa version franco-française — censée prédire (ou prévenir ?) l'imminence de conflits intracommunautaires sur notre territoire. Pour autant cette vision catastrophiste de la société française n'est pas le produit d'un groupe social particulier. La "communauté juive" dans son ensemble ne partage pas les interprétations néoconservatrices du président du CRIF, Roger Cukierman, ou des chercheurs en sciences sociales comme P-A Taguieff, Raphaël Draï, Schmuel Trigano, ou Michèle Tribalat. Au contraire, la lecture des prises de position individuelles et collectives révèle une grande diversité des points de vue et des interprétations de l'antisémitisme d'aujourd'hui, fournissant des éclairages pertinents pour notre propre analyse.* » En plus de critiquer certains intellectuels juifs à l'idéologie qu'il n'hésite pas à qualifier de « néoconservatrice », il dénonce la complicité d'un certain nombre de « musulmans de service » qui ont remplacé les « beurs de service » des années 80 : « *Centrant l'essentiel de leur argumentation sur une représentation manichéenne des enjeux actuels (les "musulmans libéraux et modérés" menacés par les "méchants barbus intégristes"), ces porte-parole auto-proclamés de l'Islam de France favorisent une islamophobie latente qui se cache, le plus souvent, derrière une islamistophobie.* » (p. 96) Parmi ces musulmans de service, reviennent souvent les noms de Mohamed Sifaoui, Rachid Kaci, Latifa ben Mansour, ou encore Malek Boutih.

Nous recommandons la lecture de cet ouvrage qui, 18 ans après sa publication, n'a pas pris une ride. Le concept d'« islamistophobie » en particulier a le mérite d'éclairer ce qui est précisément reproché à des journaux comme *Charlie Hebdo* depuis que Philippe Val en prit la direction en 2002.

Avec le recul, il n'est pas surprenant que Rudy Reichstadt soit descendu pour la première fois dans l'arène afin de dénoncer son ancien professeur de l'IEP, puisque par la suite, ce que tout son parcours démontre, c'est précisément dans la mouvance dénoncée par Geisser qu'il s'engagera en tant que milicien intellectuel, prenant comme mentor Pierre-André Taguieff, et fondant l'association 11 janvier en 2015 avec Mohamed Sifaoui. Quant à Caroline Fourest qui publie son brûlot anti Geisser, elle deviendra par la suite son alliée et collaboratrice en maintes circonstances, comme nous allons le voir.

Son article, qu'il signe en ses nom et prénom, et qualité d'« *étudiant à l'IEP d'Aix-en-Provence, ancien élève de Vincent Geisser* », se présente comme une réfutation en bloc de la démonstration développée dans l'ouvrage. Il prend la défense de *tous* les intellectuels critiqués par Geisser, en s'appuyant sur des autorités comme Pascal Bruckner, Caroline Fourest, Pierre-André Taguieff.

La première phrase de l'article donne le ton de donneur de leçon qui sera sa constante marque de fabrique par la suite : « *La publication du livre de Vincent Geisser a semé le désarroi et l'indignation chez tous ceux qui se reconnaissent dans les valeurs républicaines et le combat laïque.* » Sa thèse est « *insupportable* ». Ce sont des « *inepties* ». « *on ne peut qu'être indigné.* » Vincent Geisser est mû « *par une sorte de préjugé raciste inversé* ». Son « *pamphlet* » constitue « *une basse manœuvre de flicage idéologique* ». Grand seigneur il concède : « *ce n'est pas parce que nous ne sommes pas d'accord avec ce que dit ou écrit V. Geisser que nous lui contestons le droit de s'exprimer publiquement.* » Et dans la conclusion nous relevons cette inversion accusatoire magnifique, ce qui sera les 15 années suivantes une autre de ses marques de fabrique (remplacer Geisser par Reichstadt) : « *V. Geisser préfère excommunier, stigmatiser les inquiets, choisissant l'aveuglement délibéré et la fuite dans une construction intellectuelle aussi fragile que simpliste à la confrontation au réel qui contrarierait ses préjugés obsidionaux. En définitive, on ne peut que se sentir solidaire de ces intellectuels qui, cloués au pilori par les chiens de garde de la bien-pensance, s'étaient vus contraints de publier un "Manifeste pour une pensée libre".* »

Par une étrange ironie de l'histoire, les débuts de Rudy Reichstadt dans la carrière rappellent à s'y méprendre ceux du théoricien du complot type tel qu'il est caricaturé par les acteurs AC du haut de leur forteresse médiatique. On nous parle de gens sans références universitaires, œuvrant seuls dans la tristesse et l'exiguïté de leurs chambres de bonne, psychologiquement perturbés, en quête de nobles croisades auxquelles vouer leurs existences dénuées de sens et de poésie, croyant trouver un jour une pierre philosophale sur internet, et consacrant par la suite corps et âme le restant de leur vie à la poursuite d'une lubie désocialisante, ne percevant plus le monde qu'à travers ce prisme interprétatif. À un ou deux détails près, ce portrait imaginaire et mensonger du « conspi » — au moins pour ce qui concerne les commencements — correspond trait pour trait à celui de Rudy Reichstadt.

Même si, comme il lui arrive de le raconter, au début de son épopée, Rudy était tout seul « *dans [son] coin* », il a tout de même déjà choisi son camp, sa cause, ses amis, et est bien décidé à continuer à creuser le même prometteur sillon. Un an plus tard en 2005, après avoir lu *Les nouveaux imposteurs* d'Antoine Vitkine, et surtout *la Foire aux illuminés*, de Pierre-André Taguieff, deux ouvrages dénonçant l'essor des « théories du complot » et la multiplication des « conspirationnistes » suite aux attentats du 11 septembre 2001, comme frappé d'une illumination, il décide de créer un blog entièrement dédié au repérage et à la dénonciation des théories du complot et des conspirationnistes. Il l'intitule *Conspiracy Watch*, et comme le territoire de chasse qu'il se propose de couvrir est déjà le monde entier, c'est le site du *Courrier international* qu'il choisit pour l'héberger.

Il faut d'emblée signaler que cette expression constitue une inversion accusatoire : Alors qu'il aurait dû lui donner, en anglais, le nom de « Conspiracy Theories Watch » (« observatoire des théories de la conspiration » en français), il a préféré « Conspiracy Watch », qui signifierait, correctement traduit, « observatoire des complots », ou « observatoire de la conspiration ». Le terme « conspiracy », aux États-Unis, est couramment utilisé en justice et sert à qualifier les crimes prémédités en bande organisée. Or l'objectif de RR n'est pas de dénoncer des complots et des conspirations, mais de dénoncer ceux qui dénoncent des complots ou des conspirations. Dit d'une autre façon son travail va consister à dénoncer ce qu'on appelle les « lanceurs d'alerte » (« whistleblowers » en anglais). Un mot par ailleurs sur le choix de l'anglais plutôt que le français, assez typique chez les acteurs AC, tout du moins les acteurs « français » AC. On verra de même en juin 2019, l'un de ses frères de combat, Tristan Mendès ~~France~~ créer le mouvement « Stop hate money », dont l'objectif affiché d'« *assécher les sources de financement de la haine en ligne sur internet* » (traduction : ôter toute possibilité de rémunération aux lanceurs d'alerte afin de leur rendre la vie véritablement impossible). L'arrière-petit-fils de l'ancien président du conseil, considéré comme un traître par les milieux d'extrême-droite dans les années 1950, est aussi un adepte zélé de l'inversion accusatoire…

Conspiracy Watch, les débuts

Il commence à relayer méthodiquement tous les articles AC publiés dans les médias. Il n'y en a pas beaucoup à l'époque, mais tout de même une base suffisante, en particulier sur les attentats du 11 septembre 2001, qui de l'aveu de tous, acteurs AC comme chercheurs sceptiques, constitue le point de départ moderne de l'ère de la méfiance généralisée. Il rédige lui-même de brefs articles pointant telle ou telle dérive à son sens « conspirationniste », ou dénonçant telle ou telle personnalité ayant « dérapé ».

On ne relève la première année (octobre 2005) qu'une publication sur les attentats du 11 septembre 2001, trois la seconde année (août 2006), encore sur le même sujet, sept la troisième (2007), avec un commencement de diversification. C'est en 2008 que Rudy commence à prendre son rythme de croisière avec une cinquantaine de publications.

Ses cibles et angles d'attaque sont déjà à peu près les mêmes que ceux qui seront les siens douze ans plus tard : dénonciation des gouvernements iranien, cubain, vénézuélien, du Hamas palestinien, dénonciation de personnalités de la « complosphère » comme Kemi Seba, Thierry Meyssan, Dieudonné, Étienne Chouard, Alain Soral, défense de la version officielle des attentats du 11 septembre 2001, délation des personnalités ayant fait part de leur scepticisme sur le sujet : Jean-Marie Bigard, Jean-Marie Le Pen, Christine Boutin, Matthieu Kassovitz, défense de la version officielle du « génocide » rwandais qui met tout sur le dos des Hutus, incidemment donc défense du régime génocidaire du Tutsi Paul Kagamé, défense de la version officielle de l'assassinat de JFK, dénonciation des personnalités et mouvements remettant en cause les bienfaits de la vaccination de masse, plus généralement — et nous touchons là sa véritable obsession — mise en garde contre toute accusation d'un « complot juif », associé à la défense systématique de toute accusation visant Israël. Parallèlement, Rudy relaie toutes les productions médiatiques faisant l'apologie des versions officielles et dénonçant les théories du complot, et relaie favorablement ses rares frères de combat, comme Mohamed Sifaoui, Tristan Mendès France, Antoine Vitkine, Pierre-André Taguieff, ou Jérôme Quirant. L'orientation générale des articles signés « Rédaction », typiquement AC, est bien résumée par les exigences clairement affichées sur le site : « *lutter contre un conspirationnisme pathologique qui se livre à toute une série de mystifications visant à faire passer en contrebande une camelote idéologique souvent nauséabonde.* »

Ces premières années sont difficiles pour Rudy. Peu de gens le prennent au sérieux. C'est avec mépris ou indifférence que les quelques sceptiques qui ont repéré son activité solitaire le considèrent, sans doute du reste, pour la seule raison du fait qu'il a eu la chance — comme à la loterie — d'être référencé dans les News de Google : on parle d'un « petit blog », « bien trop confidentiel et caricatural — limite parodique même ! » Parodique ! Le mot est lâché, c'est même l'un des premiers adjectifs qui venait à l'esprit quand on tombait sur son site à l'époque pour la première fois. Rappelons ce commentaire sur le forum de *reopen911.info* : « *Même dans les églises évangéliques on rencontre très peu de personnes aussi dénonciatrices des anti-sionistes. Même si personnellement le fait que les juifs soient de retour en Israël me réjouit, jamais je n'irais crier sur tous les toits au complotisme chaque fois que quelqu'un est contre la politique d'Israël. Rudy pense au contraire que c'est sa mission divine, il pense sincèrement que le mouvement pour la vérité est profondément anti-Israël* [et antisémite, devrait-on ajouter]. » D'autres signalent que Rudy avec ses méthodes brutales s'expose à des poursuites judiciaires mais qu'il est trop insignifiant pour qu'on daigne l'honorer de la sorte. Cela viendra avec le temps et les honneurs.

Bref, comme le suggérera en 2017 dans *lemonde.fr* Samuel Blumenfeld dans un article hagiographique, rien ne semblait destiner Rudy à devenir le pape du dispositif AC : « *Lorsque Rudy Reichstadt a créé en 2007 — "dans [son] coin", précise-t-il — Conspiracywatch.info, un site Web qui décortique les théories du complot, les différentes rumeurs et fausses informations qui pullulent sur internet, mesurait-il l'ampleur de la tâche ? En tout cas, les nuits de cet homme de 36 ans sont, depuis, aussi longues que ses jours.* »

Une des accusations les plus fréquentes portées par Rudy contre les « conspis » est de céder à la pente du « biais de confirmation », qui les pousserait à finir par ne plus voir le monde que sous cet angle, et à ne fréquenter et n'échanger qu'avec des gens partageant cette vision du monde, évoluant de la sorte dans un vicieux cercle cognitif. Ainsi l'explique-t-il à un Olivier Truchot anxieux dans une émission de *Bfmtv* du 6 février 2019 : « *ça s'appelle un biais de confirmation, alors vous allez rencontrer des contenus contradictoires… mais si vous partez du présupposé que c'est un complot, qu'on nous cache des choses, vous allez surtout tomber sur les thèses disant que oui, c'est louche, etc., qui vont vous enfermer là-dedans, et surtout vous allez faire communauté, vous allez rencontrer des gens qui pensent comme ça, et qui, là où autrefois vous auriez été découragés, vont vous galvaniser, et vont vous renforcer dans votre croyance.* » Rudy parle du biais de confirmation comme s'il s'agissait d'un penchant typiquement « conspi ». Dans cette époque de mensonge universel, ce genre de type humain est en effet de plus en plus fréquent, et il arrive que l'on tombe sur ce genre de caricature, mais en vérité il s'agit là d'une tendance à laquelle personne ne peut échapper — dans des proportions plus ou moins marquées. Personne et, donc, lui de même. Dans son cas on peut même encore parler d'inversion accusatoire puisque c'est exactement ce qui va lui arriver. Peu à peu il va rencontrer des gens qui pensent exactement comme lui, qui ont les mêmes obsessions, qui ne supportent pas la contradiction, qui vont l'encourager, le « *galvaniser et le renforcer dans sa croyance* ».

Nous ne savons pas s'ils s'étaient rencontrés avant ni si Rudy est sincère quand il dit qu'il a commencé ce combat tout seul, dans son coin, mais peu à peu, il va entrer en communauté avec tout le milieu AC français, y faire son nid, et finalement, y prendre son envol.

S'il n'était pas dès l'origine en accointance avec eux — on a vu tout de même que c'est avec *Prochoix* qu'il a perdu son pucelage —, dès 2006 Rudy Reichstadt entre en contact et commence à collaborer avec les cercles néoconservateurs français, qui se sont notamment associés dans le Cercle de l'Oratoire pour promouvoir leurs idées. Ils représentent l'exact pendant des néoconservateurs Étasuniens qui ont piloté la politique étrangère de George W. Bush après les attentats du 11 septembre 2001, promouvant l'invasion de l'Irak et le grand remodelage du Moyen-Orient. Pour une très grande partie composés de personnalités d'origine juive, les néoconservateurs, de ce côté-ci ou de l'autre de l'Atlantique, sont des pros-israéliens résolus dont l'obsession est de concourir à l'alignement de la politique étrangère des démocraties occidentales sur les intérêts de l'État le plus raciste du monde. Le site *les-crises.fr*, qui avait une dent contre Rudy, suite à la publication d'un article diffamatoire de Conspiracy Watch, a exhumé en 2018 un article de ce dernier publié dans la revue émanant du Cercle de l'Oratoire, antiphrasiquement intitulée Le Meilleur des Mondes. Autour du Cercle de l'Oratoire gravitaient des personnalités comme Pierre-André Taguieff, Michel Taubman, André et Raphaël Glucksman ; Nicole Bacharan, Bernard-Henri Levy, Romain Goupil, Jacques Tarnero, Bernard Kouchner, Pascal Bruckner, Gérard Grunberg, Antoine Vitkine, Daniel Cohn-Bendit, Marc Weitzman…

Bref, ce n'est pas en entrant dans cette famille de pensée que Rudy pouvait avoir une chance d'élargir son horizon en se confrontant à des points de vue différents. Renforcés par ce biais de confirmation, ses penchants pro-israéliens, antiiraniens, antivénézuéliens, anti Dieudonné, ont dû se cimenter radicalement au contact de ces nouvelles fréquentations, sans compter le facteur aggravant que ce courant d'idées était à l'époque minoritaire, inavouable, impopulaire, pour ne pas dire sectaire.

De 2007 à 2010, Rudy fourbit ses armes, isolé dans son coin. On ne relève pendant cette période aucun relai sur le Web ni aucune intervention dans un média, en dehors de son modeste blog bien évidemment. Il pige un peu de temps pour la revue de Caroline Fourest et Fiametta Venner *Prochoix*, dans laquelle il a publié son tout premier article en 2004. Il publie dans la revue des néoconservateurs français, *le Meilleur des mondes*, en 2008. On relève en octobre 2010 un article intitulé « le castrisme est-il soluble dans le conspirationnisme ? » Il s'y émeut de l'appréciation favorable formulée par Fidel Castro au sujet du livre de Daniel Estulin sur le groupe de Bilderberg[8].

Il est sollicité pour la première fois en tant qu'autorité par le journal *le Monde* en mai 2011 pour défendre la version officielle de la mort de ben Laden spectaculairement annoncée dans les médias, et dire tout le mal qu'il fallait penser de ceux qui jugeaient cet épisode douteux[9], dénonçant un « *discours conspi classique* », qui « *s'est immédiatement déployé* », la « *mauvaise foi des conspis* ». En juillet il participe sur *Europe 1* à sa première émission de radio : « les week-ends extraordinaires », en compagnie d'Emmanuel Kreiss, Bernard Bourdeix, Guillaume Dasquié, et Nicole Bacharan, du Cercle de l'Oratoire. En septembre, il a droit à son premier duel, après la publication d'un portrait au vitriol d'Étienne Chouard, dont nous avons cité un extrait de la réaction au début de ce chapitre. Comme l'explique ce dernier sur son blog, Rudy laisse passer sa première réponse indignée, y répond avec mauvaise foi, et censure sa seconde répartie afin de donner l'impression d'avoir eu le dernier mot.

L'année 2012 envoie d'autres signes annonciateurs de jours heureux. Le 21 juin, il est l'autorité principale citée (à six reprises) dans un dossier du *Monde* — encore — d'une double page consacrée aux « théories du complot » que l'affaire Mohamed Merah a suscitées. J'ai démontré à l'époque dans une étude intitulée « déconstruction d'un discours journalistique » que ce dossier concocté par Soren Seelow constituait une fraude

---

[8] Encore une lecture essentielle ! *Le club Bilderberg : l'histoire secrète des maîtres du monde*, Macro, 2021 ; version actualisée de *La véritable histoire des bilderbergers*, Éditions Nouvelle Terre, 2009.

[9] Pour un avoir un aperçu des principales invraisemblances de cet événement et de sa couverture médiatique, Cf in *francoisbelliot.fr* la *Lettre ouverte au Point*, co-écrite avec Charles Aissani, et publiée sur le site Agoravox le 31 mai 2011.

grossière et intégrale[10]. En septembre 2012, il est cité comme autorité dans un long article AC des *Inrocks*, et, surtout, il continue de renforcer son biais cognitif en acceptant de participer à un séminaire de la Règle du jeu, la revue de Bernard-Henri Lévy, séminaire intitulé « les rhétoriques de la conspiration ». À ses côtés interviennent les acteurs AC[11] Aurélie Ledoux, Pierre-

---

[10] *Déconstruction d'un discours journalistique*, étude initialement publiée le 25 août 2012 par Thierry Meyssan sur le site *Voltairenet.org*, à l'époque où j'étais secrétaire général de Réseau Voltaire France, présidé par Alain Benajam, structure avec laquelle j'ai coupé tous les ponts à l'été 2013. L'article est également consultable sur mon site *francoisbelliot.fr*.

[11] Aurélie Ledoux, professeur de philosophie, est intervenue à de nombreuses reprises ces dix dernières années pour dénoncer les complotistes et les théories du complot. Elle est régulièrement citée comme autorité dans les productions AC. Rudy Reichstadt lui-même l'invoque dans une interview (gracieusement) accordée à *Libération* le 11 mars 2016, l'occasion pour lui de repeindre le cassis de son maître Taguieff : « *La philosophe Aurélie Ledoux parle à leur égard de "scepticisme dogmatique". De sorte que leur doute est très sélectif. Pierre-André Taguieff parle quant à lui d'"asymétrie cognitive" : ils retiennent tout ce qui va dans le sens de leur théorie et en écartent tout ce qui la contredit.* » Signalons au passage la typique inversion accusatoire. Pierre-Henri Tavoillot est maître de conférence en philosophie, ancien conseiller de Jack Lang de 2000 à 2002, membre du conseil d'analyse de la société auprès du Premier ministre de 2004 à 2013. Il est le coauteur d'un livre d'entretiens avec le journaliste Laurent Bazin : *Tous paranos, pourquoi nous aimons croire aux complots ?* Il y clame notamment sa profonde admiration pour Pierre-André Taguieff le mentor de Rudy Reichstadt. On lit par exemple page 13 : « *Je pense aux ouvrages, à tous égards remarquables, de Pierre-André Taguieff qui s'est efforcé de les exposer avec science et précision depuis le début de son travail intellectuel. (…) Ses livres ont le mérite considérable qu'ils ne se limitent pas à la grande littérature et aux grands textes classiques, mais qu'ils traquent la théorie conspirationniste dans son genre le plus courant : les textes médiocres, les libelles malveillants, les forums calomnieux… C'est là un exercice fort ingrat dont on se passe en général bien volontiers, mais qui est pourtant l'unique voie d'entrée pour saisir cette langue très*

Henri Tavoillot et Loïc Nicolas. Sur le blog de BHL on lit l'éclairage suivant : « *Depuis Klemperer et son fameux LTI, et jusqu'aux derniers travaux en Analyse du discours, il est désormais bien établi que le discours nous renseigne sur l'auteur, même à ses dépens.* » En effet ! C'est même fort de ce constat que j'ai eu l'idée d'entreprendre le présent ouvrage !

L'année 2013 démarre fort pour Rudy Reichstadt avec la diffusion du documentaire de Caroline Fourest, « les Obsédés du complot », dans lequel il apparaît, interviewvé par cette dernière en tant que spécialiste de la question. Le documentaire, AC jusqu'au bout de la pellicule, est très favorablement relayé dans les médias. Pascal Boniface, directeur de l'IRIS[12], et auteur des « imposteurs intellectuels », dans lequel il expose notamment les errances et fraudes journalistiques de Caroline Fourest, dénonce la collusion non dite à l'écran entre l'interviewveur et l'interviewvé, qui a publié ses premiers textes, extrêmement engagés, dans sa revue Prochoix. *Lenouvelobs.com* ouvre à Rudy Reichstadt ses colonnes pour y présenter sa défense rugueuse et sans concession : « *il est non seulement faux,* affirme-t-il contre toute évidence, *mais aussi absurde de prétendre que Conspiracy Watch est principalement consacré à la dénonciation des critiques de la politique israélienne.* » Quelques jours plus tard,

---

particulière. » Commentaire personnel : c'est, j'ose le dire, un exercice beaucoup, beaucoup plus ingrat de lire attentivement des auteurs comme Rudy, Fourest, Haziza, Tavoillot, et consorts. Loïc Nicolas, professeur de rhétorique à l'université libre de Bruxelles, est le coauteur des « Rhétoriques de la conspiration ». Nombreux par la suite seront ceux qui rappelleront ce séminaire au bon souvenir de Rudy Reichstadt. Il s'en justifiera en invoquant le hasard. Il est vrai que la vie de Rudy à partir de la décennie 2010 semble exclusivement faite de ce genre de hasard.

[12] IRIS : Institut des Relations Internationales et Stratégiques. Pour avoir un aperçu des persécutions ignobles et impunies dont Pascal Boniface est la cible de la part de la pègre sioniste/anticomplotiste depuis une quinzaine d'années, j'invite le lecteur à entrer dans le moteur de recherche de YouTube « Haziza : clap de fin ».

comme pour le démentir, le CRIF lui apporte son total soutien et conclut en enfonçant rageusement le clou : oui, « *la marotte de Pascal Boniface est abjecte* ». En juin, il participe de nouveau à un séminaire de la Règle du jeu en compagnie cette fois du romancier Guy Kronopnicky. Le thème en est cette fois, pour changer, « radicalisation politique et théorie du complot. » « *Les invités du séminaire de La Règle du jeu se pencheront sur l'obsession complotiste, et l'essor notamment numérique, du conspirationnisme ambiant, dans le contexte nouveau créé par la radicalisation de certains groupuscules* » peut-on lire en phrase de présentation.

Le début de l'année 2014 est une période charnière pour tous les acteurs tant « conspis » que AC, avec l'affaire Dieudonné qui occupe la scène pendant tout le mois de janvier. On peut dire qu'à partir de cette date la guerre devient ouverte entre les deux camps. C'est sans doute à partir de là que les dirigeants de l'État profond de la France (comme il existe un état profond de la Belgique, des USA, du Royaume-Uni, etc.) ont décidé de changer de braquet et de recourir à « tous les moyens nécessaires », pour paraphraser le chapitre VII de la charte de l'ONU[13], afin de limiter la diffusion et l'influence grandissante de la pensée « conspirationniste » dans la société.

---

[13] UN.org : « *Le Chapitre VII de la Charte des Nations Unies crée le cadre dans lequel le Conseil de sécurité peut prendre des mesures coercitives. Il permet au Conseil de constater "l'existence d'une menace contre la paix, d'une rupture de la paix ou d'un acte d'agression" et de faire des recommandations ou de recourir à des mesures militaires ou non militaires "pour maintenir ou rétablir la paix et la sécurité internationales". Le Répertoire indique les références implicites et explicites au Chapitre VII et aux Articles 39 à 51 de la Charte figurant dans les documents du Conseil de sécurité, et présente des études de cas sur les cas où le Conseil a examiné les Articles pertinents du Chapitre VII en traitant de situations spécifiques figurant à son ordre du jour.* » Le « chapitre VII » est le sésame instamment quêté par les va-t'en guerre pour légitimer une guerre d'ingérence dans

Pour Rudy la progression continue. Il commence à sérieusement s'installer dans le paysage. Sans entrer dans le détail, on relève une interview sur *France culture* pour condamner les Journées de Retrait de l'École (JRE) initiées par Farida Belghoul le 29 janvier. Il en profite pour dénoncer pêle-mêle Dieudonné, Alain Soral, son site *Égalité et Réconciliation*, *Radio Courtoisie*, les partisans de la manif' pour tous, les antiIVG. Le 21 mai il est cité en autorité dans un article AC du *nouvelobs.com* intitulé « les jeunes de plus en plus séduits par les théories du complot ». Le 7 août il est reçu par Caroline Fourest sur *France Inter*. Elle présente son site comme « *un site devenu référence. Ultra-documenté et terriblement bien informé sur les désinformateurs de notre époque* ». Cette émission restera surtout dans les annales pour une énorme contre-vérité de Caroline Fourest sur la mort du président chilien Salvador Allende, naïvement confirmée en direct par le « *kamikaze du Web* »[14], comme elle a d'abord présenté son poulain et invité, avec une intuition pour une fois heureuse. Début septembre 2014, il s'en prend vertement à l'humoriste Dieudonné sur les ondes de *France Info*, après le relai déformé d'une vidéo de ce dernier traitant de la décapitation de James Foley. « *Il est possédé ce mec*, répondra Dieudonné dans une vidéo , *le mec il est complètement paranoïaque, il voit des nazis partout, des complots partout, il a peur…* » Le 23 septembre, il participe à l'université d'automne de l'Union des Étudiants Juifs de France, ce dont se félicite publiquement l'association sur sa page Facebook. Le 16 octobre il publie un article de propagande antirusse dans Prochoix, la revue de Caroline Fourest. Le 23 novembre il est largement cité en autorité dans un article AC des *Inrocks* signé Matthieu Dejean et intitulé : « Comment les gentils virus d'Étienne Chouard contaminent le Web ? », ce qui lui permet de déverser à nouveau

---

un pays non aligné sur les normes internationales (Serbie, Libye, Syrie, Irak, Venezuela, etc.).

[14] « Rudy Reichstadt, gardien de l'information sur internet », *franceinter.fr*, 2 août 2014, émission « Ils changent le monde » de 28 minutes présentée par Caroline Fourest.

sa bile sur l'une de ses cibles de choix depuis la création de son blog en 2005.

Pour une personnalité sans aucune référence sur les sujets nombreux et complexes qu'il traite, si l'on excepte son diplôme de sciences-po Aix-en-Provence, c'est déjà beaucoup, et même carrément troublant, et plus encore quand on considère le caractère caricatural, quasi *parodique* de ses productions et interventions, mais il y a mieux : en mars 2014, il fait partie des membres fondateurs de l'Observatoire des radicalités politiques (l'Orap), une structure créée par la Fondation Jean Jaurès. Présidée par Jean-Yves Camus, elle est composée de dix chercheurs, dont la particularité est d'être presque tous des professeurs d'université ayant travaillé et publié sur (contre) le Front National et l'extrême droite. Une seule de ces personnalités semble afficher des compétences sur les mouvements « de gauche » ou « jihadistes ». Quand on compare, sur le site de la Fondation, les CV longs comme le bras et sans doute raccourcis de toutes ces personnalités, avec celui de Rudy, qui se résume à son statut de créateur de CW, il y a de quoi être perplexe, même si l'orientation idéologique de la structure crève les yeux et constitue une explication suffisante. On comprend en tous cas qu'en cette compagnie il n'ait pas osé signaler son diplôme de l'IEP, même s'il l'a sans doute eu avec mention.

Qu'est-ce que la Fondation Jean Jaurès ?

Comme nous serons amenés dans les pages suivantes à reparler de la Fondation Jean Jaurès et de l'Orap, c'est le moment sans doute d'apporter quelques éclairages utiles sur ces deux structures. Sur son site internet, la FJJ se présente comme la *« première des fondations politiques françaises, (…) la fois un think tank, un acteur de terrain et un centre d'histoire au service de tous ceux qui défendent le progrès et la démocratie dans le monde. »* « *[son] objectif, en tant que Fondation reconnue d'utilité publique, est de servir l'intérêt général. Nous mobilisons pour cela les pouvoirs publics, les politiques, les experts mais aussi les citoyens. Nous encourageons la rencontre de leurs idées et le partage des meilleures pratiques par nos débats, nos productions et nos actions de formation.* » Qui pourrait être en désaccord avec de tels principes ? C'est ainsi que la FJJ est financée par des subventions publiques et des dons privés, les dons qu'elle perçoit étant soumis à un régime spécifique d'avantages fiscaux (pour les particuliers : 66 % d'abattement jusqu'à 20 % du revenu). Elle est également autorisée, en tant que fondation, à recevoir des legs qui bénéficient d'un agrément fiscal les exonérant de droits de succession. Si l'on fait une estimation à partir des chiffres publiquement disponibles, le budget annuel de la fondation s'élève à environ 3 millions d'euros par an, 80 % venant de subventions publiques. Au sein de ces subventions, il faut souligner la somme de 1,5 million allouée par le cabinet du Premier ministre, sur une cassette de 9 millions annuellement prévus pour ce genre de financement, dont le choix relève de la seule discrétion de ce dernier. Ajoutons que jusqu'en 2018, la FJJ recevait plusieurs centaines de milliers d'euros par an par le canal de la très controversée réserve parlementaire, qui allouait à chaque député une enveloppe très substantielle (de 70 000 pour le député de base à 520 000 euros pour le président de l'Assemblée nationale), permettant d'engraisser les terres cultivables ayant le privilège de leurs dilections respectives (l'intérêt général et le culte du service public, *über alles*).

Nous renvoyons à un instructif article de Gregory Rzpeski dans le *Monde Diplomatique* de décembre 2018, intitulé « ces viviers où prolifèrent les "experts" politiques, plongée dans l'univers des think tanks français », pour mesurer la profondeur de la relation incestueuse entre des structures comme la FJJ, et les instances politiques et médiatiques. Dans une rhétorique euphémique qui fleure bon celle des rapports de la Cour des comptes, l'auteur, après avoir exposé moult illustrations objectivement scandaleuses, conclut : « Au fond, à l'encontre de ce qu'ils prétendent être ou faire, le rôle politique des think tanks ne consiste pas tant à produire des idées neuves qu'à faire circuler un ensemble de croyances et à imposer des thèmes et des problématiques. *Dans un article célèbre, en 1976, Pierre Bourdieu et Luc Boltanski expliquaient que l'idéologie dominante procédait "d'une circulation circulaire propre à produire un effet d'autoconfirmation et d'autorenforcement".* » D'une façon bien plus concrète, et à un degré bien supérieur, on tombe encore en plein dans le problème du « biais de confirmation » tant reproché par Rudy Reichstadt aux conspis.

La Fondation Jean Jaurès a été créée en 1992 par le Parti socialiste et présidée par Pierre Mauroy depuis cette date jusqu'à sa mort en 2013, ce qui donne déjà une idée du goût de la FJJ pour la pratique démocratique. Détail cocasse : elle aurait dû logiquement être dissoute en 2017 après la disparition du PS, puisque sa raison d'être initiale était d'être un laboratoire d'idées au service du parti !

Son directeur général depuis plus de 20 ans est Gilles Finchelsteïn, ancien proche de Dominique Strauss Kahn et de Lionel Jospin, membre du club le Siècle, promoteur du vote obligatoire sous peine d'amende, et membre du comité scientifique de la DILCRAH à sa fondation en 2016. Depuis décembre 2018, il est devenu chroniqueur tous les samedis midis du « Grand face-à-face », duel entre « libres penseurs » sur France Inter, où il affronte Natacha Polony, en remplacement de Raphaël Glucksman, autre penseur connu pour sa liberté[15].

---

[15] Cet immense patriote a publié en 2016 un ouvrage présenté dans tous les points de vente de livres en tête de gondole, et célébré comme il se doit dans tous les médias., intitulé, « Notre France ». Il y propose comme symbole de l'identité de la France et des Français le personnage de Renart dans le roman de Renart, qu'il appelle « notre père à tous » et s'en explique ainsi : « *Le Moyen-Âge nous lègue donc un voleur de poule comme père fondateur de notre identité. Qui est vraiment Renart ? Difficile de répondre. Et c'est cette difficulté qui est riche d'enseignements sur ce que nous sommes et ce que nous ne pouvons pas être. Échappant à toute tentative de classification, Renart est un animal hybride, entre chien et loup, chez lui nulle part et partout. Il n'appartient ni à la forêt, ni à la ferme, ni à la culture, ni à la nature. Il ère dans un entre-deux génétique et topographique. Bandit de grand chemin, déraciné radical qui assume la complexité de son être et en joue, il ne cesse de "gandiller" lorsque l'on prétend l'assigner à*

Grégory Rzepski informe dans son article sur les think tanks que ces deniers « *constitue (nt) un efficace moyen d'autopromotion. Bigorgne, Finchelsteïn et Penh figuraient parmi les soixante-cinq "intellectuels" invités à débattre le 22 mars 2019 avec M. Macron, alors que tous n'ont à faire valoir, dans la sphère intellectuelle, que des accomplissements modestes.* »

Qu'est-ce que l'ORAP ?

Il ne faut pas confondre l'acronyme de l'Observatoire des RAdicalisations Politiques (ORAP) avec l'ORAP, un puissant neuroleptique prescrit aux enfants dans le cadre de chorées (mouvements anormaux), et la maladie des tics de Gilles de la Tourette chez l'adulte et l'enfant de plus de six ans. Il existe certes des points communs : le service politique rendu (SPR) par l'Observatoire semble modéré — nous pencherions quant à nous pour « nul » —, comme « *est modéré le service médical rendu (SMP) [par le médicament] dans la prise en charge des graves troubles du comportement avec agitation et agressivité de l'enfant* ». Les membres de l'ORAP ont également l'ambition d'agir tant sur les enfants — une des obsessions des acteurs AC — que sur les adultes, pour lesquels ils confessent une utilité moindre des traitements permettant de lutter contre les troubles du comportement induits par la radicalisation politique et le

---

résidence identitaire. Il est tout et rien à la fois, le nom d'un "trouble de la personnalité" originel. » (p. 27) Quelle définition curieuse ! Il s'agit là d'une inversion mensongère typique des auteurs cosmopolites. Dans sa tribu Glucksmann doit avoir beaucoup de « bandits de grand chemin», qui sont « chez eux nulle part et partout », et « errent dans un entre deux génétiques et topographique ». Comme BHL Glucksmann ne parle ici au fond que de lui-même et des siens, et projette sur la communauté nationale ses propres traits. Plutôt que parler de « notre père à tous », il devrait se contenter de parler du sien à lui, André, membre fondateur du Cercle de l'Oratoire dont nous avons déjà parlé, aux côtés duquel il publiait au début des années 2000 avec Rudy Reichstadt, dans la revue des néoconservateurs français, le *Meilleur des mondes*.

conspirationnisme. Les effets secondaires indésirables dans les troubles de la pensée semblent également nombreux et considérables, même si aucune étude d'ensemble n'a été réalisée à ce jour.

L'Observatoire des RAdicalités Politiques a vu le jour pendant la campagne pour les élections municipales de février/mars 2014. Elle s'est spontanément structurée autour d'une équipe d'intellectuels qui publiait depuis 2008 dans le site Fragments sur les Temps Présents (l'acronyme FTP est un hommage aux Francs-Tireurs Partisans, branche de la résistance intérieure créée par le Parti communiste français après la rupture du pacte germano-soviétique le 22 juin 1941), emmenée par Nicolas Ledoux, grand spécialiste du Front National et de son chef Jean-Marie Le Pen. Citons les noms de Bilel Ainine, Joseph Beauregard, Jean-Yves Camus, Sylvain Crépon, Olivier Dard, Alexandre Dézé, Romain Ducoulombier, Stéphane François, Joël Gombin, Dominique Sistach. Le nom de Rudy Reichstadt y apparaît également, même si l'on ne relève aucune publication sur le site et si son CV se résume grosso modo à sa photo. À vrai dire, le seul nom de l'ORAP qui n'apparaît pas dans la liste des contributeurs de FTP est celui de Jérôme Fourquet, le directeur du département « Opinion et stratégies d'entreprise de l'IFOP ». Tous ont pour points communs d'être de près ou de loin des « experts » de l'extrême-droite et du Front national. Les deux seuls profils un peu différents sont ceux de Bilel Ainine, spécialiste de la radicalisation musulmane, et Dominique Sistach, des drogues et de la toxicomanie (sans rapport avec le médicament neuroleptique).

On trouve peu de traces sur internet des conditions précises dans lesquelles tout ce petit monde s'est trouvé par hasard hébergé — et financé — par la fondation Jean Jaurès début 2014. Julien Licourt dans un article du *Figaro* du 9 mars nous apprend que « *c'est une première. En France, aucune structure ne s'était proposée d'étudier la radicalité et l'extrémisme en politique. C'est ce que viennent de lancer une dizaine de chercheurs (politologues, historiens, juristes, sociologues) regroupés au sein de l'Observatoire des radicalités politiques (Orap), fondé à l'initiative de la Fondation Jean Jaurès.* » Le journaliste rappelle le contexte politique (les élections municipales), l'origine FTP de tous les membres, cite quelques-unes de leurs revendications de neutralité : ses « *chercheurs (…) sont totalement dégagés des vieux présupposés militants et antifascistes* » (JY Camus) ; « *Nous avons accepté [de collaborer avec la FJJ] à condition d'avoir une totale indépendance et de pouvoir agir en toute liberté. Nous ne sommes pas un groupe de lutte politique mais bien des chercheurs qui ont pour objectif d'approfondir les connaissances.* » (Crépon) Quant à l'apparent tropisme pour l'étude de l'extrême-droite, Camus explique : « *J'espère bien que nous pourrons étudier l'extrême gauche également, par exemple, celle responsable des récents événements de Nantes. Le problème est qu'il n'y a pas de spécialiste de l'ultra gauche en France. C'est un point aveugle de la recherche.* »

Ce vœu pieux ne sera jamais exaucé. Il suffit d'avoir à l'esprit l'orientation politique de la fondation Jean Jaurès, son mode de financement, et les passions des futurs chercheurs de l'ORAP pour prédire sans trop se risquer son véritable objectif : surveiller les radicalités d'extrême droite, la radicalité du Front National, plus généralement toute forme de radicalisation contre le système républicain dominant, et donc par extension contre le conspirationnisme et les théories du complot, ce phénomène étant invariablement associé à l'extrême droite par tous les acteurs AC depuis 10 ans… et tout cela, comme de juste, avec l'argent du contribuable.

Le CV de son directeur, Jean-Yves Camus, ressemble à un tableau de médailles glané sur le champ de bataille contre l'extrême droite. Élevé dans une famille catholique pratiquante, ce juif converti fervent (ses parents étaient donc des marranes) publie chaque semaine une chronique très engagée dans *Charlie Hebdo* depuis début 2015. Ses thèmes de prédilection sont la dénonciation du Front national, de l'extrême droite, de l'antisémitisme, du révisionnisme, du négationnisme, de la Russie, du Venezuela, du « lobby chrétien », du « lobby islamiste ». Le radicalisme et l'extrémisme juif et d'extrême gauche, deux phénomènes pourtant évidents et gravissimes, sont une réalité inexistante à ses yeux, comme à ceux de tous ses collègues qui se sont retrouvés au même moment à la Fondation Jean Jaurès. Bref, Rudy Reichstadt est idéologiquement un jumeau stellaire de Jean-Yves Camus et leur association dans une même constellation au début de l'année 2014 relève de tout sauf du hasard. Biais de confirmation, et bis repetitas.

Rudy pour l'instant n'y est pas très actif. On relève un article de lui publié le 3 mars, et puis c'est tout. Son nom n'apparaît qu'une seule fois dans le rapport d'activités 2015, pour cet article justement. Peut-être a-t-il employé son temps à « observer ». Concernant l'activité générale de l'ORAP on lit page 41 : « *Les membres de l'Orap interviennent presque quotidiennement dans la presse française (nationale et régionale) et les médias internationaux. À travers leurs voix, l'Orap est aujourd'hui reconnu comme référence incontournable quand il s'agit d'analyser la progression du Front national dans le paysage politique français.* » Une seule forme de radicalité est donc concernée : c'est écrit noir sur blanc.

2015, l'année charnière

Le moment est venu pour Rudy Reichstadt de croiser la route du massacre de *Charlie Hebdo*, et de continuer de façon redoublée à croiser le fer avec les « conspis ». C'est toujours le même genre de combat : dans une salle d'armes, avec toutes les protections nécessaires, contre un mannequin impotent, à qui il fait faire des gestes prédéterminés, et proférer les bêtes invectives sorties de son imagination, pour présenter au public d'avantageuses chorégraphies.

Le massacre de *Charlie Hebdo* lance le signal de départ en France d'une campagne anticonspirationniste comme on n'en avait jamais vu jusqu'alors, et unique en son genre en Europe. Avec ce massacre débute une séquence qui culminera le 15 janvier 2016 avec la création du conseil scientifique de la Délégation Interministérielle à la Lutte contre le Racisme, l'Antisémitisme et la Haine antiLGBT (DILCRAH), et l'organisation du colloque « Réagir contre les théories du complot » sous l'égide de la ministre de l'Éducation nationale Najat Vallaud-Belkacem, dont Rudy Reichstadt sera le Monsieur Loyal. Rien que d'écrire une phrase pareille suffit à me persuader que nous vivons dans un pays dont la tête est devenue complètement folle et *étrangère* à son corps, qui du reste n'est pas le sien.

Le 14 janvier 2015, Najat Vallaud Belkacem reçoit au ministère de l'Éducation nationale les associations de lutte contre le racisme et l'antisémitisme, essentielles au bon fonctionnement et garantes de la continuation de la mission divine de la France depuis le baptême de Clovis en 496, et le serment prêté par ce dernier à Saint Rémi. La réunion est intitulée « Grande mobilisation de l'École pour les Valeurs de la République » Une quarantaine de personnes assistent à cette réunion, parmi lesquelles Gilles Clavreul, délégué interministériel de lutte contre le racisme et l'antisémitisme (DILRA) ; Lilian Thuram[16], président de la Fondation Lilian Thuram (FLT) et Lionel Gauthier, directeur ; Philippe Allouche, directeur général de la Fondation pour la Mémoire de la Shoah (FMS) ; Alice Tajchman, présidente de la Commission de lutte contre l'antisémitisme et dialogue interculturel (CLADI) à la FMS ; Dominique Sopo,

---

[16] Le 4 septembre, interrogé par un journaliste du *Corriere de la Sera* sur les cris de singe qu'il lui arrivait d'entendre en Italie venant des tribunes, il avancera l'explication raciste suivante : « *Il est nécessaire d'avoir le courage de dire que les Blancs pensent être supérieurs et qu'ils croient l'être* » Cette forme de racisme étant tolérée dans les médias et délibérément passée sous silence par la nuée d'associations citées, on lui a naturellement trouvé toutes les excuses du monde. Ce qui est certain c'est que Lilian Thuram, à titre individuel, et non racial, représente un type d'intelligence inférieure puisqu'il n'a même pas conscience de jouer le rôle d'idiot utile dans ce genre de grand-messe républicaine. Comme lui a justement fait remarquer son collègue Patrick Evra en 2010 : « *Il ne suffit pas de se balader avec des livres sur l'esclavage, des lunettes et un chapeau pour devenir le nouveau Malcolm X.* »

président de SOS Racisme et Adrien Lenoir ; Sacha Reingewirtz, président de l'Union des Étudiants Juifs de France (UEJF) ; Antoine Spire, vice-président de la Ligue Internationale contre le Racisme et l'Antisémitisme (LICRA[17]) et Annette Bloch, vice-

---

[17] Pour rester dans la veine du racisme antiblanc institutionnalisé, rappelons ce tweet de la LICRA-Paris le jour de la finale de la coupe du monde de football le 16 juillet 2018 : « *Le match de ce jour est historiquement et sociologiquement très parlant... Que n'a-t-on dit sur le colonialisme et ses effets pervers pour le moins, négatifs pour le pire... Combien parfois cela fut vrai ! Tout change aujourd'hui, ne soyons pas naïfs. Aujourd'hui seulement ! Demain est un autre jour. L'équipe de France multicolore, multiethnique, affronte cet après-midi une équipe de Croatie dramatiquement uniforme. Quand on connaît le passé de la Croatie rien de surprenant. Centrée sur les Balkans, adhérant à une époque funeste du culte du plus fort, elle cultive un jeu monocorde, sans couleur, sans saveur, riche que de lui-même.* » Timidement chahuté, le président de la LICRA-Paris a refusé de démissionner dans la foulée, se déclarant soutenu par tout son bureau. Quelques mois plus tard, on l'entendra se réjouir publiquement de la proposition de loi pour que l'antisionisme, c'est-à-dire la dénonciation du projet colonial raciste israélien et de ceux qui le soutiennent, soit reconnu comme un délit au même titre que l'antisémitisme. Pour revenir sur l'uniformité de l'équipe de football croate, signalons que la direction de la LICRA est exclusivement blanche, et pour qu'aucun amalgame ne soit fait avec le reste des Français, presque exclusivement juive. Écoutons à ce sujet le témoignage de Mohamed Sifaoui, pourtant acteur AC (!) qui y a fait un bref passage en 2017 pour en démissionner avec fracas : « *cette association est noyautée par des individus, des hommes et des femmes, qui n'ont strictement rien à faire dans des associations antiracistes. Ceux-là sont nourris, pour la plupart, d'un communautarisme abject, motivés, le plus souvent, par une ambition personnelle qui leur permet d'être des petits barons locaux ou nationaux, mais plus grave de dévoyer au passage l'antiracisme, et de trahir la LICA de Bernard Lecache et Jean-Paul Bloch. (...) Et je le dis très clairement et très calmement, malheureusement la Licra n'est pas prête aujourd'hui à accueillir des cadres d'origine maghrébine. (...) Même des Maghrébins laïcs et démocrates, des progressistes luttant contre l'antisémitisme n'y ont pas leur place. D'ailleurs c'est ce qui explique probablement leur absence criante. (...) Or, certaines sections, certains cadres, certains partenaires qui trouvent tribune à la*

présidente ; Jacky Fredj, directeur du Mémorial de la Shoah ; Orly Cohen, directrice du programme CoExist ; Benjamin Atlan, président du Mouvement Antiraciste Européen EGAM ; Lucile Rampert, directrice d'InitiaDroit et des représentants d'autres associations comme la Maison des Potes, la Ligue des Droits de l'Homme... Marc Knobel, directeur des Études du Conseil Représentatif des institutions Juives de France (CRIJF) ; et... Rudy Reichstadt de Conspiracy Watch.

Éclipsant ces enjeux, le massacre de *Charlie Hebdo* et la prise d'otages de l'Hyper Cacher est évidemment dans tous les esprits, ce qui pousse Marc Knobel[18] à soulever une question d'actualité : plus de deux cents incidents répertoriés ont troublé la minute de silence en hommage aux victimes dans les établissements scolaires. Le site du CRIF rapporte : « *Les enseignants n'étaient pas préparés à une telle épreuve, entendre des propos antisémites ou que pour certains élèves, les assassins sont des "martyrs" et les victimes sont des coupables.* »

L'occasion est belle pour Rudy Reichstadt de promouvoir sa cause. Lors de la réunion il parvient à alerter la ministre pour l'informer, enfin, des inquiétudes qui le taraudent, lui et ses frères, à tel point que le lendemain, poussée par le journaliste AC Jean-Michel Apathie, qui la renvoie fermement aux propos récents de son patron Manuel Valls, qui vient de déclarer à l'Assemblée Nationale « *qu'on avait laissé passer trop de choses à l'école* », elle se rattrape, après une profonde inspiration, à l'échange qu'elle a eu avec Rudy la veille. Il n'est pas nommé

LICRA, sont porteurs — dans l'indifférence quasi générale — d'un discours qu'une association antiraciste se doit de combattre et exclure, et non pas d'accepter d'une manière ou d'une autre. »

[18] L'existence tout entière de Marc Knobel, à en juger par son CV, est consacrée à la défense des juifs et d'Israël : pour plus de détails, nous renvoyons le lecteur à l'annexe où nous avons brossé son portrait, en tant que membre du conseil scientifique de la Dilcrah à sa fondation en 2016.

mais c'est transparent : « *ce qu'on a laissé passer plus que tout, je crois, c'est notre capacité à débriefer avec les élèves ce qu'ils vivent en dehors de l'école, comprenez-moi. Le problème principal auquel nous sommes confrontés aujourd'hui c'est que comme me le disait* un chercheur : *alors qu'il y a 20 ou 30 ans, 90 % de ce qu'apprenait un enfant, un élève, lui provenait soit de ses parents, soit de l'école, aujourd'hui la proportion s'est inversée et ça n'est plus que 10 % de ce qu'apprend un enfant qui lui provient de l'école ou de ses parents. Tout le reste lui provient des images qu'il voit sur internet, à la télévision... or que trouve-t-il sur internet ? Il trouve notamment ces théories du complot qui sont en train de miner, vraiment, une partie de notre jeunesse. Un jeune sur cinq adhère aujourd'hui aux théories du complot. Ce conspirationnisme... oui, en tout... la remise en cause des institutions de la République, la crédibilité à la fois des hommes politiques et des médias. À partir du moment où on ne croit plus en rien on est dans le relativisme le plus total. Vous voyez, en quelque sorte, si vous faites une recherche sur Google, sur "shoah", et que vous avez sur un même plan des travaux de Vidal-Naquet et des travaux de Faurisson*[19]*, et bien pour un jeune*

---

[19] Le choix de l'historien Pierre Vidal-Naquet en opposition à celui de l'universitaire Robert Faurisson est particulièrement malheureux. Pierre Vidal-Naquet fait partie, en effet, des 19 historiens de haut niveau qui ont lancé en décembre 2005 la pétition pour l'abrogation des articles de loi contraignant la recherche et l'enseignement de cette discipline. On peut notamment y lire : « *L'histoire n'est pas une religion. L'historien n'accepte aucun dogme, ne respecte aucun interdit, ne connaît pas de tabous. Il peut être dérangeant. L'histoire n'est pas la morale. L'historien n'a pas pour rôle d'exalter ou de condamner, il explique. (...) L'histoire n'est pas la mémoire. (...) L'histoire n'est pas un objet juridique. Dans un État libre, il n'appartient ni au Parlement ni à l'autorité judiciaire de définir la vérité historique. La politique de l'état, même animée des meilleures intentions, n'est pas la politique de l'histoire. C'est en violation de ces principes que des articles de lois successives notamment lois du 13 juillet 1990, du 29 janvier 2001, du 21 mai 2001, du 23 février 2005 ont restreint la liberté de l'historien, lui ont dit, sous peine de sanctions, ce qu'il doit chercher et ce qu'il doit trouver, lui ont prescrit des*

c'est très compliqué de s'y retrouver dans tout ça, et ce que nous avons peut-être un peu raté dans tout ça jusqu'à présent à l'école, c'est de réussir à faire le pont entre ce que le jeune trouve sur internet et ce qu'il ne sait pas trier, il ne sait pas faire la part entre l'information et la rumeur, et ce qu'on doit lui apprendre pour l'aider à y voir plus clair et à se construire en citoyen... d'où la nécessité d'appuyer aussi, les enseignants, par des professionnels aguerris, qui soient en capacité de venir physiquement sur le terrain dans une classe quand ils n'ont pas réussi à aborder un sujet ou à trouver les bons arguments et les y aider, d'ailleurs c'est ce que j'ai demandé aux recteurs d'envoyer dans tous les établissements qui ont connu les difficultés qu'on a connues tout à l'heure. »

Si un doute existait quant à l'identité du « chercheur » en question, il est levé dès le lendemain, toujours sur *RTL*, par Yves Calvi, qui le reçoit avec les égards dus à un Grand Maître. L'introduction est alarmiste : « *Trois minutes pour comprendre pourquoi un jeune sur cinq peut adhérer à la théorie du complot. Bonjour Rudy Reichstadt, vous êtes directeur de l'observatoire du conspirationnisme et des théories du complot, Conspiracywatch.info, Najat Vallaud-Belkacem était donc à votre place hier. Un jeune sur cinq c'est un chiffre incroyable, c'est un chiffre assez difficilement vérifiable. Est-ce que vous confirmez ces chiffres ?* »

Idéalement mis sur les rails, Rudy n'a plus qu'à dérouler son baratin habituel : « *Alors en fait mercredi après-midi dans le cadre de la mobilisation de l'école pour les valeurs de la République, Najat Vallaud Belkacem a réuni toutes les associations antiracistes, et il se trouve que je participais à cette réunion* [on se demande à quel titre]*, et j'ai effectivement délivré ce chiffre sur la base d'une enquête d'opinion qui a été réalisée au mois de mai 2014, publiée dans le Parisien d'ailleurs à*

---

méthodes et posé des limites. Nous demandons l'abrogation de ces dispositions législatives indignes d'un régime démocratique. »

l'époque, sur la croyance dans le complot illuminati, avec l'idée qu'il y aurait une société secrète qui manipulerait les gens, l'opinion, et le chiffre en fait c'était un français sur cinq, 20 % des Français qui adhèrent à cette théorie complètement délirante puisqu'on est face à quelque chose qui est complètement chimérique, un complot chimérique, les illuminati, ça n'existe plus, ou pas en tous cas, et ce qui est sûr c'est que chez les plus jeunes, chez la tranche 15/24 ans on est sur des proportions plus élevées encore. » Si l'on réduit ainsi le problème que soulèvent les doutes exprimés sur la version officielle du massacre de *Charlie Hebdo* — depuis 3 jours elle était déjà gravée pour l'éternité dans le marbre —, et plus généralement celui des théories du complot et du complotisme, il y a en effet de quoi s'inquiéter.

Rudy a ainsi habilement usé du procédé qui consiste à exposer un exemple de théorie du complot d'apparence loufoque pour détourner l'attention d'affaires beaucoup plus sérieuses, et l'on songe ici bien sûr au massacre de *Charlie Hebdo* qui a été perpétré une semaine plus tôt.

Pour Rudy, ces deux jours magiques fonctionnent comme le Sésame ouvre-toi de la caverne d'Ali Baba dans les *Mille et une nuits*. Bombardé « chercheur », « professionnel aguerri », puis « directeur » (il est *tout seul* à gérer son site !), il accède soudain à la notoriété — à l'instar, le parallèle est troublant, du faux héros de l'Hyper Cacher[20], Lassana Bathily. Des articles lui

---

[20] Cf François Belliot : *le conte de fées nauséabond du « héros de l'Hyper Cacher »*, francoisbelliot.com, mai 2019. Après la prise d'otages de l'Hyper Cacher, Lassana Bathily, jeune malien sans papiers, travaillant comme manutentionnaire dans le super marché juif, a été starifié pour avoir prétendument sauvé des otages dans le sous-sol, en les cachant dans l'une des deux chambres froides, après avoir eu la présence de couper les circuits de refroidissement afin qu'ils ne soient pas congelés. Il a été hissé au rang de héros national, et même mondial, en récompense de ce haut fait, sous le titre du « musulman qui sauve des juifs ». En récompense il a été naturalisé français, obtenu un emploi plus agréable à la mairie de Paris, et un logement enviable. Les

sont consacrés dans les grands médias, qui affichent sa bobine et vantent ses mérites. Les effets sont immédiats. « *Le site a bénéficié de cette publicité et vu ses visiteurs quotidiens passer de 1000 à 30 000 en l'espace de quelques jours.* », remarque Caroline Beyer le 2 mars dans un article du *Figaro* intitulé « Conspiracy Watch, ce site qui traque les conspirationnistes ». Le verbe n'est pas si mal choisi.

Autre conséquence heureuse, même si le lien de cause à effet est difficile à établir, Rudy Reichstadt décroche un mois plus tard un emploi à la mairie de Paris — là encore, comme son compère Lassana Bathily ! — délégué de signature du maire de Paris pour les affaires juridiques et financières de la Direction et la jeunesse et des sports. Dans l'un des très rares articles du mainstream dénonçant son imposture — et je crois bien que c'est le seul — Brice Perrier rappellera en 2019 dans *marianne.net* que Reichstadt a également été sollicité à cette époque pour participer en tant que consultant à l'élaboration du contenu du site ontemanipule.fr[21], un site destiné à immuniser la jeunesse contre

---

associations de la communauté juive organisée de France et d'ailleurs ont joué rôle de premier plan dans ce conte de fées moderne, qui s'est avéré par la suite être une fable inventée de toutes pièces, pour ce qui concerne la partie héroïque. Suivant le scénario habituel, les médias qui au départ avaient unanimement et le sourire aux lèvres répandu ce conte de fées, se sont murés dans le silence quand il fut révélé, dans le livre de Yoan Derai *Hyper caché*, que le rôle de Bathily avait été artificiellement grossi pour le besoin de la propagande charliste d'État.

[21] Il est difficile en 2020 de retrouver directement la moindre référence à ce site qui ne semble plus alimenté depuis 2016. Ce site a connu son heure de gloire, et de ridicule, avec le Kevin Razzy gate. Pour les besoins de sa propagande anticomplotiste, l'équipe d'ontemanipule.fr a recruté le comédien Kevin Razzy pour réaliser une vidéo grotesque dans laquelle ce dernier joue deux rôles, celui d'un « jeune des banlieues » s'exprimant avec un accent ouèche mal imité gobant sur un écran tout ce que sa souris lui débusque, et un jeune homme de bonne famille bien coiffé, lui faisant la morale et l'éduquant à chaque fois qu'il se prend un tronc d'arbre dans la jungle du net, c'est-à-dire tous les dix mètres. La vidéo sera retirée et le comédien congédié quand on se

les théories du complot. Quel bourreau de travail ce Rudy ! qui en plus de gérer tout seul son site internet, qui le contraint à une veille vigilante de tout ce qui peut sortir de complotiste sur la toile et ailleurs, et Dieu sait si ce début d'année 2015 est foisonnant de ce point de vue, il doit assumer ses responsabilités de membre de l'ORAP de la fondation Jean Jaurès, et se démultiplier pour répondre aux sollicitations médiatiques et universitaires en tous genres qui commencent à proprement pleuvoir sur son heaume.

Les deux premiers mois de l'année 2015, Rudy Reichstadt relaie naturellement sur son site, sans aucune exception, l'intégralité de la production AC consacrée au massacre de *Charlie Hebdo* que nous avons passée en revue dans la seconde partie de *Massacre de Charlie Hebdo : l'enquête impossible*. Concernant l'enquête tentaculaire et très convaincante de *Panamza*, il la passe entièrement sous silence, à une exception près, pour pointer la loupe, et encore en triant bien, le seul article ou le Web média a commis une erreur factuelle. Et en octobre il relaiera les articles AC dénonçant le témoignage de Valérie M.[22], l'ex-compagne de Charb ; notamment, sans surprise, celui au vitriol de son introductrice dans le milieu AC en 2004, Caroline Fourest.

En tant qu'autorité, la grenouille Rudy continue à enfler, et il me faut commencer à condenser en ne m'arrêtant qu'aux événements les plus significatifs. Il est cité en autorité dans des

---

rendra compte, assez vite — c'était si facile ! — qu'il avait quelques mois auparavant participé à une émission d'un site Web estampillée « conspirationniste » : *lecercledesvolontaires.fr*. Les grands médias d'abord unanimement dithyrambiques envers cette vidéo de très médiocre facture, seront pour une fois obligés de manger leur chapeau, en trouvant tout de même des excuses bidon, car n'est-ce pas, quand on est le camp du bien, et qu'on lutte contre le camp du mal, on ne peut pas, au fond, avoir tort…

[22] Ce témoignage et son traitement médiatique sont étudiés en détail dans *Le Massacre de Charlie Hebdo, l'enquête impossible*.

articles de *l'Express* et du *Figaro*, il participe à des émissions de radio sur *France culture, France inter, RFI*. Il participe le 25 avril au colloque de Verviers, dont le thème est « Faux complots, le vrai mensonge », organisé par l'Association de Défense et Famille et de l'Individu victimes des sectes (UNADFI). Le 15 mai, il publie dans Fragments du Temps Présent un long article consacré aux révolutions de couleur depuis 2004, dans lesquels sont impliqués des ONG états-uniennes comme la National Endowment for Democracy (NED) ou l'Institut Albert Einstein, qui sont des faux-nez de la CIA. Loin de nier leur implication, il s'en félicite et tend bien droit un bras plein de gratitude pour ces coups de pouce états-uniens qui n'ont fait selon lui qu'accompagner en toute innocence des mouvements populaires parfaitement spontanés, naturels et légitimes — le discours changera radicalement quand il s'agira des Gilets jaunes. Quant au « printemps arabe », il s'agit pour lui d'un phénomène météorologique prévisible pour qui s'y connaît un peu en nuages et en soleil. Quatre jours plus tard, le 19 mai, il cofonde l'association « Onze janvier » avec l'Association Française pour les Victimes de Terrorisme (AFVT), et l'acteur AC Mohamed Sifaoui qui en est nommé président. Ce dernier en rédige le manifeste dans lequel on peut lire : « *l'Association "Onze janvier" a pour objet, selon ses statuts, la défense, la propagation, la diffusion et la consolidation dans la société et au-delà du territoire national des principes démocratiques, notamment la liberté d'expression, la liberté de conscience, l'humanisme, la mixité, l'égalité et la laïcité, mais aussi, de lutter idéologiquement et dans le cadre des lois, contre les discours de haine, les fanatismes, les sectarismes, les racismes, l'homophobie, l'antisémitisme, la violence, le sexisme et plus généralement la haine de l'Autre en raison de son origine, de sa croyance ou de sa non-croyance. L'Association compte notamment investir le champ du Net et construire une narration républicaine tout en luttant, par tous les moyens légaux, contre le conspirationnisme, et toutes les idéologies extrémistes diffusés sur internet et les réseaux sociaux.* » Il tient par ailleurs à rassurer, ce projet n'est « *ni la preuve de l'adhésion à un quelconque projet totalitaire ni la marque d'un sentiment nationaliste à relents catholiques qui s'en irait alimenter une croisade contre l'islam et les musulmans.* » Sentiment nationaliste à relents catholiques, hmm…

Le 15 juin, il publie dans le *huffingtonpost.fr* un article très important dans la perspective qui est la nôtre dans cet ouvrage. Intitulé « l'anticomplotisme, voilà l'ennemi », il s'agit d'une violente charge contre Frédéric Lordon, économiste et philosophe, membre des « Économistes atterrés[23] », et directeur de recherche au CNRS. Je ne détaille pas plus avant son CV en regard duquel celui de Reichstadt est un néant. Frédéric a commis le crime impardonnable, dans un dossier du *Monde Diplomatique* consacré aux théories du complot, d'y publier un long article dans lequel il s'efforce de comprendre, voire de justifier, la posture de ceux qui marquent une méfiance de plus en plus systématique envers le Landerneau Médiatique. Ayant passé au crible presque toute la littérature AC, tous supports confondus, de la décennie 2010, je dois affirmer qu'il s'agit du seul, je dis bien du *seul* article paru dans le mainstream qui ne soit pas

---

[23] Ils se présentent ainsi sur leur site internet : « *Les Atterrés se sont fait connaître à l'automne 2010 en publiant un Manifeste d'économistes atterrés, dans lequel ils font une présentation critique de dix postulats qui continuent à inspirer chaque jour les décisions des pouvoirs publics partout en Europe, malgré les cinglants démentis apportés par la crise financière et ses suites et face auxquels ils mettaient en débat vingt-deux contre-propositions. Les 4 initiateurs de cette démarche sont: Philippe Askenazy, Thomas Coutrot, André Orléan et Henri Sterdyniak. Ils ont été rejoints ensuite par des signataires du Manifeste, des collègues de France et de l'étranger et également des non-spécialistes qui souhaitent vivement voir l'économie se libérer du néolibéralisme. Leur action se traduit par des publications (notes, articles, communiqués, livres) et des interventions lors de réunions publiques ou dans les médias qui les sollicitent, afin de proposer des alternatives aux politiques d'austérité préconisées par les gouvernements actuels.* » Rudy Reichstadt, parle très peu d'économie sur son site internet, mais si l'on considère ses accointances, sa philosophie en la matière doit se rapprocher de celle de Milton Friedmann et de l'école de Chicago, dont Naomi Klein a dénoncé les méfaits dans *la stratégie du choc.*

ouvertement hostile aux mal-nommés conspirationnistes et théories du complot. L'article de Frédéric Lordon a également été défoncé, au bulldozer, par des acteurs AC plutôt réputés pour leur finesse comme Gérald Bronner ou Raphaël Enthoven ; nous y reviendrons. L'article de Rudy Reichstadt se conclut sur une phrase à marquer d'une étoile de mer jaune dans la postérité de la littérature AC : « *Cela ne poserait aucun problème si l'on pouvait classer la théorie du complot au rayon des lubies inoffensives, aux côtés de l'homéopathie et de l'astrologie. Mais la théorie du complot falsifie l'histoire. Elle sape la confiance dans la démocratie. Elle dissuade des parents bien portants de vacciner leurs enfants. Elle protège les dictateurs. Elle exonère des criminels. Elle dresse des potences. Elle prépare les génocides.* » Comme cette accusation monstrueuse est une complète inversion accusatoire, nous allons la traduire pour bien prendre la mesure de l'esprit psychopathologique qui l'anime : « *Cela ne poserait aucun problème si l'on pouvait classer la passion AC au rayon des lubies inoffensives, aux côtés de l'homéopathie et de l'astrologie. Sa raison d'être est de consolider la croyance en l'escroquerie démocratique. Elle pousse des parents sains d'esprit à placer l'esprit de leurs enfants entre les mains de propagandistes pervers et malveillants. Elle protège les menteurs psychopathes qui détournent au profit de leur secte l'appareil politico-médiatique des "démocraties". Elle exonère des criminels (il faut ici penser très fort à BHL, Netanyahou, Soros, Fabius, Kouchner). Elle prépare des génocides.* » Si l'on prend au sérieux une telle phrase, il faut oser la remarque suivante : souvenons-nous du « dimanche rouge » du 24 avril 1915, où, sous l'impulsion des Donmeh turcs, une secte de juifs sabattéens faussement convertis à l'Islam, on arrêta et assassina une grande partie de l'intelligentsia arménienne, avant de se lancer, *decollata capute*, dans le génocide du peuple arménien.

Rudy Reichstadt a copié-collé à l'identique ce paragraphe dans le chapitre qu'il a consacré à Frédéric Lordon et son article dans son unique ouvrage de synthèse publié chez Grasset (la maison d'édition de BHL) en septembre 2019, *L'opium des imbéciles*, à la page 138. Plus largement il y a copié-collé quasi intégralement son article à la longueur conséquente. Si l'on considère l'étendue de l'autoplagiat, il est peu douteux qu'un examen plus attentif révèle que cet ouvrage est un patchwork de copié-collé de ses productions de ces dernières années — la matière est là ! — . Ce paragraphe sur lequel je m'attarde longuement importe pour une autre raison : quand ce livre immonde paraîtra en septembre 2019, il sera salué comme un *Evangelion* (bonne nouvelle) par tous les médias unanimes, lesquels, tout aussi unanimes, citeront *presque tous* cité et mettront en valeur cet extrait comme il se doit. Pour que le lecteur comprenne bien pourquoi j'ai passé autant de temps à *faire* ces poubelles, c'est notamment en raison de ce genre de réflexion qui sous des apparences délirantes est en réalité très lourde de létales menaces à venir : *qui est capable de tordre publiquement, et en toute impunité la vérité pour accabler ses ennemis n'hésitera pas un instant le moment venu à stimuler le bourreau quand sera revenu le temps de faire fonctionner à la chaîne la guillotine sur la place de la Concorde.*

Le canular « conspi hunter »

En cette année 2015 il participe également avec ses collègues Thomas Huchon — le fils de l'huile socialiste Jean-Paul — et Jean-Bernard Schmidt à la création d'un canular au nom de code : « conspi hunter » — les auteurs AC aiment décidément beaucoup l'anglais globish — visant à piéger les conspirationnistes et mettre ainsi à jour les ressorts maladifs de leur esprit. L'idée leur est venue directement en réaction aux événements de début janvier 2015 et aux théories du complot qui se sont mis aussitôt à se répandre sur la toile à ce sujet. De quoi s'agissait-il ? Ils ont imaginé un personnage qu'ils ont nommé Lionel Perrottin, lui ont créé un compte Facebook, un compte Twitter, et associé à son profil une photo d'Hugo Chavez warholiennement stylisée, puis se sont mis, afin de se forger une crédibilité, à diffuser des contenus étiquetés « théorie du complot ». Quand ils ont senti que le fruit était mûr, ils ont déclenché leur piège : mettre en ligne un documentaire de leur cru d'une dizaine de minutes expliquant que le virus du SIDA avait été inventé par la CIA dans sa lutte contre Cuba. Cuba aurait en réponse développé un vaccin contre la maladie, et c'est cette découverte qui en réalité aurait poussé Barack Obama en 2015 à rétablir les relations diplomatiques avec Cuba. Thomas Huchon, le barreur principal de l'avatar, a ainsi passé neuf mois « en immersion » à mener une double vie dans la nébuleuse conspirationniste. Si l'on en juge par le nombre de vues, un peu moins de 10 000 (et encore, combien dans ce nombre l'ont vu à plusieurs reprises ou ne l'ont même pas vue jusqu'au bout), le résultat est dérisoire, sinon franchement ridicule ; ce qui n'a pas empêché les auteurs de l'hoax de sabrer le champagne dans les grands médias où ils ont pu fêter presque partout leur « victoire » comme une sorte d'Austerlitz du Web.

Il n'est pourtant pas très difficile de créer un faux profil sur la toile pour embobiner son monde, dans n'importe quel domaine. Nous l'avons fait nous-mêmes, avec un ami, il y a une dizaine d'années, mais dans le sens inverse. Nous avons inventé un personnage fictif nommé Donald Forestier, lui avons donné une profession, une famille, des habitudes, des opinions politiques atlantistes et néoconservatrices, et lui avons fait publier un ouvrage entier intitulé « J'accuse la pandémie conspirationniste » sur les attentats du 11 septembre 2001 en nous faisant passer pour un partisan de la version officielle scandalisé par les théories du complot. Cette version officielle nous apparaissait tellement absurde et loufoque que nous avons senti le potentiel comique d'un livre mimant le raisonnement et la rhétorique AC. Nous l'avons publié au rythme d'un chapitre par semaine sur le site Agoravox. Cela nous a permis d'entrer en contact avec des acteurs AC, pour certains professionnels, pour d'autres idiots utiles. Nous sommes ainsi devenus des correspondants de l'ingénieur agrégé en matériaux et structures Jérôme Quirant, unique scientifique français un certain niveau osant défendre publiquement en bloc la VO du 11 septembre, à qui nous avons fait relire et tamponner un chapitre délirant sur l'effondrement de la tour WTC7. Nous parlons de quelqu'un qui a été invité dans une émission de Guillaume Durand d'une heure et demie à une heure de grande écoute, où il était accompagné d'un spécialiste des questions de renseignements, Jean-Charles

Brisard, Brisard qui est également devenu le *friend* de Donald et son correspondant via Facebook. Notre personnage était tellement caricatural et de mauvaise foi dans ses raisonnements que nous avons été sidérés de demeurer invisibles aux yeux de nombre d'acteurs AC jusqu'au bout de l'opération, qui s'est étalée sur trois mois, de début septembre à fin novembre 2010[24].

Bref le canular auquel a participé Reichstadt ne constitue d'aucune manière un exploit. L'amour maternel que témoignent les auteurs pour leur bébé peut se comprendre, mais un œil extérieur et impartial est obligé de reconnaître que le bébé est raté. Pour être complets, nous avons aussi contacté Rudy à l'époque, et s'il n'a pas daigné donner suite à nos appels du pied, il nous a confié sa solitude et poliment répondu en nous encourageant à poursuivre. Il n'a tout de même pas pris le risque de nous relayer, et nous a conseillé de modérer notre angle d'attaque qu'il jugeait contre-productif en raison de son admiration outrancière pour George W. Bush.

À partir de 2016, la présence dans les médias de Rudy Reichstadt devient si prégnante qu'il nous faut renoncer définitivement à faire la recension exhaustive de ses différentes apparitions et invocations, pour aller plus encore à l'essentiel.

Pendant le mois de janvier de cette nouvelle année, la vague de louanges suscitée par son entreprise d'infiltration et d'intoxication des milieux « conspirationnistes » est encore en

---

[24] S'il vient l'idée aux intéressés de démentir, nous disposons des captures d'écran faisant foi. Les différentes parties de l'« opération Donald Forestier » sont encore toutes consultables en ligne sur le site Agoravox. Avec le recul, je me dis que si nous avions créé un avatar un peu moins caricatural, tant dans sa manière de raisonner que dans son profil, nous aurions pu pousser l'opération jusqu'à infiltrer physiquement le milieu AC, puisque nous étions à l'époque de parfaits inconnus sur la toile.

barrel et les trois auteurs de cet exploit n'en sont pas encore sortis.

Le 7 janvier Thomas Huchon se goberge une énième fois sur *Europe 1* dans une émission qui se demande : « Est-il pertinent d'attaquer les théories du complot ? », *Europe 1* qui n'est rien moins que partenaire de *Spicee*, le « média d'information en ligne spécialement créé pour démonter les mécaniques à l'œuvre dans les théories du complot », à l'origine de l'opération Conspi Hunter. Cet ancien d'*I télé*, *rue89* et *RTL* explique : *"On a fait une enquête de neuf mois. Nous avons interrogé des personnes comme Rudy Reichstadt (NDA : le fondateur du site Conspiracywatch.info, diplômé de Sciences Po Aix et membre de l'Observatoire des radicalités politiques du politologue Jean-Yves Camus), le sociologue Gérard Bronner (membre du très prestigieux Institut universitaire de France), des enseignants comme Sophie Mazet (diplômée de Normale Sup), enseignante en lycée et auteure de Manuel d'autodéfense intellectuelle) ou encore Dounia Bouzar (anthropologue et fondatrice du CPDSI, le Centre de prévention des dérives sectaires liées à l'Islam)."* Pour le cas de Dounia Bouzar, la rédemptrice du mentor des frères Kouachi, Farid Benyettou, nous renvoyons le lecteur à la première partie de *Massacre de Charlie Hebdo : l'enquête impossible*. Il fait l'amalgame de plus en plus souvent avancé : conspirationniste = graine de djihadiste = fomenteur d'attentat = assassin en puissance à mettre préventivement hors d'état de nuire : « *Dans les ordinateurs des gamins partis pour le djihad consultés par le CPDSI, il y avait À CHAQUE FOIS des vidéos conspirationnistes.* » Le tout est de savoir de quelles théories il s'agit car quelqu'un qui doute de la VO du 11 septembre, de la pertinence de la vaccination de masse, du caractère non climatique du « printemps arabe », ou de la VO du massacre de Charlie Hebdo ne va pas nécessairement passer des nuits blanches à imaginer comment poser une bombe dans un marché, s'y faire sauter avec un gilet explosif, ou tirer dans le tas avec une kalachnikov. Quand même ! Thomas Huchon s'aventure à parler de la fameuse carte d'identité oubliée dans la Citroën C3 : « *Bien sûr, nous prenons les théories qui sont possibles à décortiquer. Certaines autres relèvent simplement du bon sens ou manquent d'arguments. La théorie selon laquelle les frères Kouachi auraient délibérément abandonné une carte d'identité, par exemple, n'est fondée sur rien. Pourquoi auraient-ils fait ça ? Aucun complotiste n'est en mesure de l'expliquer. C'est normal d'avoir une carte d'identité en voiture, en cas de contrôle, surtout s'ils veulent être discrets. C'est du bon sens. Ce n'est d'ailleurs pas la seule chose qu'ils ont oubliée.* » Bien sûr que si nous pouvons l'expliquer : 1) cet oubli a permis de mettre immédiatement sur la piste des frères Kouachi qui autrement n'auraient jamais été soupçonnés. 2) C'est une chose de prendre avec soi une carte d'identité en cas de contrôle, c'en est une autre de l'oublier stupidement dans une sacoche légère bien en évidence *à l'avant du véhicule*. 3) Enfin, plus simplement encore, il ne s'agissait peut-être pas des frères Kouachi !

Notons que le rapporteur des propos grossit éhontément l'écho rencontré par la fameuse vidéo traqueuse de conspis : « visionnée plus de 10 000 fois » alors qu'elle n'a même pas atteint ce chiffre par ailleurs ridicule, et l'importance des sites qui l'ont premièrement relayé : *Réseau International* et *Wikistrike*, est à relativiser : on n'en a jamais trouvé aucune trace par exemple, ce qui serait beaucoup plus significatif, sur *egaliteetreconciliation.fr*, *legrandsoir.info*, *arretsurinfo.ch*, *investigaction.net*, *lecercledesvolontaires.fr*, *reseauvoltaire.net*, *upr.fr*, *geopolintel.fr*, *metatv.org*, etc. De qui se moque-t-on ?

Le 5 février, c'est une Anne Brunel au bord de l'orgasme qui s'extasie sur le chef-d'œuvre dans secrets d'infos sur France Inter : *"Pour chasser il faut d'abord ap-pâ-ter* [épelé avec gourmandise], *et c'est bien l'idée qui a germé dans la tête d'une petite équipe de journalistes trentenaires, passionnés d'enquête de terrain* [le monde virtuel n'est pas un terrain, aller sur le terrain aurait consisté à mener une infiltration en chair et en os dans les milieux vraiment sérieux, tâche autrement plus ardue], *organiser la traque de ceux qui répandent des informations toxiques fondées sur des théories complotistes afin de comprendre comment ils sont organisés* [strictement rien n'a été démontré à ce niveau-là] *et surtout comme ils font circuler les informations aberrantes qu'ils publient. L'équipe du média digital spicee.com a employé une méthode radicale, un véritable subterfuge que nous révèle le journaliste Thomas Huchon qui a conduit cette enquête :* 'On a inventé un complot pour voir si un complot inventé de toutes pièces allait être repris ou pas par ces sites, dans les réseaux conspirationnistes, on a voulu quelque part prendre les complotistes à leur propre piège. On a voulu mesurer leur capacité à vérifier une information. [suit un extrait de la nouvelle Joconde du monde numérique]. *Pour élaborer cette histoire, l'équipe de spicee.com s'est adjoint les services de plusieurs experts, comme pour une expérience de laboratoire. Un sociologue et un politologue, tous deux spécialisés dans les questions de croyance et de conspirationnisme, Gérald Bronner et Rudy Reichstadt* [toujours, toujours les mêmes…], *et puis aussi un outil de mesure de l'influence internet, flemfly, et puis une enseignante Sophie Mazet* [idem] ? (…) *Cet avatar infiltré, Lionel Perrottin, s'est constitué un réseau d'amis sur Facebook, un bouquet d'abonnés sur Twitter, très vite il a été sollicité pour entrer dans des cercles d'adeptes du complotisme* [et oui, toute classe à ses cancres, et encore nous aimerions connaître les détails ! La différence entre la « complosphère » et la « journalosphère », c'est que dans le premier milieu les cancres sont à leur place, c'est-à-dire au fond de la classe, tandis que dans le second ils sont au premier rang], *tant et si bien qu'au bout de six mois il avait près de 500 amis sur Facebook* [wouaw l'exploit !], *avec lesquels il interagissait aussi déjà beaucoup* [ça aussi on l'a fait, mais à plus haut niveau], *et c'est à ce moment-là seulement qu'il a posté sur sa chaîne YouTube la vidéo qui révélait les prétendus liens entre le virus du sida et le blocus de Cuba. (..) Cette vidéo s'est vite propagée* [on est plus proche du pet que du nuage de Tchernobyl], *les conspirationnistes s'en sont très vite emparés* [toujours ces termes généralisant de structure raciste… et si on remplaçait par « youpins » ou « bicots », ça sonnerait comment ?] (…) *Et un mois plus tard, un documentaire de 42 minutes, l'équipe sortait un documentaire de 42 minutes dans lequel la supercherie était révélée* [si nous avions pu disposer des mêmes moyens et de la même caisse de résonance, nous aurions pu définitivement ridiculiser la VO du 11 septembre aux yeux du plus grand nombre] (…) *Vous l'avez compris c'est un documentaire à objectif pédagogique qui vise principalement un public jeune* [jeune c'est-à-dire inexpérimenté et formatable], *perméable aux théories du complot, et qui risque la radicalisation politique, ça dure 42 minutes, c'est à visionner sur spicee.com, en accès payant précisons-le* [nous c'était entièrement cadeau, qui c'est qui fait du pognon sur ces enjeux gravissimes ?], *et d'ailleurs c'est un peu dans le même esprit que le gouvernement vient juste de lancer un site Web* [auquel a également participé Rudy] *dont la vocation est assez proche : on te manipule, portail gouvernement.fr* [et un petit heil pour la route !]."

Pour clore cet épisode d'infiltration plus ridicule qu'autre chose, signalons qu'à l'instar de Marie-France Etchegoin pour son « portrait » d'Alain Soral, la plume de l'ouvrage AC *Et soudain ils ne riaient plus*[25], Thomas Huchon a reçu début 2016 des mains de Caroline Fourest le prix Françoise Giroud[26] dans la catégorie « Nouvelles vagues », même s'il n'a réalisé le portrait de personne, ce qui est pourtant l'un des critères d'obtention du prix, pour lequel précisons-le il faut *postuler*.

9 février 2016 : la consécration

Le 9 février 2016, de 9h00 à 17h15, Najat Vallaud Belkacem organise dans le grand amphithéâtre Verniquet du muséum d'histoire naturelle de Paris — ou plutôt : on lui fait organiser — une journée d'étude sur le thème « Réagir face aux

---

[25] *Et soudain ils ne riaient plus*, LEVEQUE, Thierry et MOISAN, Dorothée et MONBARD-LATUNE, Marie-Amélie, et ETCHEGOIN, Marie-France, Les Arènes, 2016. Cet ouvrage entretient un rapport très suspect avec les faits et la vérité que nous avons exposé dans un article publié début août 2021 sur notre site *francoisbelliot.fr*. Titre : « Un ouvrage anticonspirationniste (AC) sur le massacre de Charlie Hebdo ».

[26] Pour plus de détails édifiants sur la vie et l'œuvre de Thomas Huchon, je renvoie à un excellent et très fouillé article publié par l'Observatoire du Néoconservatisme le 12 novembre 2016, intitulé « Thomas Huchon : le nouveau préposé en charge du catéchisme d'état ».

théories du complot, qui réunit 300 chercheurs, professeurs, psychiatres, lycéens ». Patronné par le ministère de l'Éducation nationale et de l'enseignement supérieur et de la recherche, l'événement a été organisé suite aux « attentats de janvier 2015 », qui ont vu « les théories du complot émerger dans les cours de récréation ». Le programme de la journée est détaillé dans un « dossier du participant » d'une vingtaine de pages des plus révélateurs et qui à la limite suffit à le résumer. De manière générale, le phénomène « complotiste », « conspirationniste », des « théories du complot » est de bout en bout exposé sous l'angle AC, c'est-à-dire, on ne le répétera jamais assez, un angle frauduleux et consciemment frauduleux, la grande idiote utile de cette grand-messe étant l'inexpérimentée et tâtonnante Najat Vallaud Belkacem qui fait penser à un lapin égaré dans une fosse à renards.

Elle est précédée au pupitre pour l'introduction générale de la journée par *Rudy Reichstadt en personne*, de 9h30 à 10h00. La ministre ensuite prend la parole un quart d'heure, puis participe jusqu'à 11 heures, à une table ronde thématisée « Quelles réponses pédagogiques apporter aux théories du complot ? », en compagnie de cinq enseignants parmi lesquelles Sophie Mazet, participante de la brillante opération « conspi hunter ». De 11 heures à midi, c'est l'auteur AC Gérald Bronner, collaborateur et ami de Rudy Reichstadt, en compagnie duquel il participe régulièrement à des événements AC ces dernières années, qui prononce une conférence. De midi à 13 heures, c'est le psychiatre et psychanalyste Serge Hefez qui enchaîne avec une seconde conférence sur « les processus psychiques à l'œuvre dans le phénomène du complotisme. » Les éclairages psychologisants font partie de l'arsenal AC, auxquels même les non-spécialistes comme Reichstadt et son acolyte Brönner ne manquent pas de recourir à l'occasion, et les gens revendiquant la qualité de psychologues ou de psychanalystes sont souvent mobilisés pour esquisser les contours de la maladie mentale qui toucherait ceux qu'on leur désigne comme complotistes.

C'est ainsi conditionnés que les auditeurs ont été libérés pour le repas du midi. Parmi les ateliers et conférences au choix de l'après-midi, signalons une conférence de la philosophe Aurélie Ledoux, actrice AC omniprésente dans les médias, la projection du décidément décisif « conspi hunter » dans le grand amphithéâtre, suivi d'un « débat » avec Thomas Huchon, le vice-président fondateur de Spicee Jean-Baptiste Schmidt, et Sophie Mazet, et une conférence de Lylia Bouzar sur l'utilisation des théories du complot dans le processus d'embrigadement [islamiste]. Lylia Bouzar n'est autre que la fille de Dounia Bouzar que nous avons citée plus haut pour sa participation à l'opération conspi hunter et dont nous avons parlé dans la première partie. Bref, on n'est jamais mieux servi que par soi-même.

Le mois de février ne fait que commencer.

L'événement est bien sûr massivement et favorablement relayé par tous les médias. Rudy est cité en autorité dans des articles de *Sud Ouest*, de *la Croix*, du *Figaro*. Le soir même il est interviewvé sur le plateau de *BFMTV* par Olivier Truchot en compagnie de Sandrine Lamoureux. Toujours le 9 février, *C News* (ex *I télé*) consacre à lui et ses compères de Conspi Hunter, parmi lesquels l'incontournable Thomas Huchon, un petit reportage obscène de complaisance[27].

---

[27] La voix off avance ainsi que la vidéo a fait plus de « 10 000 vues », ce qui est faux et serait de toute façon ridiculement dérisoire, et prétend qu'elle a été reprise par des « dizaines de sites », ce qui est également faux — ou alors qu'on nous précise lesquels…

Le 12 février, il participe aux côtés de Laurent Bazin[28] et de Nicolas Vanderbiest aux entretiens du SIG (Service d'Information du Gouvernement[29]), animés par Sylvain Gravel.

Le 15 février, le site *cinquiemecolonne.canalblog.com* signale utilement que les chasseurs de conspis comme Rudy restent aux abonnés absents dès lors que certains de leurs frères supérieurs influents comme BHL lancent publiquement des théories du complot pour le coup complètement délirantes. C'est en effet très important d'avoir à l'esprit que dans la lutte contre le conspirationnisme, il y a le bon, et il y a le mauvais conspirationnisme.

Le 17 février, il anime pour la Fondation Jean Jaurès, à la mairie du IVème arrondissement de Paris, qui pour l'occasion ouvre gracieusement ses portes, une soirée consacrée aux « délires d'opinion et théories du complot ». Y interviennent Jean-Yves Camus, Iannis Roder, et Matthieu Foulot[30]. Le même jour il participe en compagnie de sa copine Sophie Mazet et du psychanalyste Patrick Amoyel[31] à une émission de *Radio Notre-*

---

[28] Il est coauteur avec Pierre-Henri Tavoillot (cf. note 1) de l'ouvrage AC « Tous paranos, pourquoi nous aimons croire aux complots *?* »

[29] Le SIG lab, site officiel, n'est plus alimenté depuis avril 2018, et n'a diffusé en tout et pour tout que deux « entretiens », celui dont nous parlons ici en mai 2020 étant le dernier en date.

[30] C'est Matthieu Foulot qui est l'auteur de l'article du *Figaro* publié deux jours plus tôt où Rudy est invoqué en autorité, article AC de bout en bout intitulé « folie complotiste et réduction ad complotus ». Matthieu Foulot a publié en 2015 aux éditions Atlande un opuscule AC sur le massacre de *Charlie Hebdo* intitulé *Le complot Charlie*. Annonçant en introduction l'objectif de faire un sort aux théories du complot suscitées par l'événement, il commet l'exploit de ne pas aborder *une seule* des zones d'ombre et anomalies de la version officielle que nous avons exposées et disséquées dans *Massacre de Charlie Hebdo : l'enquête impossible*.

[31] L'angle d'analyse essentiel de Patrick Amoyel est d'expliquer que la radicalisation terroriste, « jihadiste », pour user du terme impropre qu'il

Dame. En parlant de *Radio Notre-Dame* et d'une mairie parisienne, je ne peux manquer de faire le parallèle avec deux épisodes que j'ai rapportés dans mon livre sur la couverture médiatique de la guerre en Syrie : l'accueil en grande pompe du prêtre anticomplotiste Paolo Dall'Oglio dans les locaux de la mairie du XXème arrondissement, farouche opposant au « régime syrien », et appelant à une intervention militaire internationale en Syrie, et la censure de la mère Agnès Maryam de la Croix, autorité chrétienne de Syrie défendant un point de vue beaucoup plus raisonnable et mesuré, décommandée au dernier moment par *Radio Notre-Dame, sous mes yeux,* à l'occasion de l'un de ses passages en France. *Radio Notre-Dame* à l'évidence a été noyautée, par des collègues du distingué Patrick Amoyel.

Le 24 février, il publie dans le « plus » du *Nouvelobs.com* une violente charge AC intitulée « Lutter contre le conspirationnisme, une tâche ingrate, mais nécessaire : c'est une menace ». Le chapeau de l'article fait le lien avec le massacre de Charlie Hebdo : *« Les nombreuses théories du complot*[32] *ayant émergé après les attentats de l'année 2015 ont*

_____

aime à employer, est un phénomène propre à l'Islam et aux musulmans, incitant ces derniers à reconnaître leur responsabilité collective dans tous les attentats des dernières années, et niant le fait que l'écrasante majorité de leurs auteurs sont des ex-délinquants salafisés souffrant de graves troubles psychiatriques ou de l'identité. Nous renvoyons le lecteur à son portrait dans l'annexe détaillant le CV des membres du conseil scientifique de la DILCRAH à sa fondation en 2016.

[32] Ici, un lien hypertexte renvoie à un article de Rose-Marie Farinella Elkabbach, l'un des cinq enseignants ayant participé à la première table ronde de la « journée » du 9 février. Comme le souligne le blog *lumieresurgaia.com* : *« Si au départ on se prend à rêver d'une RÉINFORMATION suite à la totale désinformation dont font preuve les médias français depuis des décennies, il n'en est rien... Marie Louise fait sa croisade contre les théories du complot et sites de réinformation tels que stopmensonges.com, E&R, Panamza... »/ « elle s'est vu remettre un prix par les ASSISES DU JOURNALISME le 11 mars 2016 »/ « Il faut comprendre que les élèves qui sont dans ces classes sont NOS enfants. Ces enfants sont sous la responsabilité de LEURS*

mis en lumière le degré de pénétration des idées conspirationnistes dans la société. Qu'est-ce que le conspirationnisme ? Et comment apprendre à vivre avec les complotistes ?» Et vu tout ce que nous venons de mettre en lumière sur son réseau et ses appuis, l'inversion accusatoire contenue dans l'extrait suivant est saisissante et scandaleuse : « La lutte contre le complotisme a tout du combat asymétrique : on y affronte un adversaire supérieur en nombre et usant volontiers de la calomnie à votre endroit. »

Enfin le 1ᵉʳ mars — débordons d'un cil — il publie un article dans le *huffingtonpost.fr* dans lequel il se demande, du haut de son trône : « Refuser de débattre avec les conspirationnistes renforce-t-il le conspirationnisme ?» Sans doute… mais « Peut-on soutenir sérieusement qu'il suffirait d'intégrer sans réserve les partisans de la théorie du complot dans le champ du débat public légitime pour résoudre le problème ? N'est-ce pas essayer d'éteindre un incendie avec de l'essence ? En réalité, les conspirationnistes ont accès aux médias mainstream bien plus souvent qu'à leur tour. » La réalité c'est que les « conspirationnistes » n'ont *aucun* accès aux médias mainstream, tandis que les escrocs intellectuels comme lui y ont table ouverte… un indice énorme parmi tant d'autres que Rudy Reichstadt ment comme il respire.

Si l'on ne considère que le premier trimestre de l'année 2016, Rudy a dû épuiser pour trois ans sa réserve de RTT autorisée dans le cadre de son emploi obtenu en même temps que

---

parents. Leur ÉDUCATION est donc de NOTRE ressort, pas du leur. Comprenez bien que l'État (via l'éducation nationale) continue de déborder sur son rôle premier qui est d'INSTRUIRE et non d'éduquer. »/ « Marie-Louise et Hygiène Mental piétinent littéralement notre autorité et notre crédibilité. Si notre enfant visite un site parlant d'extra-terrestres ou d'Illuminati, il nous incombe la responsabilité de lui expliquer, SELON NOS VALEURS ET NOS CROYANCES, ce que l'on en pense. En aucun cas l'État ne doit s'approprier à nouveau ce droit. Ils le font déjà dans beaucoup trop de domaines… » Amen...

Lassana Bathily à la mairie de Paris, un mois après sa nomination dans l'Orap en février 2015.

Digression : histoire de la DILCRAH, de la loi Pleven à la loi Avia

Il existe en France, depuis sa libération en 1945, une nuée de groupes et d'associations susceptibles de porter plainte et d'attaquer en justice des particuliers ou des associations qui ont le malheur de « déraper » verbalement, pour reprendre l'expression consacrée. Le terme de « dérapage » nous vient de l'univers des pneus et de l'automobile. Un véhicule, une moto, ou un vélo dérapent lorsque les pneus perdent l'adhérence au sol, et font dévier l'engin de la voie bitumée rectiligne qui lui a été consacrée. Le terme est intéressant : il implique nécessairement qu'il existe, dans une société prétendument démocratique, où la liberté de conscience et d'expression sont, nous dit-on, à un zénith jamais atteint dans toute l'histoire de l'humanité, des *rails* desquels l'esprit ne doit pas s'écarter, sous peine de se faire rappeler à l'ordre par la police, ou d'avoir un grave accident, ce qui pour filer la métaphore correspond dans la réalité à une très lourde amende ou une peine de prison. C'est un code de la route un peu particulier dans le sens où il ne s'intéresse qu'à un type bien particulier d'infraction. Le cadre en a été posé par la loi Pleven du 1er juillet 1972, qui punit les propos et écrits sous toutes leurs formes « *envers une personne ou un groupe de personnes à raison de leur origine ou de leur appartenance ou de leur non-appartenance à une ethnie, une nation, une race, ou une religion déterminée* ». Pour dire les choses plus clairement il s'agit d'une loi pour condamner les discours racistes, en particulier contre les citoyens issus des minorités ayant accédé le plus récemment à la nationalité française, les juifs depuis 1791, et les étrangers du monde entier qui ont afflué par milliers après la libération de la France en 1945, et par millions depuis la loi du regroupement familial votée en 1973 à l'instigation de Simone Weil, la nouvelle Jeanne d'Arc récemment canonisée en grande pompe à l'initiative du Haut-Clergé républicain. Dans les faits, cette loi est complètement indifférente envers les atteintes aux populations d'origine strictement française ou européenne, de couleur blanche et de culture catholique, ceux-là dont les ancêtres sont morts par millions dans les tranchées en 1914/1918.

La loi Pleven reconnaît également le droit pour les associations antiracistes de plus de cinq ans d'existence de se porter partie civile, leur permettant d'obtenir des dommages et intérêts supplémentaires. Pour rester dans l'imagerie des infractions routières, c'est comme si en cas de délit, le gendarme vous dressant le procès-verbal se voyait soudain dédoubler en plusieurs individus, multipliant d'autant le montant de l'amende.

La loi Pleven a été complétée le 13 juillet 1990 par la loi Fabius-Gayssot qui punit « *toute contestation de l'existence d'un ou plusieurs crimes contre l'humanité tels qu'ils sont définis par l'article 6 du statut du tribunal militaire international annexé à l'accord de Londres du 8 août 1945* ». En bon français, il s'agit de la première loi dite « mémorielle » qui interdit de contester le chiffre de six millions de juifs occis par les nazis pendant les deux années où l'Allemagne s'effondrait sur elle-même, en majorité dans des chambres à gaz dans le cadre d'un plan d'extermination. L'accusation hâtive et encore aujourd'hui discutable du Front National, accompagné d'un extraordinaire battage médiatique, pour la profanation du cimetière juif de Carpentras quelques semaines plus tôt mit sans doute l'opinion publique dans la disposition d'esprit nécessaire pour accepter cette évolution majeure du droit sans barguigner.

Peu appliquées les premières années par les juges, et quasi ignorées des Français de l'époque, ces lois ont pris avec le temps un poids et une importance impressionnante. Les principales associations portant plainte et/ou se portant parties civiles sont les associations juives comme le CRIF, la LICRA, l'UEJF, et les associations antiracistes fondées et/ou dirigées par des juifs : SOS racisme[33], le MRAP[34], J'accuse[35], etc.

Passons sur les différentes lois qui ont été votées ces dernières années pour compléter cet arsenal juridique permettant de surveiller et punir les « dérapages » et venons-en au sujet qui nous intéresse. Ces dernières années, il s'avéra que ce dispositif pouvait être en quelque sorte contourné : le filet avait les mailles serrées, mais des petits poissons continuaient à s'en échapper pour terroriser les baigneurs juifs et étrangers sur les plages

---

[33] Parmi ses fondateurs, on relève les noms de Bernard-Henri Levy, Julien Dray, Harlem Désir, Daniel Saada, Éric Ghebali, Marc Ladreit de Lacharrière, Gérard Filoche. Serge Malik, auteur de *L'histoire secrète de SOS racisme*, dénonce une surreprésentation de membres de l'UEJF par rapport aux beurs.

[34] Le Mouvement contre le Racisme et pour l'Amitié entre les Peuples (MRAP) a été fondé par des membres du Mouvement National Contre le Racisme (MNCR) et la Ligue Internationale Contre l'Antisémitisme (LICA), ancêtre de la LICRA. Parmi ses fondateurs, presque tous juifs, on relève les noms d'André Blumel, Léon Lyon-Caen, Pierre Paraf, Albert Levy, Serge Kriwkowski, Chil Koslowski, Charles Owezarek, Marcel Manville, Charles Palant. Le MRAP a joué un rôle essentiel dans le vote de la loi Pleven en 1972.

[35] Il s'agit d'une émanation du CRIF, comme on peut le lire sur le site du CRIF : « En 2001 : Création avec les avocats Stéphane Lilti et Me Richard Sebban de l'association "J'Accuse", dont l'objet statutaire est de lutter contre le négationnisme, l'antisémitisme et le racisme sur l'internet. De 2001 à 2011, Marc Knobel mène d'autres combats judiciaires contre des sites islamistes, négationnistes (Front 14 et le site de l'AAARGH) et contre les fournisseurs d'accès sur internet (FAI) pour leur demander de filtrer l'accès à ce site ; contre des sites néonazis, des librairies d'extrême droite (OGMIOS, l'Aencre)… En septembre 2002, en juin 2005, en 2007, 2008, 2009, 2010, Marc Knobel participe à des formations sur "internet et les atteintes à la dignité humaine" devant des magistrats français et étrangers à l'École nationale de la magistrature (ENM), à Paris. » Membre du conseil scientifique de la Dilcrah à sa fondation en 2016, son portrait détaillé figure dans en annexe du présent ouvrage.

françaises, leur harcelant les poils des mollets avec leurs terribles cils venimeux. L'idée de mettre en place des chambres de garde, des camps pour amener à se concentrer, et de rétablir une peine permettant de réfléchir un très bref instant sur le sens de la vie, traversa l'esprit de certains ayant particulièrement souffert, mais il fut estimé que la mise en place d'un sas un peu plus contraignant, une sorte de « palier de compression », pour faire une incursion inversée dans l'univers de la plongée sous-marine, était d'abord préférable et méritait d'être expérimentée. Et ainsi fut créée, en 2012, la DILCRA, la Délégation Interministérielle pour la Lutte Contre le Racisme et l'Antisémitisme. En 2016 fut adjoint à l'acronyme un H pour « haine anti LGBT », pour dissuader les hordes de jeunes skinheads de race blanche qui dans les classes de sixième et de cinquième, ratonnent partout quotidiennement les élèves ayant fait le choix de changer de sexe, injustement privés de cette liberté par leurs parents contaminés par les théories du complot.

Sur le site du gouvernement on peut lire les explications suivantes : « *La Dilcrah est chargée de concevoir, de coordonner et d'animer la politique de l'État en matière de lutte contre le racisme, l'antisémitisme et la haine anti-LGBT. À cette fin, elle exerce un rôle de conseil et d'animation auprès des ministères, notamment en matière d'éducation, de police et de justice mais aussi de culture, de politique de la ville, de numérique, d'outre-mer, etc. Elle a notamment coordonné l'élaboration du plan d'action contre le racisme et l'antisémitisme 2015-2017 et le plan de mobilisation contre la haine et les discriminations anti-LGBT. La Dilcrah a vocation à être l'interlocutrice privilégiée des acteurs institutionnels et associatifs de défense des droits de l'homme et de lutte contre le racisme, l'antisémitisme et la haine anti-LGBT.* »

Le lecteur est déjà tombé sur cet acronyme qui ressemble à une contrepèterie de la LICRA dont elle est en fait l'émanation laïcisée. Jusqu'en 2016, seule la figure du Délégué de la DILCRAH pouvait se prévaloir d'une certaine notoriété, Régis Guyo, à sa fondation en mars 2012, Gilles Clavreul en novembre 2014, enfin Frédéric Potier depuis mars 2017. Il est un peu moins seul sur la photo depuis que lui a été adjoint, le 15 janvier 2016, un « conseil scientifique ».

Toujours sur le site du gouvernement on apprend : « *Lors de la session d'installation, Gilles CLAVREUL a précisé que le Conseil scientifique "aura[it] notamment pour vocation d'encourager des travaux de recherche sur le racisme, l'antisémitisme et les discriminations et d'éclairer le débat public sur des notions complexes et parfois polémiques, en les replaçant dans leur contexte historique, social et intellectuel". Le Conseil scientifique pourra ainsi proposer le financement, par la DILCRA, de travaux de recherche, l'organisation de colloques ou favoriser la mise en place d'unités d'enseignement et de recherche publiques, afin de développer des programmes de formation pour les acteurs tant publics que privés confrontés à la problématique du racisme, de l'antisémitisme et des discriminations. Il aura également pour rôle d'irriguer, par ses recommandations et ses orientations, l'action des pouvoirs publics en matière de lutte contre le racisme et l'antisémitisme.* »

Après l'adoption du Plan Interministériel de Lutte Contre le Racisme et l'Antisémitisme (PILCRA) en avril 2015, la DILCRAH, pour le financement de ses différents projets, dispose d'une enveloppe de 100 millions d'euros sur trois ans, un quart étant absorbé par la formation des enfants et des enseignants de l'Éducation Nationale. La DILCRAH connaît une déclinaison départementale avec 96 Comités Opérationnels de lutte contre le Racisme et l'Antisémitisme (CORA). Il s'agit notamment d'articuler les actions autour de deux types de lieux de mémoire bien précis : ceux liés au génocide des juifs pendant la Seconde Guerre Mondiale, et ceux liés à l'esclavage et au fait colonial, ceci afin de « *mieux prendre en compte la pluralité des mémoires* ». Le terme de « dualité » serait sans doute plus pertinent, surtout dans un pays au passé millénaire, à la fois douloureux et prestigieux, comme la France où le peuple français originel devrait normalement bénéficier de 99 % des « lieux de mémoire ». Comme un symbole révélateur de son illégitimité, le PILCRA a été présenté par le Premier ministre Manuel Valls, qui dans une émission de radio s'est déclaré « éternellement attaché à Israël », autrement dit éternellement lié à l'état le plus raciste du monde.

Les instigateurs de la DILCRA et du PILCRA dans le cadre des CORA s'inscrivent ouvertement dans la lignée de la loi Pleven de 1972 et la loi Fabius Gayssot de 1990. Les « *contentieux créés par le spectacle de Dieudonné* » en janvier 2014 sont explicitement cités comme une des raisons de « *changer de dimension* » avec la création d'un nouvel organisme. Tout aussi explicitement est expliqué que les attentats de *Charlie Hebdo*, contre des policiers et contre l'Hyper Cacher « *constituent la toile de fond de l'élaboration du plan* ».

Comble de l'absurdité, ou du cynisme, les rédacteurs du rapport d'évaluation du PILCRA (2015/2017) reconnaissent eux-mêmes (p.16) que « *la tendance de ces deux dernières années serait plutôt à la baisse* [des actes racistes et antisémites] *ou à la stabilisation du phénomène* ». Toutefois, cette « *apparente contradiction entre ressenti et statistique* », s'inscrit dans une « *montée croissante* », et ne peut avoir qu'une seule explication : les statistiques sont mal faites ou peu parlantes, et le ressenti, qui au contraire est un critère d'évaluation scientifique reconnu et éprouvé, surtout quand il émane d'une minorité paranoïaque, doit primer comme facteur devant servir de déclencheur à toute action politique. Pour une fois *je précise que c'est moi qui ironise* car si l'on ne connaissait pas l'origine de ce rapport, on pourrait éclater de rire comme devant un canular parodiant très grossièrement la littérature d'un régime totalitaire. Autre citation qui laisse incrédule : « *si l'importance du phénomène ne fait pas de doute, il demeure difficile de le quantifier et d'en suivre l'évolution annuelle de façon précise.* »

Si à cela l'on ajoute que les « actes antisémites » sont officiellement recensés par des organes de la communauté juive organisée, actes qui se révèlent très souvent par la suite d'ignobles et impunies fraudes[36] — à l'instar de la profanation du cimetière de Carpentras en 1990, mais depuis il y en a eu des myriades, et de toutes les sortes, bénéficiant d'une couverture médiatique et d'une réaction politique absolument infondées et hors de toute mesure, sans la moindre excuse ni repent publics ultérieurs des escrocs et de leurs complices — il faut se rendre à l'évidence que toute évaluation précise du phénomène devient tout bonnement impossible.

Si les statistiques ne servent à rien et sont peu parlantes, surtout quand, mal conçues, elles ont le malheur de ne pas concorder avec la conclusion de la démonstration scientifique qui lui sert d'axiome, nous aurions quant à nous tendance à leur accorder une certaine crédibilité, pour peu évidemment que le sondeur ne soit pas à la fois juge et partie, ce qui est le cas pour les « actes antisémites »[37]. Ainsi pas une seule fois n'est-il question de « Français » dans le rapport. Le mot avec la majuscule, désignant un groupe de personnes figure certes en deux endroits du rapport, une première fois à la page 12 pour désigner ceux qui se sont mobilisés « pour défendre les valeurs de la République » après les attentats de 2015, bref toute la horde hypnotisée des « Je suis Charlie », une seconde fois page 19 pour désigner des descendants « des générations issues de l'immigration » qui sont confrontés « à des difficultés d'insertion » et des « phénomènes de discrimination non résolus ». Le « peuple français » n'est pas nommé une seule fois, de même pas une seule fois n'est envisagée l'hypothèse qu'il puisse être à l'occasion la cible d'un certain racisme et légitime à s'en plaindre. Or jamais, dans le même temps, n'est expliqué

---

[36] cf. « Réflexions sur les "actes antisémites" de février 2019 », François Belliot, *francoisbelliot.fr*, 7 mars 2019

[37] Émanant exclusivement d'organes de la communauté juive organisée, la crédibilité au sujet de ces statistiques a été réduite à néant ces dernières années par la médiatisation prématurée et outrancière, à l'instigation de ces derniers, d'actes antisémites imaginaires, voire inventés de toutes pièces pour des mobiles diversement frauduleux.

qui au juste, se montre coupable de « racisme ». On parle des Africains, des Arabes, des musulmans, des roms, des juifs, mais pour que quelqu'un les haïsse sur une base raciste, et alors qu'il est implicitement postulé que le racisme n'est en aucune façon, jamais, à chercher dans ces catégories, il faut bien qu'il émane — surtout s'il se manifeste avec la virulence terriblement préoccupante décrite par les rédacteurs du rapport — d'un groupe identifiable comme racialement distinct. Qui peuvent donc être ces gens sinon les « Français », c'est-à-dire les blancs, de culture catholique typiquement française, au sens où à l'évidence il existe une civilisation « française » : les Français, c'est un comble ! n'ont pas le droit d'être cités comme tels, sinon comme soupçonnables par essence de racisme envers tous les autres groupes raciaux qui eux ont le droit d'être désignés comme tels.

Où l'on voit que tous ces événements (fausse profanation du cimetière de Carpentras, massacre de Charlie Hebdo), et lois (Pleven, Gayssot) sont liés dans un continuum qui dessine, pour le coup, une indiscutable « montée croissante » — et pas besoin de statistiques « peu parlantes » pour s'en rendre compte — dans la répression et la mise au pas du peuple français, *en tant que race*. Le rapport du PILCRA énumère (p 57 à 60), les 40 mesures de lutte contre bla-bla… dans un tableau, les évaluant en fonction de leur réalisation. Parmi les mesures « engagées », la n° 11 invite à « *intégrer les discours de haine au droit pénal général pour simplifier les règles d'enquête et de jugement* », l'obstacle étant ainsi présenté : « *Sachant que si l'arsenal législatif a bien été modifié, il demeure* [quelle lacune !] *inscrit dans la loi du 29 juillet 1881 relative à la liberté de la presse suite à l'avis du Conseil d'État* » Or c'est précisément cette lacune qui a été comblée — au moment où j'écris ces lignes la loi n'a pas encore été votée — le 16 mai 2020 par la loi contre la haine en ligne, dite « loi Avia », ou « loi Schrek »[38], en raison de la troublante

---

[38] Ironie de l'histoire, au moment où la loi a été votée, d'anciens collaborateurs ont porté plainte contre Lætitia Avia pour harcèlement, lui reprochant notamment des propos homophobes, sexistes, et racistes. Douée comme nous de sens de l'humour, elle se plaît par ailleurs à

ressemblance faciale entre la députée LREM d'origine togolaise et le célèbre héros de dessin animé.

Nous avons cité précédemment quelques membres du conseil scientifique de la DILCRAH, qui présentaient pour particularité d'avoir été cités dans les articles AC rédigés pour monter la garde devant l'entrée de la synagogue[39] abritant les entrailles dans laquelle a été élaborée la version officielle du massacre de Charlie hebdo. Pour rappel exhaustif, nous étions tombés sur Jean-Yves Camus cité par Léo Mouren, Pierre Birnbaum cité par Emmanuel Taïeb.

Nous y trouvons également les noms de Gilles Finchelsteïn, directeur de la Fondation Jean Jaurès ; Marc Knobel, Patrick Amoyer, Dominique Schnapper, Cris Beauchemin, Abdennour Bidar, Laurent Bouvet, Myriam Cottias, Emmanuel Debono, Gilles Kepel, Christine Lazerges, Marie-Anne Matard-Bonucci, Nonna Mayer, Gérard Noiriel, Pascal Perrineau, Denis Peschanski, Dominique

---

moquer et affubler de surnoms ses collègues féminines à l'Assemblée nationale, comparant par exemple la députée Aurore Bergé à un « pingouin ».

[39] Pour cette métaphore, j'ai choisi le terme de synagogue de préférence à ceux d'église ou de mosquée parce que ces édifices religieux ou raciaux (ça dépend de la définition qu'on choisit, en fonction des circonstances), présentent la triple particularité suivante : à la différence des mosquées ou des églises, souvent rien de les distingue d'autres bâtiments, ils sont presque impossibles à deviner de l'extérieur pour le non initié et l'enquêteur inexpérimenté, et sont interdits d'accès aux non-juifs en partie les jours de Sabbat, c'est-à-dire les jours où les hommes à chapeaux enfourchent leurs phylactères, et ils sont *tous* visiblement protégés par des patrouilles de militaires français : si ces derniers, qui n'ont pas le droit de pénétrer à l'intérieur, sont blessés ou tués à l'extérieur, l'agression est comptabilisée au nombre des actes antisémites, lesquels sont multipliés dans les statistiques par le nombre de fonctionnaires goyim postés pour l'occasion devant ces symboles de la laïcité républicaine.

Schnapper, Benjamin Stora, Vincent Tiberj, Tommaso Vitale… J'ai jugé instructif de brosser le portrait sommaire de chacune de ces personnalités, mais ne souhaitant pas interrompre trop longtemps mon fil conducteur, je renvoie le lecteur à la galerie que j'ai renvoyée en annexe, et me contente ici d'en produire la synthèse :

Si l'analyse de la composition du conseil scientifique de la DILCRAH était publiquement diffusée dans son détail, cela apparaîtrait pour la majorité des Français comme un véritable scandale, surtout si l'on considère son budget pharaonique et son influence démesurée.

On pourrait commencer par s'attendre à ce que la diversité et les minorités y soient mieux représentées. Aucune personnalité originaire d'Afrique, si l'on excepte un homme d'origine franco-marocaine aux positions clairement islamophobes, aucune personnalité d'origine asiatique. Alors que ce conseil scientifique doit se prononcer sur des questions de racisme, il est composé à l'exclusif de blancs. On croirait à une entreprise masochiste puisque ce que traque la DILCRAH par-devers tout c'est le racisme des Français, des blancs contre les autres « races » (noirs, arabes, roms, juifs). Comme ce masochisme est absolument inconcevable, nous sommes obligés de préciser que pour une écrasante majorité, ce conseil est composé de personnes d'origine juive avérée ou probable. Aucun fervent catholique représentant authentiquement la tradition, aucun français de souche attachée aux traditions françaises, aucun représentant de la droite nationaliste.

C'est cohérent avec le fait que pour plus de la moitié ces personnalités, la lutte contre l'antisémitisme et contre l'extrême-droite, comme chez les membres de l'ORAP, constitue le fond de commerce depuis des années voir des décennies. On note fréquemment des rapports incestueux avec les organes de la communauté juive de France défendant les intérêts d'Israël, l'État le plus raciste du monde, en particulier et la Fondation pour la Mémoire de la Shoah qui finance Conspiracy Watch. Cette simple allégeance ou déclaration d'affinité devrait constituer une clause d'exclusion a priori d'un organisme comme la DILCRAH.

Cette orientation politique communautaire et/ou en faveur d'une puissance étrangère incarnation du racisme dans la communauté humaine est cohérent avec le fait que la plupart des membres de la DILCRAH ont ouvertement déclaré leur soutien au président Macron, qui n'a recueilli que 22 % des voix au premier tour en 2017, et qui ne dépasse plus ce seuil d'adhésion dans les sondages, s'effondrant même à 3 % des électeurs inscrits lors des élections régionales de juin 2021. De façon tout aussi cohérente, la plupart des membres de la DILCRAH ont publiquement affiché leur hostilité au mouvement des Gilets jaunes, composé à ses débuts exclusivement de français de souche, c'est-à-dire d'individus a priori soupçonnables de racisme et antisémitisme, quand toutes les autres catégories raciales sont a priori considérées comme des victimes de premiers.

On ne voit pas non plus l'intérêt d'avoir ajouté le H, puisque dans ce comité, on ne relève aucune personnalité ayant changé de sexe, ou ayant déclaré vouloir changer de sexe, ni même, plus simplement, de lesbienne ou de pédéraste portant sa déviance sexuelle en bandoulière.

Plus choquant peut-être, on trouve dans ces personnalités des gens qui ont soutenu le renversement de Mouammar Kadhafi, la déstabilisation de la Syrie, l'invasion de l'Afghanistan et de l'Irak, c'est-à-dire des complices de criminels de guerre ayant du sang sur les mains, ce qui est autre chose que de ressentir de la « haine ». On trouve également d'authentiques escrocs, qui mentent sur leurs diplômes, truquent des sondages, ou en contestent les résultats quand ils ne conviennent pas à leur idéologie ; sondages qui pourtant disent tous la même chose depuis des années : si l'immigration de masse est loin de rencontrer l'adhésion de la majorité des « Français » qui n'ont jamais été consultés à ce sujet en tant que peuple souverain, et suscite des frictions voire parfois une franche hostilité dans un contexte de très grave crise économique et de fréquents attentats terroristes, le racisme et l'intolérance ne font que décroître année après année, sur le long terme, et quant aux juifs, ils constituent la mieux acceptée de toutes les minorités vivant sur le sol français. Ce simple constat devrait du reste amener les gouvernants (s'ils avaient le choix, et si les Français avaient le choix) à dissoudre la DILCRAH, en même temps que toutes les associations à vocation antiraciste fondées et/ou dirigées par des juifs (une autre configuration n'existe pas), associations qui ne font que jeter de l'huile sur le feu : la LICRA, SOS racisme, etc.

Les aventures de Rudy Reichstadt (suite)

Le 20 mars, Rudy Reichstadt participe au lancement du mouvement « le Printemps Républicain », créé par Laurent Bouvet, membre du conseil scientifique de la DILCRAH récemment mis sur pied pour mieux répartir la manne du PILCRA à destination des 96 CORA implantés dans chaque département français. Lors de ce raout à l'orientation clairement islamophobe[40] on entendra Nadia Remdana éructer : « *Nos banlieues sont islamisées et arabisées !* » F Boudjhalat fut énormément applaudie lorsqu'elle lança : « *Interdisons la présence de mères voilées lors des sorties scolaires !* » Laurent Bouvet quant à lui fit cette révélation : « *Dans le nord de Paris, il y a une ligne de bus où il est difficile de rentrer si on n'est pas barbu.* » Parmi les participants se trouvaient Gilles Keppel, autre membre du conseil scientifique de la DILCRAH, et son délégué Gilles Clavreul.

Le 15 mai, il participe aux « *Assises contre la haine* », organisées par l'UEJF. L'événement a pour but de mobiliser contre « *les discours racistes, antisémites, négationnistes, homophobes et d'apologie du terrorisme* ». En effet « *la France est à nouveau confrontée à une série d'actes racistes et*

---

[40] « Printemps républicain : haro sur les "banlieues arabisées" et les femmes voilées *cinquiemecolonne.canalblog.com*, 20 mars 2016

antisémites, et à une vague d'attentats terroristes sans précédent. » Quand on se croit tout permis on ose tout. Comment peut-on oser mettre sur le même plan des enfants qui se traitent de « sale pédé » dans une cour de récréation, des supporters qui crient « Oh Hisse enculé dans les stades » ou d'honnêtes chercheurs qui nient le caractère météorologique du printemps arabe[41], et l'épopée sanglante de psychopathes daéchophyles comme Mohamed Lahouaiej[42], Adel Kermiche[43], Karim Cheurfi[44], Larossi Abala[45], Ahmed Hanachi[46] ? Y participent l'ESG Paris, La Fabrique, Respect Zone, Conspiracy Watch, la

---

[41] Tous les livres qui suivent, dans l'ensemble irréprochables, ont été intégralement passés sous silence dans les médias (pour rappel, depuis 2011, Reichstadt dénonce avec zèle tout ce qui prétend remettre en cause la version officielle de cette série d'événements, l'interminable guerre en Syrie en particulier) : *Syriana, la conquête continue*, Bahar KIMYONGÜR, Investig'action (la maison d'édition de Michel Collon), 2011 ; *Guerre en Syrie, le mensonge organisé des médias et des politiques français*, François BELLIOT (2015 pour le vol 1, 2016 pour le vol 2), *Retour de flamme*, Jean-Michel VERNOCHET, Sigest, 2016 ; *les guerres de Syrie*, Michel RAIMBAUD, Glyphe, 2019 ; *la face cachée de la révolution tunisienne*, Mezri HADDAD, Apopsix, 2012 ; *Objectif Kadhafi*, Patrick M'Becko, Libre-Pensée ; *56, l'État français complice de groupes criminels*, Jean-Loup IZAMBERT, IS éditions, 2015).

[42] Auteur de l'attentat de Nice du 14 juillet 2016, qui a fait 86 morts et 458 blessés

[43] Assassin avec Abd-el-Malik Petitjean du père Jacques Hamel dans l'église Saint-Étienne de Rouvray le 26 juillet 2016

[44] Auteur de l'attaque d'un fourgon de police avenue des Champs-Élysées le 20 avril 2017, au beau milieu du grand débat réunissant les candidats du premier tour des élections présidentielles, tuant un policier et en blessant trois autres

[45] Assassin de Jean-Baptiste Salvaing et Jessica Schneider à Magnanville le 13 juin 2016

[46] Assassin des jeunes Laura et Maurane le 1er octobre 2017 à la gare de Marseille Saint-Charles

LICRA, le CRIF, l'Association française des victimes du terrorisme, internet Society France, Renaissance numérique, le Refuge, Ni Putes ni soumises, Adheos. Le nouveau délégué de la DILCRAH, Gilles Clavreul, est également présent. L'objectif de la journée est de chercher à mettre en place des solutions contre la recrudescence de la haine sur internet. Une future « loi Avia » est déjà dans toutes ces têtes…

Fin juin, Rudy s'envole pour un voyage en « *Israël et dans les territoires palestiniens* » en compagnie de Gilles Clavreul. Ce dernier s'enthousiasme sur Twitter : « *Ah, j'ajoute : j'emmène Rudy Reichstadt pour parler conspirationnisme contre discours sur internet #dreamteam* ». L'événement est ainsi présenté sur le site du CRIF qui en est : « *La délégation française composée de Patrizianna Sparacino-Thiellay, ambassadrice pour les droits de l'Homme en charge de la dimension internationale de la Shoah, des spoliations et du devoir de mémoire, du délégué interministériel de la Dilcrah, Gilles Clavreul, de Rudy Reichstadt, expert en théories du complot, et du Crif, s'est rendue en Israël, pour deux jours d'échanges et de partage de retours d'expérience en matière de lutte contre l'antisémitisme et le racisme.* » Quel était précisément le rôle de Rudy ? Il « *a décrypté la manipulation complotiste et le Crif a pu présenter l'ensemble des actions menées par sa cellule digitale en matière de lutte contre la haine sur internet.* » Des échanges apparemment fructueux ont eu lieu avec des officiels Israéliens de haut niveau du ministère des Affaires étrangères et de la communauté juive mondiale organisée (par exemple le chef du département des affaires juives mondiales Akiva Tor). Le peu qui a transpiré du contenu de ces réunions ne permet pas de dire si les échanges ont été tout aussi « *bénéfiques pour les deux parties* » dans les territoires palestiniens, si par exemple les gazaouis et les cisjordaniens durement touchés par les opérations « Plomb durci », « Bordure de Protection », et autres « Marteau en titane », parvenaient enfin à dompter leurs haineuses pulsions antisémites, et étaient enfin disposées à édifier un mémorial de la Shoah sur la place de l'hôtel de ville de Ramallah, à l'exemple du gigantesque projet prévu en Angleterre (aujourd'hui réalisé) en face de Buckingham Palace. De retour à Paris, Rudy Reichstadt se rend aussitôt, le 1ᵉʳ juillet, à la Préfecture de Police de Paris pour y participer à un « séminaire sur le complotisme ». Heureusement ce jour-là, aucun Mickaël Harpon[47] ne traînait dans les parages.

Le 30 novembre, il participe au colloque de la Conférence des Présidents d'Université (CPU) à l'université de Caen Normandie. Son intitulé : « Comment réseaux politiques et sphères d'influence se saisissent-ils d'internet : quels enjeux et quels risques ? ». Il participe à une table ronde animée par Patrick Levy, en compagnie d'Henri Isaac et Thierry Vedel. L'enjeu brûlant du judaïsme politique n'y a curieusement pas été abordé.

Conspiracy Watch se professionnalise et se fait financer par la Fondation pour la mémoire de la Shoah

En 2017, on ne sait pas exactement quand, le site Conspiracy Watch se « professionnalise » pour se transformer en véritable « service de presse »[48]. Vu l'importance déjà colossale,

---

[47] Mickaël Harpon est l'employé de la Préfecture de Police de Paris qui a assassiné quatre fonctionnaires dans les locaux mêmes de la vénérable institution le 3 octobre 2019. Ce quadruple meurtre dans l'un des endroits les mieux protégés de France a fait passer complètement passer au second plan la plus importante manifestation de policiers depuis 20 ans, baptisée « marche de la colère » qui a vu un cortège de 20 000 policiers marcher de la place de la Bastille à la place de la République.

[48] Enregistrée comme association jusqu'en septembre 2020, n° 0920 W 93758 de la Commission Paritaire des publications et Agences de Presse (CPPAP). La CPPAP « *est une instance composée à parité de représentants de l'administration de l'État et de professionnels de la presse. Elle est chargée de : délivrer un avis relatif au bénéfice du régime économique de la presse (tarifs postaux et fiscaux privilégiés) des publications ; reconnaître la qualité de service de presse en ligne (SPEL) ; proposer l'inscription sur la liste des entreprises ayant le statut d'agence de presse.* » Ce numéro d'inscription « *ouvre droit à un taux super réduit de TVA à 2,1 % et des tarifs postaux préférentiels* » et « *permet en outre d'accéder aux aides directes délivrées aux*

et unique en son genre, prise par cette créature du monde de l'internet au fil des années, on aurait pu penser que c'était déjà le cas depuis longtemps, mais non. Ceux qui ont connu le blog dans sa forme antérieure, quand il était hébergé par le *Courrier International* sont les mieux placés pour s'étonner de la grâce qu'il a pu si facilement trouver aux yeux de tant de personnalités si influentes et haut placées, dans les milieux médiatiques, politiques, éducatifs, universitaires, policiers. Non seulement son contenu et son ton général en faisaient une quasi-parodie de site néoconservateur presque digne d'un Donald Forestier, mais le caractère rudimentaire du site internet attestait son insignifiance et son amateurisme.

Pour passer enfin à la vitesse supérieure, et prendre enfin une apparence digne de son nouveau rang, Rudy Reichstadt, après la Fondation Jean Jaurès et la mairie de Paris, bénéficie de l'appui et du soutien financier de la Fondation pour la Mémoire de la Shoah, « dans le cadre de son action pour la lutte contre

---

publications éligibles à ce titre qui sont gérées par la direction générale des médias et des industries culturelles. » Parmi les critères de reconnaissance, l'éditeur doit mettre à disposition du public « *un contenu d'intérêt général* » « *L'objectif de ce critère est notamment d'exclure tous les services de presse en ligne qui inciteraient par leur contenu à des actions contraires à l'intérêt général. On peut citer par exemple des sites qui seraient dédiés au téléchargement illégal ou qui inciteraient à des comportements contraires aux règles de protection de la santé publique.* » Rudy Reichstadt et Conspiracy Watch représentant à l'évidence des intérêts particuliers résolument opposés à l'intérêt général : les néoconservateurs, les sionistes pro-israéliens, pratiquant la désinformation, et usant de méthodes AC frauduleuses, dans une France fonctionnant normalement ne sauraient en aucun cas être éligibles au statut d'agence de presse agréée par la CPPAP, avec tous les avantages fiscaux associés. Par contraste, il convient ici de faire remarquer que l'acolyte AC de Rudy Reichstadt, Tristan Mendès (anti) France, milite ardemment depuis la fin de l'année 2020, par l'intermédiaire de la structure « Stop Hate Money » pour que l'hebdomadaire nationaliste *Rivarol* se voie retirer son immatriculation CPPAP. Encore tout un symbole !

l'antisémitisme ». Si l'on avait encore un doute sur la consubstantialité de la lutte contre l'antisémitisme et de la lutte contre les théories du complot et le complotisme, et de son pilotage par la communauté juive organisée, celui-ci est définitivement levé.

À cette époque, les méthodes frauduleuses de Rudy Reichstadt et son illégitimité pour traiter de sujets historiques graves qui exigent recul, probité, et rigueur, ont été depuis longtemps sans discussion possible mise en lumière, qui plus est par des personnalités sérieuses non clivantes et peu soupçonnables d'antisémitisme (Michel Collon, Étienne Chouard, Olivier Berruyer, François Asselineau), mais la FMS n'a visiblement pas été prévenue, ou a décidé de passer outre, estimant qu'il en allait de son intérêt supérieur. Lui sont adjoints les services d'une historienne qui a consacré son existence à la lutte contre le Front National et le négationnisme, Valérie Igounet[49], et de toute évidence une équipe aux compétences

---

[49] Rudy Reichstadt semble avoir trouvé la muse et âme sœur qui lui manquait dans sa croisade solitaire, si l'on en juge par le portrait qu'en a esquissé *l'Observatoire du journalisme* en mai 2016 : « *Son hostilité déclarée au FN est illustrée par sa participation le 23 mars 2015 au séminaire organisé par Nonna Mayer* [NDA : membre du conseil scientifique de la DILCRAH] *au CERI (Centre d'Études des Relations Internationales, Sc Po Paris) sur le thème "comment interviewer l'extrême-droite" où la totalité du contenu reposait sur ses méthodes. Elle déclare en introduction "s'attaquer à des ennemis politiques" qui sont aussi des "ennemis moraux" identifiés comme tels et qui doivent être combattus. Pour écrire son histoire du Front National elle a eu recours à une méthode classique : s'adresser aux meilleurs ennemis du FN, les trotskystes du NPA ancienne LCR. La LCR a ainsi mis gratuitement ses archives (très complètes dit-elle) sur le FN. Au titre des méthodes et de la "morale" qu'elle semble revendiquer, une anecdote dit tout de l'absence de limite décomplexée qui est la sienne vis-à-vis d'une "extrême-droite" furieusement haïe. Elle explique en effet comment elle a interviewé Maurice Bardèche (à qui elle a refusé de serrer la main) tout en lui volant des documents. Verbatim : "J'ai été surprise de voir que c'était un très vieux monsieur, qui marchait mal, qui avait du mal à se déplacer. Un moment il a dû aller aux*

diverses et suffisantes pour abattre un travail impressionnant pour lequel à coup sûr un homme seul ne suffirait pas. Ce nouveau soutien providentiel — une bonne fée décidément veille sur sa destinée — lui permet on l'imagine de quitter son emploi à la mairie de Paris qui n'était pas une sinécure, et l'obligeait à mener une épuisante double vie. Le voilà maintenant *libre* !

Libre, mais de plus en plus proche de l'État, de la République et de ses *valeurs* ; De plus en plus en plus poche de l'étoile jaune et de plus en plus loin des Gilets jaunes.

La Fondation pour la Mémoire de la Shoah, comme la Fondation Jean Jaurès, est une fondation reconnue d'utilité publique. Sur son site elle se présente ainsi : « *Sa dotation provient de la restitution par l'État et les institutions financières concernées des fonds en déshérence issus de la spoliation des Juifs de France pendant la Seconde Guerre mondiale. Avec les produits financiers de cette dotation, la Fondation subventionne le Mémorial de la Shoah (à Paris et à Drancy) et soutient des projets qui permettent d'élargir les connaissances sur la Shoah, de venir en aide aux rescapés en difficulté, de transmettre l'héritage de la culture juive, de lutter contre l'antisémitisme et de promouvoir le dialogue interculturel.* » Elle est née « *en 2000, dans le cadre de la reconnaissance des responsabilités de la France dans la Shoah* ». Si l'on juge par la reconnaissance quasi

---

toilettes, je me suis dit qu'il allait y passer un bout de temps et j'ai été fouiller dans sa bibliothèque pour y lire des documents". Question de Nonna Mayer "Et tu les as remis en place ?" Réponse [NDA : de cette méprisable salope] *: "Non, pas tous, mais c'est la seule fois où cela m'est arrivé". Petit rire faussement gêné, sourire complice des présents. Chacun peut penser ce qu'il veut de Maurice Bardèche, l'apprécier comme critique littéraire ou le détester pour son action politique mais voler des documents à un vieillard impotent suffit à qualifier celle qui emploie de telles méthodes. Et que penser à la fois de la neutralité d'une "chercheuse" qui définit l'objet de son étude comme un "ennemi moral" et de son accueil officiel sur un site de la télévision publique… payé par la redevance des contribuables ? »*

sanctifiante manifestée à l'occasion du décès de l'ancien président Jacques Chirac le 26 septembre 2019, il semble bien que ce soit lui qu'il faille remercier pour cette belle et désintéressée initiative, lui qui sut revenir sans aucune aide du diable Vauvert pour battre sur le fil son rival de droite Édouard Balladur en 1995. Pour une fois « supermenteur » avait peut-être respecté une promesse, qui permit à la Fondation de commencer dans la vie avec une dotation de 393 millions d'euros.

La fondation est présidée par David de Rothschild et le mémorial qui en dépend par Éric de Rothschild, des gens qui ont beaucoup souffert par le passé, en particulier au lendemain de la bataille de Waterloo, lorsque le fondateur de la dynastie dut courageusement assumer la prise de contrôle de la banque d'Angleterre suite à la fake news de la défaite anglaise répandue par un traître sans scrupules.

La FMS soutient « *dans le cadre de conventions-cadres pluriannuelles, les trois grandes institutions fédératrices du judaïsme français que sont le Fonds social juif unifié (FSJU), le Conseil représentatif des institutions juives de France (CRIF) et le Consistoire central* ».

Elle est aussi le principal soutien du Mémorial de la Shoah, dont elle finance environ les deux tiers du budget.

Dans son rapport d'activité 2018, on lit qu'en cette année, la fondation « *a renouvelé son aide au service de protection de la communauté juive*[50] *et son soutien à la LICRA, à l'UEJF et à l'observatoire du conspirationnisme.* » (p. 6)

---

[50] Il s'agit de la Ligue de Défense Juive (LDJ), une émanation de la Jewish Defense League (JDL), une organisation radicale et violente considérée comme « groupe terroriste » aux États-Unis, et interdite comme telle. Le groupe est également interdit en Israël depuis l'attentat perpétré par l'extrémiste juif Baruch Goldstein au Caveau des Patriarches à Hébron en 1994. On note donc la cohérence de la FMS

Pour reprendre un fil directeur que nous suivons en pointillés depuis le début de cette biographie professionnelle, on peut sans forcer l'image avancer que le fameux « biais de confirmation » dénoncé par Rudy comme étant l'un des principaux vices de fonctionnement intellectuel des complotistes, a chez lui cette époque atteint l'inaltérabilité du bois pétrifié.

Au milieu de son activité débordante dans tous les médias où il a table ouverte, on peut relever sa couverture de la campagne pour l'élection présidentielle avec des interventions et articles assassins contre le président fondateur de l'Union Populaire Républicaine (UPR), François Asselineau, systématiquement présenté avec tous les artifices AC de base.

Présenté comme un « expert de l'UPR » dans les médias — comme il l'était par le passé des attentats du 11 septembre, de l'assassinat de JFK, des printemps arabes et de la guerre en Syrie, de l'affaire Merah, du massacre de Charlie Hebdo, des vaccins et de la médecine, de la construction européenne, et qu'il le deviendra par la suite des cathédrales, des Gilets jaunes, du coronavirus et des laboratoires P4 — Rudy se lâche dès qu'un journaliste lui présente par hasard dans l'angle idéal de son poing fort un punching-ball ou a été floqué le visage de M. Asselineau, prédilection sadique qui s'explique par le fait que l'homme était le seul des candidats à prôner à la fois la sortie de l'Union Européenne, de l'Euro, et de l'OTAN, ce qui pour tout chien de garde du système constitue une impardonnable hérésie méritant qu'on « s'occupe de lui ». Florilège : « *un troisième couteau de la vie politique française* » ; contrairement à l'ancien combattant Emmanuel Macron n'est-ce pas[51] ? « *Asselineau parle à des gens*

---

qui soutient à la fois des organisations terroristes intellectuelles comme CW et physiques comme la LDJ.

[51] Sur l'ascension expresse d'Emmanuel Macron, de sa création à son accession à la présidence de la République, je recommande la lecture d'Opération Macron (Éditions du Cerisier, 2019), d'Éric Stemmelen. Dans l'introduction, l'auteur résume ainsi le tour de passe-passe : « *En trois mois, cinq politiciens expérimentés, des lascars de première*

qui se reconnaissent dans ses idées parce qu'il connaît leurs codes, surfe sur leurs thématiques. » Sous entendu, en bon camelot il s'adapte à son client « Lors de l'une de ses universités d'été, le parti avait convié plusieurs figures de la complosphère, comme le bras de droit de Thierry Meyssan, Alain Benajam. Mais contrairement à un Alain Soral, Asselineau ne s'aventure jamais sur le terrain de l'antisémitisme, même si certains de ses anciens proches ont ensuite dérivé dans cette direction. » Les personnes présentes à cette université, dont j'étais, peuvent témoigner de l'hostilité absolue de F. Asselineau envers T. Meyssan, et du reste, quelle importance ? Il est vrai qu'avancer des accointances de quelque nature que ce soit avec ces deux figures les plus diabolisées de la « complosphère » suffit à rebuter encore bien des citoyens paresseux. « Il envoie des signaux très forts en direction de la "complosphère", ce qui explique qu'il y soit si apprécié. » Tandis que les politiciens professionnels, n'est-ce pas, n'envoient jamais, de signaux très forts en direction de la normalosphère, ce qui explique que bla-bla-bla…

Rudy Reichstadt se paie même le luxe, au lendemain des élections législatives au cours desquelles l'UPR n'a pas franchi la barre des 1 % qui lui eussent permis de bénéficier de financements publics, de pondre sur son site un article dans lequel il nie absolument, contre toute évidence, que ce parti et

---

envergure ont disparu, éliminés de la course : deux anciens présidents de la République, Sarkozy et Hollande, et trois anciens Premiers ministres, Juppé, Fillon et Valls. Brillant tableau de chasse. Cinq morts violentes dans le milieu, en si peu de temps : le policier le plus obtus se refuserait à admettre un "concours de circonstances". Un enquêteur, simplement épris de justice, reprendrait patiemment le déroulé des événements et relèverait les indices concordants, le faisceau de présomptions. C'est ce que j'ai fait ici, et je livre ici l'état de mes recherches. Il s'agit d'une enquête à charge, je ne m'en cache pas. Pour entendre les arguments de la défense, il suffira d'acheter n'importe quel journal ou d'acheter à n'importe quelle heure son poste de radio ou de télévision. Jour après jour, comment un garçon un peu fragile, mais si bien fait de sa personne, a été intronisé roi des Français. » (p. 13)

son président auraient été victimes depuis des années, et particulièrement au cours des dernières élections, d'une conspiration médiatique à son encontre et celle de son parti. L'argumentaire est comme d'habitude minimal : « *L'UPR dérange-t-il au point d'être traité différemment des autres partis politiques ? Le "silence" qui entourerait le parti depuis sa création en mars 2007 est-il vraiment anormal ? On peut en douter au regard du sort réservé à d'autres formations fondées, à l'instar de l'UPR, dans la plus grande confidentialité. La grande majorité des 338 partis politiques actifs dénombrés à ce jour en France n'ont pas, en effet, bénéficié d'une publicité particulière de la part des "grands médias" au moment de leur création. En quoi l'UPR se serait-il vu particulièrement mal traité ?* »

Le « cas » Rudy Reichstadt est très intéressant à mettre en regard de celui de François Asselineau. D'un côté un jeune homme peu diplômé, n'ayant rien produit en 15 ans de niveau universitaire, comme écrits, conférences, ou ouvrages témoignant d'une connaissance approfondie des innombrables et complexes sujets auxquels il s'attaque, ne représentant au départ que lui-même, comme n'importe quel blogueur, qui plus est blogueur médiocre et sans audience, invité, accueilli, et présenté à partir de 2014 avec tous les honneurs dans les médias, y étant invité de façon répétée pour se prononcer sur tous les sujets, pour distribuer les bons et les mauvais points ; de l'autre un homme d'expérience, ultra diplômé, ayant une longue expérience politique, capable de disserter pendant des heures, et de façon pertinente, sur des sujets complexes et variés, ayant fondé un parti politique fort de plus de 30 000 adhérents, passé sous silence dans les médias, ou alors caricaturé, diabolisé, coupé dans ses prises de parole, interviewvé sur un ton agressif et insultant ; et c'est le second qui met publiquement en garde contre le premier et lui fait la leçon à distance, comme un père sage à un fils dévoyé.

Qu'on adhère ou non à l'UPR et aux idées que ce parti et son président fondateur défendent, cette différence de traitement médiatique hallucinante est symbolique d'un pays dans lequel toutes les valeurs ont été inversées.

Il est remarquable, soit dit en passant, que cette fondation dont la vocation est d'imprimer dans la mémoire collective de toute l'humanité — de tels organismes existent en effet dans toutes les démocraties libérales du « monde libre » — le souvenir d'un épisode de l'histoire où des gens faibles, sans défense, désignés par des termes péjoratifs englobants ont été persécutés et exterminés, soutiennent des initiatives comme Conspiracy Watch dont toute la raison d'être est de désigner à la vindicte populaire des gens faibles, sans défense, en les désignant par des termes péjoratifs englobants, appelant à leur neutralisation collective indiscriminée, en usant à tout coup d'une rhétorique frauduleuse et perverse, avec une gourmandise à peine dissimulée qui confine au sadisme.

Le 25 avril, poursuivant son incrustation au sein de l'Éducation Nationale, Rudy Reichstadt a l'honneur d'être choisi pour faire la leçon en tant qu'intervenant unique lors de la matinée de la journée académique des Conseillers Principaux d'Éducation (CPE) à Blois, pour l'académie d'Orléans-Tours. Du haut de sa totale inexpérience en matière de gestion des affaires de discipline à l'intérieur d'un établissement, il se livre à une « présentation du complotisme et de ses enjeux » et à une prévention contre « la diffusion des théories complotistes et du conspirationnisme ».

Le 26 août, il publie sur son blog du Huffington post un long article intitulé « Voici la dernière théorie du complot des pro-Trump qui fait du chemin aux États-Unis », dans lequel il s'attache à nier l'existence d'« États profonds » au sein des démocraties. Le concept d'État profond, popularisé ces dernières années par Peter Dale Scott, est intéressant. Il suggère que bien des démocraties sont des villages Potemkine, des jeux d'illusions et de faux-semblants dont la fonction est de faire croire au citoyen qu'il a la liberté et le pouvoir d'influer sur le destin et l'orientation de la politique de son pays. Derrière ces apparences trompeuses, il y aurait des acteurs occultes, représentant des groupes de gens pour qui les bulletins de vote ont une valeur égale à celle du papier toilette, qui suivent leurs propres agendas, manipulant l'opinion par le contrôle des médias et du système éducatif, formatant les esprits par la propagande et l'ingénierie sociale. Un tel concept est évidemment insupportable pour Rudy qui a franchi un à un tous les échelons à la force du poignet, de son austère de travail de fond sur une multitude de dossiers complexes, sans jamais être coopté par des groupes occultes et antidémocratiques qui ne disent pas leurs noms ou agissent sous le faux masque de « l'utilité publique ». L'un de ses héros, Emmanuel Macron, utilisera pourtant l'expression d'« État profond » de la façon la plus claire à deux reprises en août 2019, et selon toute vraisemblance, il ne parlait pas des dahus et des licornes : 1) « *La visite de Vladimir Poutine à Brégançon suscite l'opposition des États profonds de part et d'autre, à Paris comme à Moscou.* » 2) « *La rédaction des communiqués n'est que des chicayas de bureaucrates et d'États profonds. Je ne veux pas être l'otage de gens qui négocient pour moi.* » De la part d'une créature de l'État profond « français », l'aveu ne manque pas de sel !

Reichstadt critique énormément Donald Trump pour l'usage répété fait par ce dernier de cette expression sous sa forme anglaise de « deep state » — comme il ne supporte pas qu'il puisse dire que les médias états-uniens ne sont pas indépendants et diffusent des « fake news » — Donald Trump sur lequel il vomit à longueur d'articles avant et après son élection, face à Hillary Clinton qu'il défend en toutes circonstances, notamment pour l'affaire du « Pizzagate[52] ». À ce propos

---

[52] S'il est superflu de revenir sur l'affaire Epstein, un petit rappel sur l'affaire du « Pizzagate » n'est sans doute pas inutile. Nous reproduisons ici le résumé qu'en a fait Pierre-Antoine Plaquevent dans son ouvrage consacré à *George Soros et la société ouverte*, publié en 2018 aux éditions Cultures & Racines : « *Rappelons-ici que John Podesta est l'ancien directeur de campagne de Hillary Clinton, soupçonné de couvrir un vaste réseau de pédophiles au sein de*

relevons ce détail rigolo : en bon atlantiste à la sauce israélienne, à ses yeux les électeurs de Trump ne sont que des imbéciles d'extrême-droite perméables aux théories du complot, et depuis que ce dernier est au pouvoir, on ne peut plus vraiment ranger les USA au rang des démocraties… Il l'écrira noir sur blanc dans son livre en 2019 : « *On ne peut manquer de noter la constance avec laquelle l'argument du complot est mobilisé par les régimes dont la légitimité démocratique est remise en cause. Les gouvernements qui, à Téhéran, Damas, Moscou, Istanbul, Caracas ou Washington (depuis l'avènement de Donald Trump) ont, au cours des dernières années, été confrontés à une contestation interne, ont tous sans exception cédé à la tentation d'en attribuer l'origine à l'action invisible de quelque conspiration et de travestir l'ensemble de leurs opposants qui en "agents de l'étranger", qui en marionnettes au service de forces occultes.* » (*L'opium des imbéciles*, p. 82)

Le 7 décembre, il fait partie du quatuor d'experts interviewvés par le Conseil Supérieur de L'Audiovisuel (CSA), à l'occasion d'une réunion de l'Observatoire « Éducation et Médias ». Sur le site de l'institution on lit « *Invité à une réunion de l'Observatoire "Éducation & médias" du CSA le 7 décembre 2017, Rudy Reichstadt explique comment identifier les théories du complot. Elles peuvent porter sur n'importe quel sujet : la mort de personnalités marquantes, un attentat, une crise, une*

---

l'appareil dirigeant démocrate, soupçons qu'a fait émerger l'affaire dite du "Pizzagate". Évidemment repoussée par l'établissement comme "conspirationniste", cette thèse se trouve renforcée par le goût qu'entretient Tony Podesta, le frère de John Podesta, pour les productions de la peintre serbe Biljana Gjurdjevic, une "artiste" qui aime à mettre en scène dans ses tableaux des enfants dans des situations scabreuses et inappropriées. Tony Podesta a aussi fait décorer l'ensemble de sa maison par ces tableaux à connotation plus que suggestive. Une affaire qui sera très médiatisée au sein de la réinfosphère mondiale et qui marquera l'émergence dans le grand public de la thématique de la pédophilie à caractère occulte chez les élites globalistes. » (p.193) *guerre, des catastrophes naturelles… La pensée complotiste réinterprète ces événements à l'aune d'un discours paranoïaque selon lequel la vérité est ailleurs. »*

En ce mois de décembre 2017, Rudy Reichstadt prépare déjà activement la rentrée. Avec la Fondation Jean Jaurès, il a commandé à l'IFOP — encore un nouveau levier ! — un sondage sur « *le conspirationnisme dans la société française* ». « *Réalisée par un questionnaire autoadministré en ligne du 19 au 20 décembre 2017, cette étude a été menée auprès d'un échantillon de 1000 personnes, représentatif de la population française âgée de 18 ans ou plus, complétée par un suréchantillon de 252 personnes de moins de 35 ans, qui ont été remises à leur poids réel au sein de l'échantillon lors du traitement statistique du résultat. C'est l'enquête d'opinion la plus ambitieuse jamais réalisée à ce jour auprès du public français.* »

Contacter l'IFOP et soumettre ce projet n'a pas dû être très difficile : il suffisait de demander l'intercession de Jérôme Fourquet, qui en plus d'être le directeur du département « Opinion et stratégies d'entreprise de l'IFOP », est membre fondateur de l'ORAP en 2014 et collabore avec la Fondation Jean Jaurès depuis 2008. On n'est jamais mieux servi que par soi-même.

Premier grand sondage national de l'IFOP et CW sur la pénétration des théories du complot dans la société

Pour 2018, comme pour 2016, nous allons nous concentrer sur le début de l'année, en l'occurrence le mois de janvier.

Le Fondation Jean Jaurès sous la plume de Rudy Reichstadt publie le compte-rendu de l'étude sur son site le 7 janvier. Les deux citations précédentes en étaient des extraits. L'introduction est dramatisante à souhait en nous replongeant dans les journées terribles de janvier 2015 : « *Les attentats de janvier 2015 ont mis en lumière l'existence, au sein de la société française, d'un courant d'opinion complotiste tangible. Depuis, les inquiétudes sont croissantes quant à la circulation des théories du complot dans l'espace public ou encore de fake news susceptibles d'influer sur le cours d'une élection*[53]*. Trois ans après ces attaques, la Fondation et Conspiracy Watch*[54] *ont mené une étude pour estimer la pénétration du complotisme dans la société et approcher plus finement le profil de ceux qui y adhèrent. C'est l'enquête d'opinion la plus ambitieuse sur le complotisme réalisée à ce jour.* » Que le lecteur me pardonne la répétition de la dernière phrase et s'en prenne au rédacteur que ce moment coïtal égare. De cette grande enquête quatre points seraient à retenir : « *1) Le complotisme est un phénomène social majeur qui concerne, dans sa forme la plus intense, pas moins d'un Français sur quatre. Seul un Français sur cinq y semble hermétique. 2) La plupart des théories du complot soumises à l'échantillon recueillent des niveaux d'adhésion préoccupants. 3) Comparativement à leurs aînés, les jeunes sont nettement plus perméables aux théories du complot, sauf certaines d'entre elles, portant par exemple sur le réchauffement climatique ou l'immigration. 4) Le conspirationnisme est corrélé avec le vote populiste — de gauche ou d'extrême droite.* »

Je n'entre pas dans le détail du questionnaire qui comprenait en tout une quarantaine de questions qui touchaient

---

[53] L'allusion à l'élection de Donald Trump est ici transparente. À lire les articles anti-Trump rédigés ou relayés par Rudy Reichstadt — ce n'est pas la matière qui manque ! — ou se moquant de ses électeurs, invariablement traités de « complotistes » manipulés d'extrême droite séduits par les sirènes populistes rappelant les heures les plus sombres, etc., on pourrait avoir l'impression qu'avec l'élection du milliardaire, du jour au lendemain, les États-Unis sont passés d'un instant de la case démocratie à la case dictature, à ranger sur la même étagère que les boîtes vénézuélienne, iranienne, syrienne et russe.

[54] Faisons remarquer le caractère déséquilibré de l'attelage. C'est un peu comme si l'on disait : « la chaîne d'hypermarchés Leclerc et l'épicerie chez Mouloud, ou encore "la Mairie de Paris et la mairie de Sainte-Anne-sur-Brivet", se sont associées pour ce grand projet…

des domaines aussi divers que la théorie de la terre plate, l'assassinat de JFK, les traînées chimiques dans le ciel, le massacre de *Charlie Hebdo*, le créationnisme, les premiers pas de l'homme sur la lune, l'origine du virus du SIDA, les attentats du 11 septembre 2001, les bienfaits et les méfaits des vaccins. Un suiveur attentif de la production de RR sur son site reconnaîtra sans peine le genre de gibier que ce dernier aime à guetter et aligner depuis son affût planté dans la lande complotiste.

Comme après son intervention opportuniste auprès de la ministre de l'Éducation nationale, lors de cette fameuse journée du 15 janvier 2015 de lutte « contre le racisme et l'antisémitisme », qui débouchera un an plus tard sur une sorte de Grenelle du complotisme au Muséum d'histoire naturelle de Paris, les effets sont immédiats, et décuplés, déclenchant ce que les journalistes de l'émission Arrêt sur image, avec un plus de recul que leurs collègues, qualifieront à juste titre de « folie médiatique ».

Le sondage, d'une façon ou d'une autre, fait la une de tous les médias, tous supports confondus : presses nationale et régionale, chaînes de radio, de télévision. La présentation ressemble très souvent à « 8 Français sur 10 croient à la théorie du complot ». Les enseignements principaux sont ensuite mis en avant, en particulier l'influence délétère des théories du complot sur les jeunes, la mauvaise influence d'internet, et le fait que cette adhésion est plutôt à chercher aux deux extrêmes de l'échiquier politique. Rudy Reichstadt en personne se démultiplie sur les plateaux télé et les studios des radios pour faire la promotion, toujours dramatisante de son sondage, en reprenant les mêmes éléments de langage. Il y est à chaque fois reçu à bras ouverts et avec la plus grande considération. Voici un mince échantillon. Le 8 janvier on le voit sur le 19/20 H de *Bfmtv*, interviewvé par une Elkrief en rut journalistique. La chaîne d'infos en continu traitera encore le sujet dans deux autres émissions. Quelques minutes plus tard s'ouvre le JT de *France 2* qui en fait son « info du jour ». C'est le visage de Reichstadt que l'on voit apparaître en grand en premier à l'écran, avec en fond sonore le générique trompetant. Anne-Sophie Lapix embraye avec la nouvelle terrifiante révélée par une équipe de « chercheurs ». Le quotidien *Libération*, ancienne propriété du demi-frère de l'employeur de Rudy Reichstadt[55], fait sa une pleine page en titrant en gigantesques capitales : « COMPLOTISME : LE CÔTÉ OBSCUR DE LA FRANCE ». Le 11 janvier il est l'invité du « téléphone sonne » sur *France inter*, sur la tranche 18/20 en compagnie de son ami Gérald Bronner et Emmanuelle Davier.

Bref, il était absolument impossible d'échapper entre le 7 et le 12 janvier, créneau anniversaire de la séquence terroriste de début janvier 2015, à ce premier sondage du genre dans l'histoire de France. La théorie de la Terre plate, marotte d'une minorité infime a été à chaque fois mise outrageusement en avant par des professionnels de l'information hilares, qui en ont profité pour ressasser les éléments de langage habituels défendant fanatiquement la version officielle des attentats du 11 septembre, de l'assassinat de JFK, du massacre de *Charlie Hebdo*.

Une fois n'est pas coutume, toutefois, quelques journalistes flairent le sondage foireux et montrent un peu de circonspection : pourquoi par exemple les sondés ne s'étaient-ils pas vu proposer de réponse « ne sait pas » ou « ne se prononce pas » pour juger de la véracité de telle ou telle assertion, même quand ils n'en avaient jamais entendu parler ? Pourquoi les « plutôt d'accord » et « tout à fait d'accord » avaient-il été additionnés dans les chiffres finaux des taux d'adhésion ? Pourquoi les questions avaient-elles été à l'évidence tournées pour faire douter les sondés ?

Le 12 janvier, les journalistes d'*Arrêt sur image* iront plus loin dans la critique dans une émission intitulée « Non, 80 % des sondés ne sont pas complotistes » : « *Autre biais, celui du "plateau de sushis" : lorsque plusieurs choix complotistes sont*

---

[55] Édouard de Rothschild a été l'actionnaire de référence de *Libération* de 2006 à 2014. Son demi-frère David est président de la Fondation pour la mémoire de la Shoah.

proposés, statistiquement, ils sont davantage choisis par les sondés. D'autant que, souligne Laurent Callixte, on peut avoir envie de répondre "oui" à plusieurs propositions, ce qui n'est pas possible. Dernier problème méthodologique : les affirmations qui contiennent plusieurs propositions : "plus on accumule d'items dans un item, plus il y a de la chance pour que les gens le choisissent" » Sans doute pour atténuer le caractère hérétique de la critique, Rudy Reichstadt se trouvait sur le plateau de l'émission animée par Daniel Schneiderman pour se défendre et a été dans l'ensemble traité en frère, ce qui n'arrive jamais pour telle ou telle figure étrillée de la « complosphère ».

Le site *lescrises.fr*, deux mois plus tard, avec le recul nécessaire, et plus d'indépendance, fera un relevé exhaustif et dévastateur (« la fabrication de la fake news des 80 % de Français complotistes ») de toutes les bourdes méthodologiques commises par les auteurs du sondage, en sus de toutes celles déjà signalées : le sondage étant en fait un autoquestionnaire en ligne rempli sur internet, il était impossible de s'assurer de la proportion de fous, de menteurs, ou de plaisantins ; si l'on ne conservait que les « tout à fait d'accord », on obtenait des taux d'adhésion comparativement dérisoires ; la théorie de la terre plate avait été la plus commentée alors que c'était celle qui rencontrait le moins d'adhésion ; les questions étaient très mal formulées et ambiguës ; elles touchaient des domaines n'ayant rien à voir les uns avec les autres, les plus sérieux côtoyant les plus farfelus ; le questionnaire ne comportait aucune question testant un ou plusieurs complots aujourd'hui avérés ; aucun « complot système » (affaire Fillon, affaire DSK) n'avait été testé.

Les auteurs de l'article de cette longue étude ont beau jeu de rappeler en introduction que finalement, un certain nombre de médias, avec plus de recul ou redescendant les jours suivants de leur nuage anticomplotiste, se sont sentis dans l'obligation de dénoncer le sondage, ainsi dans *le Monde, la Croix, Télérama, sciences et avenir, Marianne*, le site l'Observatoire des sondages étant le plus sévère dans sa critique : « *l'Observatoire ne se faisait guère d'illusion sur la qualité de cette publication. Les premiers comptes-rendus de la presse avec leurs titrailles sensationnalistes publiés avant sa parution officielle confirmaient ces doutes. De fait celle-ci est particulièrement calamiteuse. [...] Confusionnisme : Plus le questionnaire avance plus l'objet de l'enquête devient flou, les auteurs semblant maîtriser avec difficulté la définition même du terme complotisme. C'est fâcheux. [...] Le classement dans la catégorie "Fake news" s'impose (presque) de lui-même. [...] De telles incohérences et disparités de traitement affectent bien évidemment les résultats. Leur ampleur pourrait surprendre. [...] Pratiques manipulatoires : un peu, beaucoup, passionnément ? [...] Des conclusions qui ont fait le bonheur de la presse, confirmant sa perméabilité aux fake news. [...] La presse n'a-t-elle vraiment rien vu ? C'est probable. On sait que le recrutement des journalistes professionnels ne s'effectue pas sur leurs compétences en sciences sociales, et que les sensibilités à la critique scientifique de la doxosophie constituent même un handicap dans le métier tant sondeurs et médias sont entremêlés. Et cette fake news sur le complotisme n'indique rien de bon. »*

Tout le problème avec ce genre de fumisterie, de *fake new*, c'est qu'elle n'est jamais reconnue comme telle par la suite avec le même concert tonitruant avec lequel son succès a d'abord été unanimement fêté. L'éclairage rétrospectif, qui aurait dû être disqualifiant pour ses auteurs, Rudy Reichstadt et Jérôme Fourquet, est étouffé comme le pépiement d'un moineau après le vrombissement du décollage d'un avion.

Dernier détail un peu gênant souligné par les observateurs plus avertis et moins serviles comme Laurent Callixte : « *le sondage révélait au moins une information importante qui elle a été complètement occultée : Fait remarquable, la thèse complotiste et négationniste selon laquelle le génocide juif n'a "jamais existé" obtient le score de... 0 %. C'est une excellente nouvelle qui montre que les thèses négationnistes ne rencontrent aucun succès dans l'Hexagone, mais c'est précisément le fait que cet excellent score ne soit pas mis en avant par les commanditaires du sondage (ce score est absent du communiqué de la Fondation Jean Jaurès) qui est troublant — comme si seules les "mauvaises nouvelles" étaient importantes.* »

En effet ! mais il faut se mettre à la place de Rudy Reichstadt : s'il avait eu l'honnêteté de mettre en valeur ce résultat spectaculaire (on est loin des 80 %) comme il se doit, il aurait été obligé d'aller voir ses employeurs de la FMS pour leur dire 1) qu'ils devaient cesser de faire de la lutte contre le négationnisme un obsessionnel cheval de bataille, interrompre tous leurs programmes de formation, de pèlerinage, d'érection de calvaires, voire même de changer complètement d'approches en militant pour l'abrogation de la loi Gayssot ! 2) que de ce fait le financement de son site par la FMS perdait sa raison d'être et qu'il décidait, pour des raisons d'honnêteté intellectuelle, de se contenter des maigres fromages de son poste de membre de l'ORAP et d'employé aux affaires financières de la mairie de Paris, en espérant que le poste qu'il avait lâché un an auparavant soit de nouveau disponible. Mais ne rêvons pas… si l'honnêteté dans le discours est une vertu dont il est efficace de se prévaloir, dans les faits, pour les acteurs AC, c'est un handicapant boulet dont il faut savoir s'émanciper.

Comme c'était le sujet de mon précédent ouvrage, penchons-nous au moins un peu longuement sur la question 37 qui est la toute dernière du sondage. Elle est ainsi formulée : « *À propos des attentats contre Charlie Hebdo et le magasin Hyper Cacher en janvier 2015, avec laquelle de ces trois propositions êtes-vous d'accord ?* » Les sondés ont le choix entre trois réponses :

1) *Il est certain que ces attentats ont été planifiés et réalisés par des terroristes islamistes.*

Taux d'adhésion 78 %

2) *Des zones d'ombre subsistent et il n'est pas vraiment certain que ces attentats ont été planifiés et réalisés uniquement par des terroristes islamistes.*

Taux d'adhésion 19 %

3) *Il s'agit d'une manipulation dans laquelle des services secrets ont joué un rôle déterminant.*

Taux d'adhésion : 3 %

Commentaire

1) On peut tiquer sur le terme « islamiste », mais la question n'est pas ambiguë.

2) Là commencent les problèmes. Comme de nombreuses questions du questionnaire, la réponse mélange différents éléments qui la rendent inexploitable : A) Des zones d'ombre subsistent B) et il n'est pas vraiment certain que ces attentats ont été planifiés et réalisés uniquement par des terroristes islamistes. Le site *lescrises.fr* analyse : « *Notons que le premier point est un truisme : il est évident que beaucoup de sondés vont considérer que, comme souvent "des zones d'ombres subsistent", sans forcément penser le moins du monde à "un complot", mais juste à des erreurs plus ou moins sanctionnées (par exemple sur les failles béantes de la sécurité du journal en 2015).* » Et nous avons vu dans la première partie de *Massacre de Charlie Hebdo : l'enquête impossible,* que ces zones d'ombre pouvaient facilement être étendues à une quinzaine, certaines d'entre elles ayant même été évoquées dans les médias sur un mode non-AC. La seconde partie de la question est plus « complotiste » mais, notons-le, fortement atténuée par l'adverbe modalisateur « vraiment », qui vient encore atténuer le caractère risqué d'une réponse positive. D'ailleurs si l'on enlève ce modalisateur, l'assertion devient : « il n'est pas certain que ces attentats aient été planifiés et réalisés par des terroristes islamistes », qui est quasiment jumelle de l'assertion 3. Il est en effet implicite que s'ils n'ont pas été planifiés et réalisés uniquement… alors forcément des services secrets ont dû jouer un rôle déterminant. Cette assertion 2 mériterait du reste à son tour d'être subdivisée en deux autres sous-questions, puisqu'il y a aussi l'hypothèse que le massacre puisse avoir été planifié par des services secrets, et réalisé par des terroristes islamistes ayant été utilisés comme

leurres ou pigeons (à l'instar d'un Lee Harvey Oswald, pigeon de l'assassinat de JFK).

3) Ce pourcentage est d'autant plus négligeable que pour une fois, la réponse est — à mon sens du moins – correctement posée : si en effet la formulation avait été non pas *des* services secrets, mais *les* services secrets *français* » (comme dans la question sur l'assassinat de Kennedy, où c'est la CIA et aucun autre service qui n'est proposé comme coupable interne), le score aurait été encore plus bas, et l'expression de « rôle déterminant » ouvre sur toutes les possibilités, y compris celle que les frères Kouachi et Amédy Coulibaly aient pu être, d'une manière qui reste à définir, utilisés comme des pigeons ou des leurres.

En conséquence, on peut dire qu'il est abusif de prétendre à partir de ce sondage qu'un français sur cinq a des doutes sur la version officielle du massacre de Charlie Hebdo. Du reste, il suffit de lire les auteurs AC eux-mêmes qui confessaient généralement à l'époque que sur ce sujet la version officielle résistait beaucoup mieux que d'habitude. Reichstadt lui-même tempéra le 12 janvier 2015 le journaliste du *soir.be* qui l'interrogeait : « *Je n'ai pas l'impression que ce soit massif pour le moment. Cela reste cantonné, sur le Web, au noyau dur de la complosphère.* »

Bref, non seulement les réponses proposées sont insatisfaisantes, mais le taux de réponses authentiquement « complotistes » est si faible, voire dérisoire, que l'on doit faire la même remarque que pour le taux de 0 % d'adhésion à la question relative à la Shoah : contredisant la place importante accordée à la séquence terroriste de début janvier 2015 dans la présentation du compte-rendu du questionnaire (cela apparaît dès la première phrase), ces 3 % indiquent que le complotisme, comme le négationnisme n'est absolument pas un enjeu de société majeur, que l'extraordinaire tintamarre qui est fait à ce sujet soit est complètement insensé, soit trahit l'angoisse très suspecte d'une clique de criminels, qui, parvenue à contrôler tous les leviers du pouvoir, redouterait tout de même l'existence et l'influence d'une minorité lucide suffisante pour ébranler le vase et le faire basculer d'un coup avec toute son eau le moment venu, l'accident faisant soudain bondir l'aiguille du compteur à douteurs au-delà des 50 %, et précipitant une curée ravageuse contre ces criminels

Pour dire un mot de la minute de silence qui a suscité dans certains établissements quelques remous, il faut en tirer définitivement des conclusions très différentes de celles préconisées par les auteurs AC, qui veulent à toute force transformer l'école en machine à transmettre des « valeurs », multiplier les programmes de prévention contre ci, contre ça, multiplier les pèlerinages vers les « lieux de mémoire » de la Shoah et du fait colonial : le rôle de l'école doit être avant tout de transmettre des connaissances, des pratiques, et des savoirs. Il est parfaitement absurde de demander à un professeur de physique de dessin, ou de français, d'imposer des minutes de silence ou d'improviser des débats après un attentat qui vient de se produire pour qu'ils « puissent s'exprimer ». Il faut rendre aux parents ce qui est aux parents.

Le 11 janvier, Rudy Reichstadt présente les résultats de son sondage à la fondation Jean Jaurès en compagnie de son compère de l'IFOP Jérôme Fourquet. Pour l'occasion ont été conviées deux figures AC de haut niveau, en les personnes du sociologue Gérald Bronner et du philosophe Raphaël Enthoven. Qui a été contraint, pour des raisons professionnelles, d'enfiler sa tenue d'éboueur pour fouiller les poubelles littéraires des Caroline Fourest, Laurent Joffrin, et autres Frédéric Haziza comprendra que n'entre nulle ironie de ma part dans ce compliment.

Gérald Bronner est, juste derrière Pierre-André Taguieff, le plus fin de tous les auteurs AC, en particulier avec sa « démocratie des crédules », publiée en 2013, qu'il serait malhonnête de ne pas admirer, même en tant qu'adversaire. Son livre, salué comme un salutaire chef-d'œuvre par les acteurs AC eux-mêmes, est une opération d'enfumage, soit, mais Dieu que c'est persuasif pour les hypnotisés du mainstream… Quant à Raphaël Enthoven, s'il est creux, verbeux, et retors comme ces sophistes qui avaient pris le pouvoir sur les esprits à Athènes à la grande époque, et que combattait Socrate comme ennemis de la vérité et de la vraie science, il faut lui reconnaître une virtuosité verbale propre à éblouir les soixante-huitards cultivés accrocs au *Monde* et à *France Culture*.

Alors que même certains journalistes du mainstream un peu moins niais et dociles que la moyenne ont tenu à marquer leurs réserves devant ce sondage, ses deux frères de combat, ce qui peut se comprendre, se garderont bien de faire la moindre objection disqualifiante. Quand Rudy demande à Raphaël ce qu'il pense des résultats du sondage, ce dernier se lance pendant huit minutes dans une diatribe AC de très bas niveau. Il accomplit l'exploit de ne citer aucun nom, aucun événement, aucun fait, aucune date. Son intervention peut grossièrement se résumer : « Bravo pour ce sondage, c'est extrêmement inquiétant, il faudrait pouvoir défoncer comme il faut la racaille conspi ! »

Le seul moment où il daigne s'ancrer dans le réel est celui où il se livre à une violente charge contre Frédéric Lordon, qui a publié dans le *Monde diplomatique* en 2015 le long article hérétique dont nous avons déjà parlé témoignant une forme de compréhension, quasiment d'adhésion, évidemment avec des réserves, à la tentation « complotiste ». L'article était d'autant plus détonnant qu'il s'insérait dans un épais dossier consacré à la question dont tout le contenu était AC. Je rappelle encore, ce qui paraît incroyable mais c'est ainsi, que cet article est le seul, je dis bien le *seul* du genre à être parvenu à franchir l'imposant poste douanier AC, avec sa voie d'accès en chicanes redoublées, ses murailles, ses miradors, ses chiens renifleurs d'explosif, ses gardes cagoulés armés jusqu'aux dents. Cette incursion unique dans les annales de la décennie 2010 s'explique sans doute par le caractère plus confidentiel du *Diplo*, et les éminentes qualités de Frédéric Lordon. Cet article de trois ans d'âge a donc été attaqué par Enthoven comme s'il venait de faire la une du vingt heures de *France 2*. Bronner au moment de prendre la parole empoignera également sa sarbacane pour lui décocher une flèche empoisonnée. Rudy avait déjà quant à lui dénoncé Lordon en 2015 — avons-nous déjà signalé — et dans un long passage de son livre un an plus tard, Bronner justement. C'est sa réaction qui nous intéresse ici, *dans la perspective de notre récente tentative d'élucidation du massacre de Charlie Hebdo*. Il qualifie poliment de « brillante » l'intervention plus gesticulatoire que philosophique d'Enthoven. Il multiplie ensuite les euphémismes pour ne pas avoir à dire que le sondage est plutôt raté à son sens : « *Le problème de cette enquête, et comme toute enquête d'ailleurs, très multifactorielle, c'est que, je l'avais déjà dit à Rudy Reichstadt, il y a probablement des tas de variables cachées, et cela, à force d'analyse on va pouvoir mieux le révéler. (…) les choses sont extraordinairement complexes, et donc moi je vois vraiment d'un bon œil qu'on ait à disposition une enquête qui est largement améliorable du point de vue méthodologique, etc., et qui va tirer parti de toutes les remarques, bien entendu, que les chercheurs font, mais c'est le cas à chaque fois, et qu'on puisse se projeter dans une enquête longitudinale sur ces questions-là, c'est un grand apport pour la recherche, et à mon sens une grande première. (…) ce qu'on peut souhaiter de mieux, c'est que cet outil se pérennise, et constitue une ressource pour trancher notamment sur la question des variables cachées, et du caractère éminemment multifactoriel de ce phénomène, car il n'y a rien qui ne serait pire que de verser dans une analyse qui serait pour le coup caricaturalement sociologiste, qui ramènerait une question complexe à une donnée psychologique, ou une donnée économique par exemple…* » Bref : on pourrait beaucoup, beaucoup mieux faire, mais je ne peux pas te le dire dans ce contexte, parce que tu es mon pote, que nous collaborons depuis des années, que nous sommes appelés à collaborer dans les années à venir et que c'est toi qui me demandes mon avis sur ton travail en me vouvoyant devant un auditoire qui sait pas tout ça… Bronner se lance quelques minutes plus tard dans l'analyse des théories conspirationnistes sur le massacre de Charlie Hebdo. C'est extrêmement confus mais écoutons-le car il s'y dévoile par sa rhétorique en tant qu'acteur AC. Je retranscris son analyse en insérant entre crochets les traits AC typiques, et les erreurs logiques et factuelles :

« *internet fournissant des masses d'informations colossales dans tous les domaines* [critiquer internet et la liberté déraisonnable qu'elle procure], *par exemple dans les attentats de Charlie Hebdo, il y a des gens qui ont filmé* [pour la scène qu'il va prendre en exemple il n'y a qu'un seul "gens" et son statut est très problématique], *n'est-ce pas, alors que ces attentats auraient eu lieu 30 ans avant probablement qu'on n'en aurait eu aucune image* [l'argument peut être inversé]. *Là on voit le policier qui se fait abattre dans la rue, on voit un certain nombre de choses et tous ces films peuvent être interprétés* [il n'y en a qu'un seul de qualité aussi exceptionnelle pour le policier, et un seul encore pour la sortie des frères Kouachi de l'immeuble], *si on est motivés comme relevant d'un certain nombre d'anomalies. Par exemple, vous avez entendu ce policier qu'on a abattu au sol, vous avez vu la vidéo éventuellement, et bien certains ont dit* [qui, nom de Dieu ? Cite ! Qui l'a dit ? pourquoi ne jamais nommer la source ?] *qu'il n'y avait pas de taches de sang derrière* [la question peut en effet se poser mais les sceptiques sérieux ne restent pas scotchés sur ce genre de détail], *donc autant d'experts en balistique qui derrière tout à coup surgissent, qui se disent "non ça n'aurait pas dû se passer comme ça", moi n'y connaissant rien ça pourrait me surprendre aussi, euh, à vrai dire je pourrais me laisser prendre par ce type d'argument ; le policier pour prendre cet exemple, dit à l'un des frères Kouachi, qui l'abat "c'est bon chef !" probablement qu'il veut sauver sa peau, c'est bien compréhensible, "j'ai eu mon compte", mais les conspirationnistes eux* [qui "eux", qui "les conspirationnistes" ? à titre personnel je ne suis jamais tombé sur cet argument dans mes recherches] *disent : "ah bah non, s'il dit c'est bon chef, c'est son chef" (sourire moqueur et rires étouffés dans le public), c'est bien donc probablement une action des services secrets, etc., et voyez, cette accumulation, cette accumulation d'arguments* [pour l'instant il n'y en a que deux et ils sont en effet très mal, ou très bien choisis, c'est selon], *elle a un double effet, qui est terrible. Le premier, c'est le plus évident, c'est de semer la suspicion, c'est-à-dire de dire "tout ne peut pas être faux là-dedans"* [à partir de ces deux seules remarques, ce serait en effet complètement débile, de qui se moque-t-on ?]. *Faut pas croire que les conspirationnistes croient l'intégralité des arguments, pour Charlie hebdo j'ai mesuré que le premier jour il y avait plus de 25 arguments en faveur de la théorie du complot, quatre jours après il y en avait plus de 100, c'est ça le mille feuilles argumentatif, dont je viens de vous donner quelques exemples, mais il y en a 100 au bout de quatre jours* [ce qui serait beaucoup plus pertinent, c'est de comptabiliser le nombre d'arguments sérieux qui continuent de tenir au bout de 100 jours], *mais il est évident qu'il y a un certain nombre d'individus qui vont se dire... parce que certains arguments sont complètement loufoques, par exemple le tracé de la manifestation de soutien à Charlie Hebdo faisait la carte d'Israël à l'envers* [deuxième exemple débile choisi à dessein]... *voyez, les types ils fomentent un argument, enfin si on veut ! Avec un peu d'imagination ! (sourire réjoui) ils fomentent un argument mais ils se sentent obligés de signer quand même, c'est plus fort qu'eux... Évidemment cet argument-là presque personne n'y croit* [alors pourquoi ne pas en prendre un autre ? ce n'est pourtant pas le choix qui fait défaut], *je suppose, mais il y a d'autres arguments plus troublants, comme la carte d'identité laissée dans la voiture* [souvenons-nous que pour Thomas Huchon (voir opération Conspi Hunter) c'était tout à fait normal], *etc. Il n'y a pas besoin d'être stupide pour...* [oui c'est troublant, on est d'accord, pourquoi alors s'arrêter comme ça au milieu de la phrase ?] *bref, cette accumulation, elle crée une suspicion, une porte ouverte, donc une disponibilité* [c'est le processus normal de toute enquête]. *Le drame, on n'en a pas parlé mais c'est très important les recherches sur les théories du complot montrent que quand on croit à une théorie du complot, on commence à croire à d'autres théories du complot, tout ça devient métathéorie du complot, un continent intellectuel qui devient cohérent, et si une théorie il est difficile de prouver qu'elle est fausse, imaginez 10 théories qui sont agrégées, ça forme une représentation du monde un peu marécageuse* [métaphore péjorative gratuite qui s'appliquerait mieux au site de Rudy Reichstadt], *de laquelle on ne se sort pas du tout, et donc c'est pas du tout une façon de se grandir l'esprit de... c'est pas un marchepied à la construction d'une pensée méthodique, c'est vous qui êtes enfermés dans le marécage et à mon avis pour un sacré bout de temps.* » Il est par ailleurs significatif que Gérald Brönner, d'ordinaire si précis dans le choix des termes, la construction syntaxique et l'organisation du discours, si sûr de lui dans le maniement des concepts les plus épineux, se trouve réduit en cette circonstance à produire une bouillie verbale sans queue ni tête indigne de la division dans laquelle il évolue.

Deux semaines plus tard, le 23 janvier, une nouvelle séquence riche s'ouvre pour Rudy Reichstadt avec la diffusion sur *France 3* du documentaire de Georges Benayoun, dont il a co-écrit le script et réalisé une partie des entretiens : « Complotisme : les alibis de la terreur », dont la thèse centrale peut se résumer ainsi : le complotisme est l'antichambre de la radicalisation djihadiste et du passage à l'acte terroriste. C'est une variante de l'inusable « *vous savez bien que les mots précèdent toujours le passage à l'acte, souvenez-vous des années 30 et d'Auschwitz.* » Le complotisme est également condamnable car il exonère de sa culpabilité celui qui passe à l'acte. Il s'agit d'un argument qui s'est généralisé dans la propagande AC depuis l'année 2015, et il s'agit du plus grave et du plus ignoble de tous dans la mesure où son objectif à demi-mots avoué est de criminaliser le « complotisme ». Des gens comme Dieudonné, Alain Soral, voire encore Étienne Chouard et Michel Collon, qui ne font que dénoncer le terrorisme fabriqué et les opérations sous faux drapeau, un outil stratégique suremployé ces 100 dernières années, et dont les juifs sionistes et les Israéliens sont les spécialistes mondiaux, se voient ainsi soudain placés sur le même plan que des psychopathes comme Mickaël Chiollo, ou Larossi Abala. En voix off, la belle voix d'André Dussolier dénonce gravement le complotisme du « *terrorisme fabriqué, plus moderne, pseudoscientifique [qui] partage avec l'Islam radical son obsession anti-occidentale et anti-juive.* »

Une bonne partie du documentaire traite du massacre de *Charlie Hebdo* et des théories du complot qu'il a suscitées. Sans surprise, les différents intervenants reviennent encore et toujours sur la question du changement de couleur des rétroviseurs et l'absence de sang autour de la tête du policier Ahmed Merabet. La question de la carte d'identité est évoquée, mais en suggérant qu'il ne peut s'agir que d'un délire. Brönner a beau jeu de pointer la célérité avec laquelle quelqu'un comme Thierry Meyssan s'est emparé de l'affaire le jour même, pour en faire naïvement le parangon des « conspirationnistes », ignorant sans doute qu'à haut niveau l'étoile de cet ancien compagnon de cause de Caroline Fourest a irrémédiablement pâli[56] — je suppose que Bronner jugerait abusif qu'on prenne Frédéric Haziza comme symbole de sa mouvance…

Est passé un long extrait d'une conversation entre l'un des frères Kouachi qu'un journaliste de *BFMTV* est parvenu à contacter vers 10 heures du matin dans l'imprimerie de Dammartin en Goël, après avoir trouvé le numéro de téléphone de l'entreprise de Michel Catalano dans les pages jaunes. Comme le soulignent les auteurs d'*Et soudain ils ne riaient plus* : « *Des journalistes ont établi un contact avec Chérif Kouachi avant même qu'un négociateur du GIGN, rompu à ce genre d'exercice, ait tenté quoi que ce soit.* » (p.281) Voici la transcription de cet entretien, dont nous soulignons les parties qui ont été sabrées au montage, et dont la version complète n'a jamais été rendue publique sur le mainstream.

Chérif Kouachi : « Nous on te dit juste qu'on est les défenseurs du prophète (salla allah aalayhi wa salam), et que j'ai été envoyé, moi Chérif Kouachi, par Al-Qaïda, du Yémen, et que je suis parti, et que c'est Cheikh Anwar el Awlaki qui m'a financé (rahimahou Allah) ; ça fait longtemps, avant qu'il soit tué, qu'Allah lui fasse miséricorde…

---

[56] Nous y avons modestement contribué en première ligne. Nous invitons le lecteur à consulter la catégorie « Dossier Thierry Meyssan » sur notre site *francoisbelliot.fr*. Tous les sites internet que nous avons sollicités pour diffuser nos révélations ont fait les morts, mais nombreux sont ceux qui nous ont officieusement donné raison, et strictement *personne* n'a contesté nos démonstrations sur son interprétation frauduleuse des attentats du 13 novembre 2015 et son imposture libyenne.

Journaliste : Donc tu es revenu en France il n'y a pas très longtemps ?

CK : Si, il y a longtemps, ça veut dire les services secrets… t'inquiète pas je les connais, je sais très bien comment j'ai pu bien faire les choses

J : D'accord, et là vous êtes que tous les deux, toi et on frère ?

CK : "ça c'est pas ton problème

J : « Et il y a des gens qui sont derrière vous, quand même ou pas ? »

CK : « ça, ce n'est pas ton problème… »

J : « Et vous comptez tuer, encore, au nom d'Allah, ou pas ? »

CK : « Tuer qui ? »

J : « Je ne sais pas, c'est une question que je te pose. »

CK : Est-ce qu'on a tué des civils pendant les deux jours que vous nous cherchez ?

J : 'Vous avez tué des journalistes…

CK : "Non, mais est-ce qu'on a tué les civils, des civils, ou des gens, est-ce qu'on était assoiffés de sang pendant les deux jours que vous nous cherchez ? Allez. je t'ai dit, d'accord (il s'apprête à raccrocher)

J : 'Attends, attends, Chérif, est-ce que vous avez tué ce matin ?

CK : Mais on n'est pas des tueurs, nous, on est des défenseurs du prophète, on tue pas les femmes, on tue personne, nous. On défend le prophète (bénédiction), ceux qui l'offensent, là, il n'y a pas de problème on peut les tuer, mais nous on tue pas de femmes, on n'est pas comme vous, c'est vous qui tuez les enfants, les musulmans, en Irak, en Syrie, en Afghanistan. C'est vous, ça c'est pas nous ça… Nous on a des codes nous d'honneur dans l'Islam…'

J : « Oui, mais vous vous êtes vengés, là, vous avez tué 12 personnes… »

CK : « Bien sûr, bah parce qu'on a vengé, exactement, voilà, tu l'as dit tout seul, parce qu'on a… »

Au grand minimum, l'honnêteté eut consisté à préciser que l'entretien avait été entièrement réarrangé pour les besoins du documentaire. La version complète fait apparaître : 1) une connivence étrange entre Chérif Kouachi et le journaliste ; 2) une énigmatique allusion aux « services secrets » ; 3) Chérif Kouachi refuse de se prononcer sur la présence de son frère à ses côtés, et on n'en comprend pas la raison puisque c'est la carte d'identité de son frère, à présent connu de la France entière, qui a été retrouvée ; 4) il semble protester qu'il n'a pas l'âme d'un tueur, que pendant deux jours ils n'ont pas été assoiffés de sang — sous entendu ils auraient pu l'être s'ils étaient ce que les médias racontent ; 5) le « on » dont il se revendique n'est pas un « nous » ou un « moi », il peut s'agir de la mouvance dont il se réclame généralement ; 6) Il aurait reçu ses ordres et son financement quatre années auparavant, sans doute au cours de l'année 2011[57], ce qui est invraisemblable ; 7) l'assertion « nous on tue pas les femmes » prononcée à deux reprises, comme s'il tenait à souligner qu'il ne cautionnait pas l'assassinat de Clarissa Jean-Philippe (dans le dos, et qui n'a rien dit ou fait « contre le

---

[57] Anwar el-Awlaki, figure d'Al-Qaïda dans la Péninsule Arabique (AQPA) a été tué par une frappe d'un drone de la CIA, au Yémen, à l'est de Sanaa, le 30 septembre 2011. La rencontre entre cet homme et Chérif Kouachi ne peut donc avoir eu lieu qu'avant cette date.

prophète ») par Amédy Coulibaly, et celui d'Elsa Cayat dans la salle de rédaction de Charlie Hebdo.

Rudy Reichstadt, qui s'était déjà rendu coupable en 2015 envers Michel Collon de déformation et manipulation de ses propos, récidive par ailleurs dans ce documentaire, ce qui amène ce dernier à s'en indigner de nouveau deux jours plus tard sur son site investig'action, sans évidemment aucun écho médiatique : *'Bien entendu, le film mélange des pommes et des poires. Entre les théories du 11 septembre, les protocoles des sages de Sion et la couleur des rétroviseurs des frères Kouachi, un extrait d'une conférence de Michel Collon, soigneusement coupé et tiré de son contexte pour semer la confusion. Rien de nouveau. Un article de Nord-Eclair avait déjà tronqué ces propos. L'article avait d'ailleurs été immédiatement repris par le site Conspiracywatch.info de Rudy Reichstadt. (…) La bataille de l'info fait rage. Reichstadt est un petit soldat servant à empêcher les gens de réfléchir. Il n'a pas le courage de débattre, seulement de calomnier. Aux ordres du pouvoir, il sert à justifier les attaques macronesques contre la liberté d'expression sur internet. Alerte !'*

Facteur aggravant de la fraude, Rudy Reichstadt a tronqué exactement le même morceau de phrase prononcé par Michel Collon lors de sa conférence en 2015, en l'interprétant exactement de la même façon perverse qu'en 2015. Ce dernier s'en ainsi plaint dans une lettre adressée à la direction de *France 3* : *'Vous me faites dire : « Les frères Kouachi ont l'air de tomber du ciel. En réalité, ils ont été armés, formés militairement, endoctrinés, par Monsieur Fabius et ses amis… » Ce qui amène le spectateur à croire que j'accuse Monsieur Fabius d'être derrière l'attentat contre Charlie. Mais cette interprétation est impossible si on entend la suite de mon intervention (on voit à l'écran que je continue à parler mais les auteurs du film ont supprimé le son !). Voici ma phrase entière : "Comme toujours dans les médias, on a les faits, une partie des faits, et de préférence, les sensationnels, et une autre partie des faits est mise de côté. Par exemple, les frères Kouachi ont l'air de tomber du ciel. En réalité, ils ont été armés, formés militairement, endoctrinés, par Monsieur Fabius et ses amis, qui ont envoyé pendant trois ans des milliers, des dizaines de milliers de frères Kouachi, faire encore pire qu'à Charlie, en Syrie et en Libye."'* France 3 n'a même pas jugé utile de répondre à cette accusation, poussant Michel Collon à attaquer Rudy Reichstadt et la chaîne du service public en justice. L'affaire ne sera jugée qu'en juin 2021, soit près de trois ans et demi après le dépôt de plainte !

À l'instar de bien d'autres, j'ai fait peu ou prou la même analyse dans mon livre sur la guerre en Syrie, le volume 2 en particulier : *Quand médias et politiques instrumentalisent les massacres.* Plutôt que de souligner la flagrante convergence d'intérêt entre les autorités françaises et les jeunes de banlieue salafisés partis faire le djihad en Syrie ou en Libye pour renverser Mouammar Kadhafi ou Bachar el-Assad, Rudy Reichstadt choisit de dénoncer ceux qui énoncent ce fait avéré comme des tenants de la théorie du complot.

On notera tout de même avec regret que Michel Collon dans sa lettre tienne visiblement à se désolidariser des autres personnalités avec qui il a été exhibé dans la charrette, dont il traite certains de « complotistes fantasmatiques ». Enfin, cela ne change rien à la gravité de la fraude de Reichstadt et Benayoun, et Michel Collon a par ailleurs eu raison de soulever le grave problème de méthodologie suivant : l'utilisation (assumée dans le générique du documentaire) d'images d'archives du MEMRI (Middle East Media Research Institute) ! '*Pourquoi cachez-vous que le MEMRI (d'où sont tirées plusieurs de vos images) est un think tank islamophobe fondé par Yigal Carmon, ancien colonel, ancien membre du renseignement militaire israélien ? Dont "l'intention est de trouver les pires citations du monde musulman et de les diffuser le plus largement possible" (p 224). Pourquoi cachez-vous le financement de ce bureau de propagande ? À savoir le Département d'État US et la Bradley Foundation. Celle qui avait financé le "Project for a New American Century"*

(PNAC[58]) qui fut la base "théorique" des guerres de l'administration Bush et qui réunissait le vice-président US Dick Cheney ainsi que deux importants stratèges va-t-en-guerre Richard Perle et Paul Wolfowitz.'

Cette double fraude flagrante — deux parmi tant d'autres ! — aurait dû suffire à ôter définitivement toute crédibilité à Rudy Reichstadt dans les milieux politique, médiatique, et éducatif, et amener la Sous-Direction Antiterroriste à se pencher très sérieusement sur son cas pour envisager sa participation en tant qu'agent d'influence, à une opération de grande ampleur de maquillage d'attentats terroristes sous faux drapeau dans le cadre d'un réseau profondément et massivement incrusté dans un « État profond » français tirant de façon de plus en plus visible les ficelles de sa politique intérieure et étrangère au profit d'Israël.

Outre Michel Collon, on relève de grossières mises en accusation directes ou indirectes, de Dieudonné, de Hani et Tariq Ramadan, Edwy Plenel, Alain Soral, Rolland Dumas, Thierry Meyssan, Karl Zéro, Matthieu Kassovitz, dont le point commun est d'avoir dénoncé publiquement certains attentats comme de probables opérations sous faux drapeau destinées à diaboliser les musulmans pour chauffer à blanc les communautés les unes contre les autres dans la perspective d'un choc des civilisations.

En attendant, comme d'habitude, le documentaire bénéficie de la promotion la plus large et la plus complaisante. Il est par exemple l'invité du Soir 3 de *France 3* quelques minutes avant la diffusion du documentaire. Coup de pouce d'un partenaire, certes, mais la diffusion du chef-d'œuvre avait été annoncée comme il se doit dans les grands titres de la presse subventionnée comme le *JDD* ou *le Figaro*.

---

[58] Le Cercle de l'oratoire dont nous avons parlé plus haut est la déclinaison « française » de ce think tank.

Le 24 janvier, il anime une conférence sur « les théories du complot » au lycée Albert Thomas de Roanne, dans le cadre des actions d'éducation aux médias et au numérique de la Ligue de l'Enseignement de la Loire (LEL), en partenariat avec le cercle Condorcet de Roanne, en qualité de « spécialiste reconnu sur le sujet, directeur de l'Observatoire du conspirationnisme, créateur du site Conspiracy Watch ». RR n'est en effet pas seulement un arpenteur de plateaux télévisions : sa vocation de missionnaire de l'anticomplotisme l'amène souvent à accepter des sollicitations plus austères mais non moins essentielles, surtout quand il s'agit de mettre en garde les jeunes contre la séduction des théories du complot, la principale de ses hantises.

Plus loin dans l'année un événement significatif me semble important à relayer : asseyant un peu plus son influence dans les hautes sphères politiques, Rudy Reichstadt participe le 14 juin à 19 heures à une grande conférence sur le thème de la « lutte contre la haine » sur internet, dans le plus bel amphithéâtre de l'Assemblée Nationale. La conférence, organisée par le cercle de la LICRA et l'association Respect Zone présidée par Philippe Coen, est placée sous le haut patronage de François de Rugy, le président de l'Assemblée nationale. L'initiative a été saluée par le Premier ministre Édouard Philippe et la Première dame Brigitte Macron. Les débats sont ouverts par Mounir Mahjoubi, Secrétaire d'État auprès du Premier ministre chargé du numérique, et clôturés par Jean-Michel Blanquer, Ministre de l'Éducation nationale. Sept députés ont tenu à manifester leur soutien en participant à l'événement : Jean-Michel Mis, Bruno Studer, Éric Bothorel, Céline Calvez, Constance Le Grip, Élise Fajgeles, Pierre-Yves Bournazel. Rudy Reichstadt a participé à la première des deux tables rondes d'une durée de 45 minutes, dont le thème était « Cyberviolences : constat et témoignages » animée par les députés Céline Valvez et Éric Bothorel, en compagnie de Philippe Schmidt, Avocat au barreau de Paris et Président de l'INACH (International Network Against Cyberhate), Justine Atlan, Directrice de l'association e -Enfance, et Fatima El Ouasdi, Présidente-fondatrice de Politiqu'elles. On imagine que Rudy Reichstadt a pu faire partager sa désormais longue et irremplaçable expérience en matière de sainte cyberviolence, avec les attaques ad hominem dont il s'est fait une spécialité et les campagnes de délation calomnieuses qu'il mène depuis des années contre toutes sortes de personnalités « complotistes ».

Le reste de l'année 2018 sera encore très remplie pour Rudy Reichstadt, avec moult conférences, interview, interventions en tous genres. Il est plus que jamais l'autorité que l'on invoque en premier dans les grands médias quand il s'agit de dénoncer telle ou telle déviance complotiste. Parmi les causes défendues on relève : la réputation de George Soros[59], la nocivité de Julian Assange[60], la fustigation des doutes entourant les vaccins et les campagnes de vaccination et la défense des grands groupes pharmaceutiques[61], la réputation du groupe de Bilderberg[62], le complotisme et les théories du complot en général[63], les liens entre terrorisme et complotisme[64], la

---

[59] Échantillon : 25/10/18, *de la dangerosité des accusations de complot visant George Soros*, par Rédaction/12/05/18, *« Valeurs actuelles » contre « la machination Soros »*, par Rédaction. Nous recommandons à ce propos vivement l'ouvrage fondamental de Pierre-Antoine Plaquevent sur le sujet : *George Soros et la société ouverte : métapolitique du globalisme*, éditions Culture et Racines, 2018.

[60] *Visa russe, Wikileaks est-il victime d'un faussaire islandais ?* Par Rédaction, 07/09/18

[61] *Un remède naturel contre le cancer caché par les labos pharmaceutiques*, par Rédaction, 13/07/18 ;

[62] *Bilderberg : « Tant que ces théories du complot se développeront, les vrais pouvoirs n'auront aucun souci à se faire »*, par Rédaction, 11/07/18 ;

[63] *Une enquête d'opinion YouGov montre que le complotisme a cessé d'être un phénomène marginal*, 29/11/18 ; *Europe centrale : une enquête d'opinion recueille des taux d'adhésion élevés aux théories du complot*, 25/05/18 ; *Un sondage révèle l'appétence des Bulgares pour les théories du complot*, 30/03/18 ;

[64] *Le complotisme effréné de Ali Hassan Rajput, l'assassin de l'enseignant tué à Courbevoie*, 06/12/18/*Les penchants complotistes de*

dangerosité du militant panafricain Kémi Seba[65], les dérives complotistes de Donald Trump[66], de Jean-Luc Mélenchon[67], les mensonges des autorités russes[68], des autorités syriennes[69], la réputation d'Israël[70], encore et toujours la VO du 11 septembre et du massacre de *Charlie Hebdo*, la lutte contre internet, l'extrême droite, l'antisémitisme[71], le négationnisme[72]. Plus

---

Jean-Pierre Bouyer, l'homme qui voulait tuer Emmanuel Macron, 12/11/18

[65] *Guadeloupe : un « coup de foudre affectif » entre Kemi Seba et Élie Domota ?* 23/02/18 ; *Kemi Seba et Claudy Sar ont annoncé leur réconciliation,* 13/02/18 ;

[66] *Le tweet de trop de Roseanne Bar, icône du complotisme pro-Trump,* par Rédaction, 01/06/18 ;

[67] *Perquisitions : Mélenchon se dit victime d'une machination politico-judiciaire,* 16/10/18/

[68] *Affaire Skripal : Craig Murray s'enfonce un peu plus dans la théorie du complot,* 04/10/18 ; *MH17 : 4 ans après les ravages de la théorie du complot en Russie,* par Rédaction, 27/07/18 ; *Vanessa Beeley, la blogueuse complotiste préférée des médias russes,* 29/04/18 ; *Une vidéo homophobe pour inciter les Russes à aller voter ?* 17/03/18

[69] *Attaque chimique à Douma : le (gros) problème avec le reportage d'Uli Gack,* 02/05/18

[70] *Quand Jérémy Corbyn voyait la main d'Israël derrière un attentat djihadiste,* 30/07/18 ; *Daech, « à qui profite le crime ? » s'interroge l'imam Ahmed Miktar relayant un dessin complotiste,* 08/06/18 ; *L'affaire Anthony Hall ou l'activisme complotiste aux frais du contribuable canadien,* 06/02/18 ; *Oui, l'État islamique s'attaque (réellement) au Hamas,* 05/01/18.

[71] *Décès de Faurisson : la complosphère antisémite en deuil,* 22/10/18 ; *FO Courbevoie fait rimer syndicalisme et complotisme,* 04/05/18 ; *Soral poursuivi pour antisémitisme : « une audience d'une violence inouïe »,* 15/03/18 ; *Antisémitisme : le parti travailliste britannique toujours dans la tourmente,* 10/02/18 ;

[72] *Décès du négationniste autrichien Gerd Honsik,* 09/04/18 ; *États-Unis, comment un négationniste peut-il devenir candidat du parti*

curieusement, à ce dernier sujet, on relève une violente attaque contre le site *nordpresse.be*, spécialisé dans les canulars, pour un hilarant article intitulé « Bernard Henri-Lévy gagne son procès contre un SDF qui lui devra 1900 euros de dommages et intérêts », et signé Jean-David Dreyfus. Et à la fin de l'année, à l'occasion du spontané et spectaculaire essor du mouvement des Gilets jaunes, sans surprise, Rudy va tout de suite choisir son camp.

Dénonciation de « dérives complotistes » des Gilets jaunes

Il est déjà question des Gilets jaunes dans la seconde grande enquête sur le complotisme de nouveau menée par l'IFOP, la FJJ et CW, en décembre 2019, à laquelle il n'y a malheureusement rien à ajouter en termes de commentaire. Aucun compte n'a été tenu des nombreuses critiques méthodologiques contre la première enquête, effet sans doute d'un sentiment de totale impunité associé à celui de toute-puissance. On relève même dans le rapport de la FJJ de nouvelles saillies relevant de la pure malveillance, par exemple : « *les personnes qui ont le sentiment de ne pas avoir réussi leur vie sont surreprésentées chez celles qui adhèrent à un plus grand nombre de théories du complot que la moyenne* » ou encore : « *le complotisme est corrélé au spiritisme et à la croyance en la voyance.* » Il est vrai que Rudy sait de quoi il parle, lui qui a entièrement construit sa carrière et sa réputation sur une escroquerie intellectuelle, et ainsi « réussi sa vie ». Concernant les Gilets jaunes le ton est donné : « *L'élaboration de la présente enquête est en outre contemporaine de l'émergence du mouvement des "gilets jaunes" au mois de novembre 2018. Monopolisant rapidement l'attention médiatique et le débat public, ce mouvement de contestation a été émaillé, dès son origine, de dérapages conspirationnistes, particulièrement*

---

républicain ? 21/03/18 ; *Les négationnistes parviennent à faire suspendre une vidéo gênante pour eux*, 27/01/18 ;

visibles sur les réseaux sociaux au moment de l'attentat de Strasbourg du 11 décembre 2018[73], interprété instantanément

---

[73] Si l'on analyse les faits et le profil de l'assassin, il semble que cette affaire soit malheureusement à classer dans la catégorie de ces faits divers horribles qui ont émaillé la chronique depuis 2015, survenant au rythme d'environ un par mois : peu avant 20 heures, un homme tire au hasard à bout portant sur des passants dans des rues du centre-ville de Strasbourg, accompagnant ses gestes de sonores « Allah akbar ». Il tue 5 personnes et en blesse 11 autres. Très rapidement, l'EI revendique l'attentat via l'Amaq. L'individu prend la fuite et est abattu par une patrouille de police deux jours plus tard, après 50 heures de traque, dans le quartier de Neudorf, où il réside. Terrible ironie de l'histoire, on apprend alors que la police avait perquisitionné au domicile du terroriste le matin même du drame pour une affaire d'extorsion de fonds et de tentative d'homicide, arrêtant deux de ses complices. Sur place avaient été trouvées des armes à feu et des armes blanches, mais pas l'un des recherchés absent à ce moment-là. Cette perquisition aurait pu le pousser à passer à l'acte. Cette tuerie perpétrée avec une arme rare, un revolver d'ordonnance modèle 1892, intervient entre l'acte 4 et l'acte 5 du mouvement des Gilets jaunes, alors en plein essor. Il a agi seul, en dehors de toute organisation, et apparemment sans plan préétabli, une source policière évoquant « le scénario d'un type à la dérive qui n'a rien programmé ». Cherif Chekkat, 29 ans, fils de parents algériens, au parcours scolaire des plus chaotiques. Il est cité 67 fois dans le fichier commun à la police et à la gendarmerie, pour des faits de violences contre personnes dépositaires de l'autorité publique, cambriolages, vols avec violence, outrages, etc. Il a fait deux séjours en prison, en France en 2013/2015, et en Allemagne en 2016/2017. C'est lors de son premier séjour qu'il se serait radicalisé au contact de membres de la mouvance salafiste. Inscrit fin 2015 au fichier des signalements pour la prévention de la radicalisation à caractère terroriste (FSPRT), il est fiché S en mai 2016. Son frère Sami, interpellé trois jours plus tard en Algérie, est également fiché S. Cherif Chekkat n'était pour autant pas un acharné de la religion, ses parents en garde à vue le décrivant plutôt comme violent et consommateur de shit. Si nombre de Gilets Jaunes ont voulu y voir une diversion de la part du pouvoir profond, il ne faut pas leur jeter la pierre. Le pouvoir profond adorant faire ce genre de coup, animé qu'il est par son sadisme congénital et la culture du mensonge, c'est naturellement vers lui qu'à

par beaucoup d'internautes se reconnaissant dans le mouvement des "gilets jaunes" comme une tentative du gouvernement de détourner l'attention médiatique de la contestation sociale. »

Le 25 décembre, alors que des dizaines de Gilets jaunes ont déjà été mutilés d'horrible façon à la grenade et au LBD, on peut également lire dans un entretien accordé à Thomas Mahler pour le *Point* : « *Les rumeurs les plus folles circulent au sein des gilets jaunes. Cette mobilisation serait-elle touchée par les mêmes travers conspirationnistes que les réseaux sociaux ?/Après la fusillade de Strasbourg, plusieurs publications évoquent une « manipulation » sur la page de « l'acte 5 » des gilets jaunes. (…) Dans les manifestations de ces derniers samedis on pouvait lire des slogans anti-vaccins et même contre les « chemtrails ». Interviewvée dans la rue par l'Agence France-Presse, une gilet jaune a affirmé qu'Emmanuel Macron était un pion de « Soros, Rothschild, et Goldman Sachs, sans que ses propos rencontrent la moindre objection. Les gilets jaunes sont-ils complotistes ? »*

Bref, on l'a déjà compris, Rudy Reichstadt, *Rudy-la-science*, alors que le mouvement des Gilets jaunes vient à peine de prendre son essor, et de quelle raz-de-maresque façon !, en sociologue émérite, en a déjà compris tous les tenants et aboutissants, et se trouve à même de les décrypter pour les médias qui le sollicitent à cet effet, notre géotrouvetout néoconservateur n'hésitant pas à prononcer les sentences les plus radicales et les plus définitives. Où l'on commence à comprendre, si l'on n'avait pas encore compris, que la lutte contre "les théories du complot, les « complotistes », les « conspirationnistes », n'est qu'un *truc* de l'État profond « français », piloté par la LICRA et le CRIF, pour éteindre toute critique, contestation, et prévenir toute salutaire *révolution*, contre ses intérêts et objectifs criminels inavouables, contre le

---

chaque coïncidence troublante doivent toujours se porter en premier lieu les soupçons.

complot, la *conspiration* ourdie contre le peuple français en particulier, et contre les peuples européens en général.

Une relation ombilicale avec la communauté juive organisée

Si l'on considère ses mentors, ses alliés, ses financiers, ses relais, il est évident que c'est avec la communauté juive organisée que Rudy Reichstadt entretient les relations les plus étroites et les plus fructueuses. Cela saute aux yeux même pour une personne peu attentive à ce genre de détails. Son incessante activité se déploie en coordination étroite avec les organisations comme le CRIF, la LICRA, la FMS, le FSJU, le CCLJ, l'UEJF, et c'est cette symbiose qui explique, vu leur influence démesurée dans les milieux médiatique, politique, et éducatif, qu'il ait à peine besoin d'expirer un souffle pour que s'ouvrent devant lui comme par miracle les battants des portes les plus lourdes et les plus prestigieuses. Leurs intérêts concordent entièrement puisque ces organisations, en plus d'être obsédées jour et nuit par la lutte contre l'antisémitisme et le négationnisme — malgré les sondages et statistiques qui démentent l'existence du problème, mais ce qui compte c'est le ressenti, qui lui *ne ment pas* — le sont de plus en plus par les « théories du complot » et le « conspirationnisme », au point de confondre toutes ces causes en une seule. Cela se traduit sur le terrain par une participation extraordinairement assidue au moindre événement organisé par un des groupes de la communauté juive organisée, ou pour faire plus court de la *judéosphère*. Un relevé non exhaustif de ses différentes collaborations pendant l'année 2019 en donnera une idée plus que suffisante. J'aurais pu me livrer à un tel relevé pour chaque année mais cet opuscule aurait pris des proportions prodigieuses et ressemblé au livre d'Anne Kling, *le CRIF un lobby au cœur de la République*[74].

---

[74] Il ne s'agit nullement d'une marque de défiance de ma part et j'en recommande la lecture. Il consiste pour l'essentiel en la recension de toutes les activités publiques de ce lobby sur une année en France. La

Le 14 janvier , il est interviewvé par Paulette Levy sur les ondes de RCJ, la Radio de la Communauté Juive, média du Fond Social Juif Unifié (FSJU) diffusant ses programmes à Paris, le FSJU qui bénéficie du soutien de la FMS qui finance Conspiracy Watch depuis 2017. Le 22 janvier, il participe à une conférence organisée par le CRIF à Marseille intitulée « Pourquoi les complotistes misent sur internet et les réseaux sociaux ? ». L'animatrice de la soirée l'y tutoie avec bienveillance, comme une mère juive qui l'aurait *connu*. Le 27 janvier, il est sollicité pour intervenir aux assises nationales du négationnisme, organisées par le géopolitologue Frédéric Encel et avec le soutien de la LICRA. Le 14 février, il présente une chronique pour le site Akadem, le « campus numérique juif » à propos des résultats du deuxième sondage[75] sur le complotisme organisé par la l'IFOP la

---

liste est étourdissante, *étouffe-chrétien* au sens premier de l'expression, et témoigne d'une influence et d'une *vigilance* de tous les instants, tous azimuts, du plus bas de la France d'en bas au plus haut des sphères les plus éthérées du pouvoir, les cibles en haute altitude étant les plus privilégiées, et les plus ciblées en permanence par de souriantes mais menaçantes batteries de missiles sol-air. Pour quitter le domaine de la métaphore, en restant dans le domaine militaire, signalons qu'Israël non seulement n'a pas ratifié le traité de prolifération nucléaire, refuse l'inspection de ses sites nucléaires, détient illégalement l'arme atomique, mais encore tient pointées des batteries de missiles nucléaires vers les principales capitales européennes, au cas où le soutien pour l'instant indéfectible de ces dernières viendrait à faiblir, voire se retourner, en cas de menace existentielle contre l'État juif.

[75] Je ne vais pas en rajouter une couche sur cet événement. Signalons simplement que Rudy Reichstadt n'a tenu presque aucun compte des nombreuses critiques et remarques qui lui ont été faites. Unique concession, la catégorie « ne se prononce pas » a été ajoutée. Quant aux grands médias unanimes, ils ont fêté sa parution avec autant d'enthousiasme que des enfants ouvrant leurs cadeaux de Noël. Pour mesurer le poids et la responsabilité de RR dans l'organisation de ce sondage il faut écouter comment Jérémie Peltier, directeur des études de la FJJ, le présente lors de la conférence d'exposition des résultats : « *cœur battant de ce gros travail initié l'année dernière, membre de l'observatoire des radicalités politiques/il a créé ce site internet formidable (CW)/on est très content de l'avoir là avec nous/s'il n'était*

FJJ et CW. Le 7 mars il participe à Coutances au lycée Lebrun à une conférence organisée par une association lycéenne « les Sentiers de la Mémoire », qui « *a pour objet l'étude et la transmission de la mémoire des crimes de masse et de la Shoah en particulier* », et qui fait également « *vivre la Journée Mondiale de la Mémoire de l'Holocauste et de la Prévention des Crimes contre l'Humanité chaque 27 janvier par des rencontres, des concerts ou des expositions.* » Le 20 mars, il participe à la promenade « mémoire juive du Marais » dans le cadre de la quatrième « semaine parisienne de lutte contre le racisme et l'antisémitisme », organisée par le cercle de la LICRA. La veille il était intervenu lors d'une table ronde dont le thème était, pour changer un peu, « combattre la haine sur internet », en compagnie de Philippe Schmidt, président de l'INACH, responsable du pôle cyberviolence du cercle de la LICRA, membre du bureau exécutif de la LICRA, Stéphane Nivet, directeur de communication de la LICRA, Ilana Soskin, avocat, présidente de la LICRAnet. Le débat était animé, dans un souci de neutralité, par Martine Benayoun, présidente du cercle de la LICRA. Le 24 mai, il intervient au Sénat pour débattre d'*affaires [qui] ont mis en exergue les liens tangibles, mais non systématiques entre antisionisme et antisémitisme'*. Phénomène tout à fait nouveau et inquiétant, « *de récentes affaires en France, en Grande-Bretagne aux États-Unis, mais aussi en Belgique ont placé sur le devant de la scène la problématique de l'antisémitisme* ». En effet ! Cela faisait bien une semaine qu'on avait oublié d'en parler ! Le colloque est organisé par le Centre Communautaire Laïc Juif (CCLJ). Conscient du caractère vital de l'enjeu, le président du Sénat Jacques Brotchi a tenu à honorer la réunion par sa présence et son verbe. En juin, il est cité en tant que spécialiste de « prévention de la radicalisation » dans le n° 677 du mensuel de la LICRA *le droit de vivre*, inventivement titré « le nouveau combat contre l'antiracisme ». Le 9 juillet, la LICRA Reims organise un spectacle à destination des jeunes destiné à prévenir

---

pas là ce baromètre n'aurait jamais existé/le poumon de cette deuxième enquête est Jérôme Fourquet. »

leur radicalisation. L'humour a été choisi pour permettre une meilleure interaction entre les élèves et les deux comédiens qui ont joué des sketches qu'ils ont mis au point « *avec le soutien des membres de la LICRA, après formations lors de séminaires animés par Jacqueline Costa-Lascoux, Toufik Bouarfa, et... Rudy Reichstadt.* » Qu'est-ce qu'on a dû rigoler dans les salles de classe !

Lorsque paraît son ouvrage consacré au complotisme *l'opium des imbéciles* — le titre trahissant d'entrée le caractère AC — tous les médias et instances de la communauté juive organisée lui font fête, à l'instar il est vrai de tous les grands médias qui rivalisent de compliments et de superlatifs pour saluer le chef-d'œuvre. Le *24 octobre*, il est reçu par la commission média du CRIF, présidée par Gérard Unger, en tant que « fondateur et directeur du site de référence Conspiracy Watch », à l'occasion de la parution de son livre, l'occasion de déplorer que « *le conspirationnisme est un carburant pour la haine des Juifs. Les juifs sont accusés d'être des comploteurs nés. Les Juifs sont notamment accusés de contrôler les médias, l'économie et la politique.* » Quand on connaît l'épopée de RR dans son détail, un tel constat semble en effet dénué de tout fondement... Le *6 novembre*, il est interviewvé par Lætitia Enriquez pour *Actualités Juives hebdo* sur le thème « l'antisémitisme moderne est un complotisme » Le rapport de gémellité entre le complotisme et l'antisémitisme y est énoncé de façon plus nette que jamais : « *L'antisémitisme va toujours de pair avec le complotisme parce que, fondamentalement, l'antisémitisme moderne est un complotisme. Au-delà des vieux stéréotypes antijuifs hérités notamment de l'antijudaïsme chrétien ou du racialisme, l'antisémitisme moderne accuse les Juifs de contrôler secrètement le monde. C'est contre cette hydre invisible du complot juif mondiul que l'on considère qu'ils sont dangereux et qu'ils représentent une menace mortelle pour les sociétés dans lesquelles ils constituent une minorité.* » Le 14 novembre, lors de la 5ème « nuit de la justice », dans les locaux de l'école nationale de la magistrature de Bordeaux, il participe à un débat sur le thème « vérité et mensonges » coorganisé avec la Fondation du Judaïsme Français (FJF), en compagnie d'un ancien ambassadeur de France et d'un professeur d'université.

S'il existait encore un doute sur la judéité — une très lourde tendance statistique chez les acteurs AC — de Rudy Reichstadt, dont il ne fait jamais état même s'il évolue comme un poisson dans l'eau dans tous les nombreux affluents du fleuve de la communauté juive organisée, il suffit de signaler que son livre fait partie des 15 conseils de lecture pour Noël publié par le site communautaire Jewpop, qui relaie exclusivement des productions des membres du peuple élu, dont le thème est de près ou de loin le peuple élu. La fournée de 2019 innove avec pour l'essentiel des livres consacrés à la Shoah et à l'antisémitisme. Le choix du livre de Rudy peut évidemment résulter du plus grand des hasards…

Évoquons maintenant quelques événements de l'année 2019, et revenons un peu pour commencer aux Gilets jaunes. À l'instar de la totalité des acteurs AC, et de tous les acteurs de la communauté juive organisée, RR semble haïr les Gilets jaunes, qu'il n'évoque que pour dénoncer leur perméabilité aux théories du complot et aux influences de l'extrême-droite. C'est ce qui ressort de l'annexe au deuxième sondage de l'IFOP sur l'influence du complotisme dans la société française. Cela se traduit par des formules comme : « *tous les gilets jaunes ne sont pas complotistes, mais tous les complotistes sont gilets jaunes* ». Le 3 mars, dans une interview au Midi libre il déclare : "*Nous assistons à la résurgence de phénomènes qu'on observe depuis plus de dix ans, qui est le fruit d'un travail de préparation idéologique mené principalement par la galaxie gravitant autour d'Alain Soral et de Dieudonné. Tout ce que l'on voit et entend dans le cadre des manifestations de « gilets jaunes » en matière de discours antisémite vient de là. Plus globalement, ce qui est inquiétant, c'est qu'on assiste aujourd'hui à l'effondrement du consensus post-Seconde Guerre mondiale qui établissait un tabou autour du négationnisme et de l'antisémitisme. Et je crains qu'il s'agisse d'un phénomène irréversible.*" À force de les insulter depuis les créneaux de sa forteresse, il a reçu la visite de certains d'entre eux en décembre

2019 à Paris, au 8 rue du général Renaud, dans la Maison des Associations où sont situés les locaux de Conspiracy Watch. C'était plutôt bon enfant : « *Mon petit lapin, t'es du mauvais côté de la barrière, t'es du côté des oligarques notre cher ! Petit filou de Rudy ! valet servile ! Adulé par le CRIF, adulé par les milieux sionistes… Petit collabo. Il y a un moment donné, tu vas nous expliquer pourquoi c'est David Rothschild qui te finance, portes tes couilles. Parle-nous de la dette publique ! Trouve-nous qui sont les financiers de la dette. T'inquiète-pas Rudy. On reviendra ! À bas l'usure !* ». Si une fissure décisive apparaissait dans la muraille, ouvrant la voie à son procès et sa mise en accusation pour haute trahison, il se peut que le ton de Rudy perde de sa superbe.

Rudy a également joué sa partition lors de l'incendie de Notre-Dame de Paris. Dès les premières heures, comme tous ses compagnons d'armes AC, il savait, avant toute enquête, qu'il s'agissait d'un malheureux accident comme il en arrive tous les jours. Sa casquette de spécialiste de l'architecture et des incendies dormait depuis quelques années sur l'étagère, depuis l'époque où il défendait la théorie de l'effondrement des Tours jumelles par le feu, et expliquait comment on pouvait faire tomber trois tours (les WTC 1 et 2, mais aussi la WTC 7, solide gratte-ciel de 195 mètres de hauteur) avec seulement deux avions.

L'incendie complotiste de la version officielle de la catastrophe de Notre-Dame de Paris

Le 15 avril, à 18h20, lundi de Pâques, se déclare l'incendie qui va entièrement réduire en cendres en une heure à peine la pluricentenaire toiture de la cathédrale de Notre-Dame de Paris. De gigantesques poutres de vieux chêne, aussi dures et infrangibles que l'acier, s'embrasent et se consument toutes en une heure à peine comme de vulgaires allumettes. Des rabbins et des politiques israéliens se réjouissent publiquement de la catastrophe comme résultant d'une punition divine[76]. Rudy Reichstadt, comme tous les Parisiens a vu l'impressionnant spectacle et a entendu se répandre sur la toile les premières rumeurs selon lesquelles cela pue l'incendie criminel à plein nez. Il a été effaré par l'irresponsable sortie de Benjamin Mouton, l'architecte en chef pendant dix ans de la cathédrale qui a catégoriquement rejeté sur *Bfmtv* l'hypothèse de l'accident, et rassuré tout de même, par la leçon faite par sa tante AC Ruth Elkrief sur *Bfmtv* à Nicolas Dupont Aignan, qui a eu l'irresponsable front d'évoquer publiquement cette thèse complotiste. Dans tous les cas Rudy Reichstadt, en cette journée sacrée pour les catholiques, comprend d'instinct qu'il va devoir reprendre du service et recevoir des sollicitations de toutes parts pour éteindre l'inéluctable incendie criminel polémique. Son esprit est d'abord un peu flou. Il a en effet à l'esprit la tribune qu'il a cosignée dans *Libération* dix jours auparavant, dans *Libération*, appelant Emmanuel Macron a reconnaître la responsabilité de la France dans la planification du génocide

---

[76] C'est authentique, et les cas ne sont nullement isolés… Le rabbin Schlomo Aviner, qui a quitté la France pour Israël en 1960, a suggéré que l'incendie de la cathédrale pouvait être une punition divine pour l'autodafé de 1200 volumes du Talmud en place de Grève sur ordre de Saint Louis en 1242. L'un des dirigeants israéliens du mouvement fondamentaliste Otzma Yehudit, Baruch Marzel, alors en négociation avec le Premier ministre israélien Benyamin Netanyahou pour entrer dans sa coalition s'est également moqué de l'incendie en le considérant comme une punition divine. Les médias français ont passé sous silence ces réjouissances, sans doute afin de lutter contre la haine antisémite, préférant rapporter tous ensemble que deux tabloïds serbes avaient également interprété l'incendie comme une punition divine en raison de la reconnaissance de l'indépendance du Kosovo et le hissage du drapeau de cet état confetti à l'intérieur de la cathédrale en 2018. Ce fut également l'occasion de se moquer gentiment d'un peuple (les Serbes) encore massivement attachés à leurs traditions à leur religion nationale (le christianisme orthodoxe). À force on ne sait plus s'il faut pleurer ou éclater de rire devant la répétition à l'infini des mêmes schémas.

rwandais[77], dont il est l'un des spécialistes mondiaux sans avoir écrit une ligne sur le sujet. L'exemple de Jacques Chirac en 1995 avec la reconnaissance de la responsabilité de l'état français dans la Shoah y avait été invoquée, sans doute à l'instigation de l'un des autres signataires de la tribune, Alain David du membre du bureau national de la LICRA. Cette réflexion sur l'événement qui a permis de créer et de richement doter la FMS, grâce à qui il a pu enfin manger son pain de ce jour sans crainte de l'avenir, agit sur son esprit comme une madeleine de Proust et il reprend tout à fait ses esprits. Il se souvient soudain que dans une vie antérieure, il était, avec Jérôme Quirant et Jean-Charles Brisard, l'un des meilleurs spécialistes mondiaux des gratte-ciels et des incendies des édifices à structure d'acier. N'avait-il pas été

---

[77] Il y aurait tellement de choses à dire sur cet ignoble scandale, avec ces demandes répétées, incessantes, tous les ans, depuis 25 ans, de la part d'une clique AC, toujours les mêmes, pour exiger la reconnaissance de la responsabilité de la France dans le génocide rwandais, prélude à la mise en place de lois mémorielles indignes d'un état de droit et à des demandes de réparations financières faramineuses... alors qu'à l'époque la France, est rigoureusement le *seul* pays, *le seul !* Qui a tenté d'arrêter les massacres en mettant sur pied l'opération Turquoise. Une abondante et irréfutable littérature existe sur le sujet, ses auteurs étant ignorés, diffamés, traînés dans la boue, attaqués en justice, sans jamais avoir l'occasion de se défendre publiquement face aux escrocs intellectuels qui les calomnient, et qui sont, eux, en réalité, les véritables complices des génocidaires, beaucoup plus à chercher dans le camp du Yagoda africain, le Tutsi Paul Kagamé. Comme ils ne sont jamais conseillés, il me semble de mon devoir d'orienter le lecteur vers les quelques ouvrages suffisants et indispensables pour comprendre cette horrible tragédie : Charles ONANA, *la France dans la terreur rwandaise, la vérité sur l'opération Turquoise,* Général Didier Tauzin, *Je demande justice pour l'armée française et ses soldats*, Pierre Péan, *Noires Fureurs Blancs Menteurs et Carnages*, Bernard Lugan, *un génocide en questions*.... Et je persiste et signe : la version officielle du génocide rwandais est une *inversion accusatoire* protégée par un frauduleux et criminel dispositif AC rigoureusement identique à celui de Charlie Hebdo décortiqué dans le présent ouvrage, et à tous les autres dispositifs AC évoqués en passant, malheureusement !

capable d'expliquer qu'avec deux avions on pouvait faire s'effondrer trois tours, la WTC1, la WTC2, et la WTC7 ? N'avait-il pas été capable d'expliquer que les centaines de pompiers new-yorkais à l'intérieur des tours, persuadés de pouvoir éteindre les incendies, s'étaient complètement et tous ensemble trompés dans leurs estimations, provoquant bêtement leur disparition dans l'effondrement des tours quasi à la vitesse de la chute libre, projetant latéralement à des centaines de kilomètres heures des morceaux de structures en acier de plusieurs dizaines de tonnes ? Allons ! Au Tintin des AC rien n'est impossible ! Rasséréné par ces souvenirs glorieux, Rudy se rue dans l'immense salle de sa demeure consacrée à ses innombrables vêtements et équipements de toutes les professions utiles pour lutter contre les complotistes, et, vêtu de sa tenue de pompier et de sa casquette d'ingénieur en chef de chantier, entreprend de pilonner méthodiquement, avec tout l'arsenal AC traditionnel, ces salauds de complotistes qui commencent, à l'exemple de l'irresponsable architecte en chef de Notre-Dame pendant dix ans, à remettre en question la version officielle de l'incendie de Notre-Dame, pourtant rendue publique et âprement défendue comme telle par des gens comme sa copine Ruth Elkrief le soir-même, alors que l'incendie n'était même pas terminé.

Pour rappel, restituons un extrait de l'intervention de M. Mouton : « *Du chêne qui a 800 ans, c'est très dur. Essayer d'en faire brûler… Enfin je n'ai jamais essayé, mais du vieux chêne, ce n'est pas évident du tout. Il faut mettre beaucoup de petit bois pour y arriver — là, je ne sais pas s'il y en avait raconte-t-il avec ironie. Ça me stupéfie beaucoup. (…) Juste avant que je prenne ma retraite, c'est-à-dire dans les années 2010, nous avons remis à plat toute l'installation électrique de Notre-Dame. Donc il n'y a pas de possibilité de court-circuit. Nous avons remis à plat — et aux normes contemporaines, même en allant très loin — toute la détection et protection incendie de la cathédrale, avec des éléments de témoins de mesure, d'aspiration, etc., qui permettaient de détecter un départ de feu. Vous avez en permanence en bas de la cathédrale, deux hommes qui sont là jour et nuit et qui sont là pour aller voir dès qu'il y a une alerte et appeler les pompiers dès que le doute est levé. (…) Cela a été un travail colossal, c'est comme dans tous ces chantiers de monuments historiques, surtout à Notre-Dame : nous avons un encadrement technique, normatif, de contrôle, etc., qui est considérable, que l'on ne voit nulle part ailleurs. Je dois dire que je suis quand même assez stupéfait. (…) En 40 ans d'expérience, je n'ai jamais connu un incendie de la sorte. (…) Lorsque je me suis occupé de la détection incendie, qui a été un dispositif très onéreux, il fallait très peu de minutes pour qu'un agent aille faire la levée de doute, nous avons fait remplacer de nombreuses portes en bois par des portes coupe-feu, nous avons limité tous les appareils électriques, qui étaient interdits dans les combles. »* Mais bon… Que vaut l'avis d'un véreux amateur comme M. Mouton en comparaison d'un spécialiste chevronné des cathédrales comme Rudy Reichstadt ?

Le mois de septembre 2019 est à marquer d'une pierre jaune pour Rudy Reichstadt qui entre officiellement dans la caste très fermée des auteurs AC avec la parution de *l'opium des imbéciles,* aux éditions Grasset. Il y rejoint ainsi les Pierre-André Taguieff, Frédéric Haziza, Antoine Vitkine, Véronique Campion-Vincent, Laurent Bazin et Pierre-Henri Tavoillot, Sarah Mezaguer, Caroline Fourest, Luc Boltanski. Il est plus facile de catégoriser en AC un « auteur » qu'un « acteur », dans le sens où sur deux ou trois cents pages il est impossible de ne pas se découvrir en tant que tel. Nous n'avions certes pas besoin d'un ouvrage pour savoir dans quel camp RR se situait mais l'ambiguïté microscopique qui pouvait subsister s'évanouit définitivement avec ce livre, qui dans l'outrance extrémiste haineuse et frauduleuse AC, surpasse de loin de tous ses prédécesseurs, si l'on excepte le *Vol au-dessus d'un nid de fachos* de Frédéric Haziza, hors catégorie en raison des troubles psychiatriques manifestes de l'auteur. C'est bien simple, Rudy y manifeste, en masse, et sous toutes leurs formes, la totalité des procédés qui font la signature AC, à savoir pour rappel : englober tous les contestataires sous l'étiquette collective péjorative de « *conspirationnistes* », « c*omplotistes* », « *révisionnistes* », voire « *négationnistes* », et ainsi susciter dans l'opinion une réaction de rejet collectif de structure raciste ; mettre les contestataires de toute nouvelle affaire louchissime dans le même sac que les contestataires d'autres affaires déjà étiquetées « théorie du complot », en n'entrant dans aucune explication justifiant la comparaison ; pour donner le change lister quelques complots avérés inoffensifs et ayant perdu toute charge polémique ; exposer en vitrine les théories du complot les plus débiles et les moins partagées, en faisant croire qu'elles sont représentatives de ce à quoi « croit » la « complosphère » ; présenter les figures les plus connues de la contestation sous la forme de caricatures déshumanisées ; les rattacher aux mouvances politiques déjà dévalorisées et diabolisées par le discours médiatique, « l'extrême gauche », mais surtout, avant tout « l'extrême droite » ; les réduire à leurs accointances et affinités supposées avec des personnalités ou des mouvances dont la réputation a déjà été détruite depuis des années par le système médiatique, que tout cela est à mettre dans le même sac ; présenter l'ensemble des contestataires comme une cour des miracles fourre-tout et incohérente ; recourir à des métaphores péjoratives tirées de l'univers de la drogue, de la maladie, de la religion, et de la prolifération ; multiplier les termes et expressions péjoratives et insultantes envers les « conspirationnistes » et les « théories du complot » ; expliquer que la démarche des contestataires est guidée par des motivations psychologiques ou idéologiques et en aucun cas par des intuitions et des observations fondées, pertinentes et légitimes ; ne jamais entrer dans le détail de l'argumentation de ceux que l'on qualifie de conspirationnistes, et s'en justifier en avançant que les thèses conspirationnistes sont tellement délirantes qu'elles ne méritent même pas d'être réfutées ; ne relayer pour les réfuter lapidairement que les arguments les plus faibles et les plus ridicules ; ou alors réfuter les thèses en recourant à des mensonges flagrants ou en commettant des erreurs qui témoignent d'une méconnaissance totale du dossier ; Pointer obsessionnellement le rôle néfaste d'internet dans la diffusion incontrôlée des idées conspirationnistes ; invoquer en caution intellectuelle des « autorités » universitaires qui n'entrent dans aucun détail et n'apportent rien de plus à l'argumentation que du sucre glace sur un étron ; s'appuyer sur ou citer les autorités ou le gouvernement comme caution ; plus subtil : formuler en toutes lettres les complots tel qu'ils ont été ourdis et mis en œuvre en les dénigrant et sans fournir la moindre explication ; dédouaner a priori « Israël », le « Mossad », ou « les Juifs » de toute responsabilité éventuelle dans quoi que ce soit, même quand l'accusation n'a pas même été suggérée ; s'inquiéter des dégâts causés par les théories du complot et les complotistes dans l'esprit des « jeunes » et prôner leur prise en charge en milieu scolaire dès leur plus jeune âge pour les « immuniser » ; et enfin, conséquence bien naturelle de cet implacable réquisitoire : stigmatiser, criminaliser et appeler à la répression accrue des dénommés « complotistes » et « conspirationnistes », appeler à la limitation de leur liberté d'expression, en attendant leur éradication pure et simple.

C'est sans doute ce dernier trait qui distingue Rudy Reichstadt de ses prédécesseurs, et c'est l'une des raisons qui m'ont poussé à écrire cette biographie. Comme on pourrait citer la totalité de l'ouvrage en illustration de cette vingtaine de critères, et que le lecteur a déjà eu tout son saoul de citations, je me contenterai de répéter cette accusation monstrueuse proférée dans son article anti-Lordon de 2015, et copiée-collée à l'identique (avec presque tout l'article) : « *Cela ne poserait aucun problème si l'on pouvait classer le complotisme au rayon des lubies inoffensives, aux côtés de l'homéopathie et de l'astrologie. Mais la théorie du complot falsifie l'histoire. Elle parasite le fonctionnement de la démocratie. Elle dissuade des parents bien portants de vacciner leurs enfants. Elle protège les dictateurs. Elle exonère les criminels. Elle invente des boucs émissaires. Elle dresse des potences. Elle prépare les génocides.* » (p. 138) Et pour que ce soit encore plus clair : « *Entre le risque de décourager la détection de vrais complots et celui d'attiser les fantasmes complotistes, de quoi avons-nous, à l'heure actuelle, le plus à craindre ? Avons-nous plus à perdre de laisser impunis des crimes hypothétiques par manque de preuves ou à laisser prospérer des croyances dont l'histoire a abondamment montré qu'elles engendrent de véritables crimes ?* » (p. 146)

Sans surprise, l'opium des imbéciles, malgré son inanité et sa perversité intellectuelle qui éclatent à chaque page, a été salué comme l'événement de la rentrée littéraire dans la catégorie Essais.

Le Monde : « *Cet essai dense et volontariste pourfend tout autant les diffuseurs des théories du complot que ceux qui leur trouvent des excuses.* »

LICRA : « *Le livre indispensable de Rudy Reichstadt, fondateur de Conspiracy Watch, est sorti le 11 septembre.* »

France culture : « *L'Opium des imbéciles est la synthèse brillante de plusieurs années de travail, une arme pour se prémunir du complotisme, apprendre à le repérer et le combattre sous toutes ses formes. Un essai à mettre entre toutes les mains.* »

Le Figaro : « *Dans L'opium des imbéciles (Grasset), le fondateur du site "Conspiracy Watch" Rudy Reichstadt décortique les ressorts du complotisme. Il dénonce ceux qui veulent lui trouver des excuses et s'inquiète de la crédulité grandissante alimentée par les réseaux sociaux.* » La complaisance d'Eugénie Bastié qui l'y interviewve longuement n'a d'égal que la truculence indignée des commentateurs en ligne.

l'Express : « *Les conspirationnistes ? Des escrocs qui font croire au peuple qu'ils lui rendent la parole quand ils la lui confisquent.* » (Éric Mettout) Magnifique inversion accusatoire...

CRIF : « *Rudy Reichstadt insiste d'ailleurs sur la nécessité de déconstruire les théories du complot, notamment par l'éducation, et le développement de l'esprit critique dès l'enfance.* »

Europe 1 : « *Demain le soupçon généralisé sur toutes les informations... Toutes nos certitudes scientifiques, y compris pour prétendre que la Terre est plate. Le complotisme continue de se répandre. Rudy Reichstadt, qui dirige le site Conspiracy Watch nous explique pourquoi et comment la combattre. Il publie demain l'Opium des imbéciles.* » Patrick Cohen ne met en danger l'auteur à aucun moment de l'interview.

Libération : « *Rudy Reichstadt, fondateur et animateur du site de référence, Conspiracy Watch, s'emploie depuis plus de dix années à réfuter les innombrables théories du complot qui infestent la scène publique. Il livre aujourd'hui les réflexions que ses combats lui ont inspirées.* » Laurent Joffrin voue une haine féroce et inextinguible aux « conspirationnistes » depuis des années.

BFM buisness : on ne voit pas bien ce que le livre de RR vient faire ici mais cela donne une idée de la volonté qu'il soit relayé *partout*. À la fin de l'émission « la librairie de l'éco », on demande aux chroniqueurs d'évoquer en 30 secondes un « coup de cœur » de lecture, et voici ce que répond Jean-Marc Daniel : « *Moi j'ai choisi un essai de Rudy Reichstadt qui s'appelle l'Opium des imbéciles. C'est un essai sur le complotisme. C'est un livre assez court, 160 pages. Il fait un peu un état des lieux. Je l'ai trouvé intéressant... Il y a tout un chapitre sur les enjeux économiques. Il y a toute une industrie qui fonctionne sur le complotisme, il y a des maisons d'édition, des sites internet, des conférenciers, il y a notamment une analyse sur tous ceux qui estiment que la Terre est plate, et comment ça génère, effectivement une activité... il ne faut pas croire que c'est quelque chose qui apparaît un peu par hasard au gré des événements. Il y a une véritable organisation du complotisme.* » La Terre plate, encore et toujours la Terre plate... et les conspis qui se font fortune grâce à leurs escroqueries (rhétorique antisémite inversée), alors qu'il faut avoir au sens premier du terme l'esprit sacrificiel et sacerdotal pour s'engager dans cette voie, la plupart de ceux qui s'y engagent n'y gagnant rien et risquant gros, en pleine connaissance de cause.

J'arrête là la liste de la recension médiatique qui est en fait beaucoup, beaucoup plus longue. Il semble que, malgré tout, à l'instar de son aîné Bernard-Henri Levy, ses ventes soient inversement proportionnelles au battage médiatique qui les accompagne. Les libraires que j'ai interrogés m'ont tous dit à l'époque que le livre ne se vendait pratiquement pas. Il est vrai que la couverture n'inspire pas confiance et ne donne pas trop envie… Comme ses frères et cousins amoureux des selfies et des breloques, RR a cédé au penchant d'y afficher en grand sa trogne de premier de classe avec le sous-titre « la lutte contre le complotisme est un sport de combat ». C'est un peu comme si Connor Mc Gregor sous-titrait ses Mémoires : « l'octogone est un eidos platonicien réifié par la monade de la volonté de puissance ». *L'opium des imbéciles* n'a pas connu de seconde édition, et l'essentiel du tirage est heureusement destiné à finir au pilon, ou à faire partir des barbecues.

Malheureusement, à défaut de séduire le grand public, le livre, fort des multiples recommandations élitistes dont peut se prévaloir son auteur, a sans doute atteint partiellement son but. Outre le fait que Rudy a pu ajouter une ligne d'apparence solide à un CV chétif dont les racines plongent dans le néant, son brûlot AC figure dans la catégorie « ressources » d'un nombre croissant de documents officiels de l'Éducation Nationale à destination des professeurs et des formateurs. On n'est finalement jamais blasé quand on étudie sur le long terme les dispositifs et les acteurs anticomplotistes. Ce qui en 2005 paraissait chimérique devient réel en 2010, ce qui semblait inconcevable en 2010 se réalise en 2015, et ce qui paraissait relever de l'impossible en 2015 se réalise en 2020 sous nos yeux. Souvenez-vous de l'époque où nous rigolions de la loi HADOPI !

J'ai ainsi fini par tomber sur un dossier de 108 pages daté de janvier 2020 intitulé « agir contre le racisme et l'antisémitisme », mis au point pour l'Éducation Nationale en partenariat avec la DILCRAH. De façon tout à fait symbolique, ce rapport établi « pour l'école de la confiance », lit-on en bas à droite de la première page, est inauguré par un avant-propos du ministre de l'Éducation nationale Jean-Michel Blanquer, et dont les dernières pages sont à l'évidence écrites par Rudy Reichstadt en personne.

La lecture de l'avant-propos donne l'impression que la France est un pays en état de guerre civile où d'innombrables écoles sont kapotées par des bandes de skinheads néonazis lynchant régulièrement des nègres et des bicots dans les cours de récréation, faisant lors des appels du matin, devant des éducateurs impuissants et résignés, le salut nazi en hurlant « Heil Hitler ! », et gravant au compas sur leurs tables « C'est Faurisson qui a raison » dès que les professeurs ont le dos tourné.

Quant à l'excipit du rapport, si le style ne trompe pas sur son auteur, il y a surtout les autoréférences qu'il s'y fait en toute liberté. « On n'est jamais mieux servi que par soi-même ! » C'est décidément le proverbe du présent ouvrage.

On y lit ainsi par exemple : « *Des associations partenaires de la DILCRAH ou du ministère sont spécialisées dans la lutte contre les discours de haine, notamment racistes et antisémites : le site Conspiracy Watch est une réalisation de l'Observatoire du conspirationnisme et propose de nombreuses mises au point pour amener les élèves à réfléchir sur les contenus haineux et complotistes sur internet. Dans l'onglet "Grands textes", on trouve des ressources afin de mieux comprendre et combattre les théories du complot.* » J'ai souligné la phrase qui est un non-sens absolu : c'est comme si J.R.R.Tolkien écrivait, pour on se sait quelle obscure raison : « *Bilbo Baggins est une création de Bilbon Sacquet*[78] ». Il n'y a que dans les mythes et certaines communautés endogamiques malsaines que l'on peut être le père de son frère.

Toute l'annexe « conspirationnisme et théories du complot » des ultimes pages 103 et 104 du rapport ne peut être que de lui, et on en est définitivement convaincu quand on lit le dernier encadré « pour en savoir plus », lequel renvoie à un article

---

[78] « Bilbo Baggins » est le nom du héros du roman *The Hobbit*, ouvrage préliminaire du célèbre *Seigneur des anneaux*. Il a été francisé dans la traduction française en « Bilbon Sacquet ».

sur le sujet de Conspiracy Watch, « disponible gratuitement sur le site », est-il précisé de façon désintéressée entre parenthèses, un ouvrage AC en avant-dernière « ressource », et, le meilleur pour la fin — non disponible gratuitement — *l'opium des imbéciles*, de « Rudy Reichstadt », dont le nom apparaît en forme de point final du dossier.

Je prie le lecteur de me croire que je ne plaisante pas en supputant qu'à l'horizon 2025 ou 2030, RR pourrait très bien se trouver bombardé ministre de l'Éducation nationale. Le pari est lancé !

Pour clore cette toujours plus grande année qu'a été 2019, nous avons légèrement débordé sur 2020. Au moment où j'écris ces lignes, nous sommes rendus à la fin du mois de juin de cette année et en termes de mobilisation médiatique, l'année 2019 a déjà été surpassée, la faute bien sûr à la terrible « pandémie » de covid 19, qui en se répandant comme une traînée de poudre dans les démocraties occidentales et les pays modernes disposant d'un complexe médiatique organisé, indépendant, et performant, a engendré une multitude de théories du complot qu'il était urgent de combattre : la pandémie virale a rapidement dégénérée en une pandémie conspirationniste de grande ampleur, si bien qu'au fur et mesure que les millions cadavres s'accumulaient dans les rues, le mal mental prit des allures plus graves et dangereuses que le virus lui-même.

L'année avait pourtant commencé en mode routinier pour Rudy Reichstadt : poursuite de la promotion de son ouvrage pour les médias qui avaient oublié d'en parler jusqu'à présent ou qui jugeaient n'en avoir pas assez parlé ; participation aux côtés de sommités aux « assises nationales de la lutte contre le négationnisme » : « *Uniques en Europe, les Assises Nationales de la Lutte contre le Négationnisme sont le grand rendez-vous annuel du combat contre un fléau qui ne concerne pas seulement la France ni un génocide en particulier, mais qui recouvre des réalités beaucoup plus larges. Organisées par Frédéric Encel, géopolitologue et professeur à PSB Paris School of Business, les*

Assises sont, depuis 2010, le point de ralliement de nombreux intellectuels, chercheurs et journalistes spécialisés sur la question. » ; collaboration avec Jcall sur le thème « le complotisme et le conflit israélo-palestinien » ; conférence pour le CRIF Marseille ; conférence à l'université Champollion à Albi ; intervention devant des lycéens à Valenciennes ; début d'une tournée de conférences en France pour le FSJU, encore à Marseille, puis à Lyon ; conférence-débat à Mulhouse organisée par la LICRA ; dénonciation d'un manuel d'histoire dont une incise dans une phrase met en doute la version officielle des attentats du 11 septembre 2001, entraînant les plus plates excuses publiques de l'éditeur et la promesse d'ajouter un addendum pour avertir les professeurs et les élèves de la gravité de la faute ; cosignature d'une tribune anti-Assad et anti-Poutine pour « sauver la population d'Idlib » en Syrie ; multiples sollicitations médiatiques pour expliquer le rôle de Piotr Pavlenski dans la diffusion des activités onanistes du candidat LREM à la mairie de Paris, l'ex-porte-parole du gouvernement, Benjamin Grivaux.

Événement saillant dans ce très lourd agenda, le 4 mars, il participe à une conférence en compagnie de Gilles Clavreul, pour le Conservatoire National des Arts et Métiers (CNAM). Il s'agit d'appuyer les efforts des autorités gouvernementales dans la lutte contre le complotisme, « *enjeu primordial pour la qualité du débat public et le bon fonctionnement de la démocratie* ». Cette conférence est l'aboutissement d'une « *lettre de mission du 29 octobre 2019 [confiée par] l'administrateur général du CNAM, Olivier Faron, à Rudy Reichstadt, créateur du site Conspiracywatch.info, une mission consacrée au développement d'une offre de formation sur la lutte contre le complotisme et l'antisémitisme.* » RR est introduit avec tous les honneurs dus à son rang : « *membre de l'observatoire des radicalités de la fondation Jean Jaurès, fondation qui réunit beaucoup de membres éminents. Il est aussi fondateur et actuel directeur du site d'information Conspiracy Watch, et qui est l'auteur d'un livre très important, qui s'appelle l'opium des imbéciles, qui a été publié chez Grasset l'année dernière, et qui est évidemment un ouvrage essentiel sur la question, qu'il va nous présenter dans quelques instants. Pourquoi est-ce que le conservatoire a souhaité s'engager avec Rudy, et autour de Rudy, sur cette question ? D'abord parce que la notion de complot, c'est comme si elle nous assaillait, j'ai repris un article dans le monde, je ne sais pas si tu l'as lu Rudy, etc.. »* C'est ce qui s'appelle dérouler le tapis rouge. N'en jetez plus !

Le 5 février, il aurait dû participer à la 51ème convention de la LICRA en tant qu'animateur d'atelier, malheureusement, cette dernière a été annulée pour cause d'épidémie de Covid 19.

L'entrée dans l'ère Covid et l'accélérateur de particules AC

Tous les événements qui viennent d'être brièvement énumérés relèvent d'une forme de routine. Le développement de la pandémie de covid 19, et, beaucoup plus grave en fait aux yeux des autorités, l'émergence et la diffusion de la pandémie conspirationniste qui s'y greffe, sonne pour Rudy Reichstadt comme un inattendu branle-bas de combat. Dès fin janvier on en voyait les premiers signes avant-coureurs, mais avec la décision de confiner la population et de mettre à l'arrêt l'économie, couplée aux flagrantes incohérences, revirements, contradictions, de la parole officielle, celle de Rudy va soudain devenir extrêmement prisée dans tous les médias, qui ne savent plus à quel saint se vouer. Il faut à tout prix, tout de suite, un expert sur les virus et les pandémies pour contrer l'effet dévastateur des interventions du professeur Didier Raoult sur internet. Ce sera Rudy Reichstadt !

Même quand on est habitué au phénomène, la liste de ses interventions, sollicitations, entretiens, interview, donne véritablement le vertige. Ce qui hier était hyperbole aujourd'hui paraît euphémisme. Comme il avait été bombardé expert de l'UPR et de la construction européenne en 2017 pour débiner le président de l'UPR François Asselineau, le voilà bombardé spécialiste mondial ès virus, et grand pourfendeur de prix Nobel comme Luc Montagné et de spécialistes reconnus comme le professeur Raoult. Il donne des interview au *Monde, le Parisien,*

La Croix, l'Humanité, l'écho républicain, Nice-Matin, le Midi Libre, l'Express, les Échos. On l'entend sur *Europe 1, France Inter, France Culture, RTL, RCJ, Sud Radio, judaïques FM, RPH* (Radio du Pays de l'Hérault). On le voit sur *LCI*, l'émission de Zemmour et Naulleau, sur *Public Sénat.*

Cette omniprésence s'explique en partie, mais seulement en partie, parce qu'il a réalisé rapidement, avec son compère de l'IFOP et de l'ORAP Jérôme Fourquet, un sondage révélant que près d'un quart des Français croient que le virus a été fabriqué en laboratoire. Il y a des dizaines et des dizaines de questions que l'on peut se poser sur le coronavirus, sa couverture médiatique, la gestion gouvernementale, la responsabilité de l'OMS, la composition du « conseil scientifique » réuni autour de Macron, mais tel est l'angle d'attaque principal qu'a choisi RR, qui ressort du reste dans toutes ses interventions.

Contrairement au professeur Raoult, sommité de niveau mondial dans le domaine de l'infectiologie et des coronavirus, la déférence extrême est de mise à chaque fois qu'on le présente et qu'il prend la parole. Florilège :

Centre Communautaire Laïc Juif (CCLJ) : « *Bonjour à tous, la pandémie de covid 19 a eu pour effet de renforcer les préjugés antisémites à coup de discours conspirationnistes, selon lesquels soit les juifs seraient à l'origine de cette pandémie, ou ils en seraient ceux qui en tirent profit, le tout afin de mieux asseoir leur domination sur le monde. Pour en parler nous donnons aujourd'hui la parole à un spécialiste du conspirationnisme, RR, fondateur et responsable de CW, ce site édité par l'observatoire du conspirationnisme et des théories du complot. Il a publié par ailleurs l'opium des imbéciles, un livre qui pourfend les théories du complot et ceux qui leur trouvent des excuses.* »

Le Parisien : « *Rudy Reichstadt, le directeur de l'observatoire du conspirationnisme, relève que la désinformation s'accélère et brouille la communication des autorités sanitaires. Alors que les théories conspirationnistes liées au coronavirus fleurissent, le directeur de l'observatoire du conspirationnisme, Rudy Reichstadt, par ailleurs membre de l'observatoire des radicalités politiques de la Fondation Jean Jaurès, livre son analyse.* »

L'écho républicain : chapeau : « Rudy Reichstadt, directeur de l'Observatoire du conspirationnisme, décrypte la flambée de complotisme sur les réseaux sociaux et dans une partie de la population.» extrait : «*Pour Rudy Reichstadt, l'emballement autour du professeur Raoult n'a rien d'étonnant : "Ce qui explique l'engouement pour cet infectiologue, c'est la force de sa proposition. Il arrive dans le débat public en annonçant une bonne nouvelle. Il nous dit : "J'ai un traitement qui marche (la chloroquine) et en plus il ne coûte pas cher". Aussitôt, et il n'en est pas la cause, beaucoup sur les réseaux sociaux le transforment en une sorte d'homme providentiel, un héros du peuple qui serait du côté des 'petits "contre les « puissants » qui, eux, ne travailleraient au final que pour les profits de l'industrie pharmaceutique. C'est faux. Le ministre de la Santé est obligé de tenir compte des éventuels effets pervers du traitement sous peine de devoir en répondre un jour. Cela n'enlève rien à la sincérité des uns et des autres. Tous ces experts sont des médecins dont le métier est de sauver des vies, rappelons-le.* » C'est toujours ainsi que RR présente le professeur Raoult. Jamais il n'évoque la possibilité que son traitement puisse être efficace et que des pressions soient exercées pour qu'à aucun prix son usage ne soit généralisé en France, au point de le faire entrer dans liste des substances vénéneuses, alors qu'il s'agit d'un des médicaments les plus communs du monde.

Sénateur Roger Karoutchi, lors d'une audition au Sénat : «*Monsieur Reichstadt, je vous remercie d'être présent parmi nous ce matin. Vous êtes diplômé de l'Institut d'études politiques d'Aix-en-Provence, vous avez travaillé à la mairie de Paris, vous êtes le fondateur et directeur de Conspiracy Watch, site d'information et d'observation sur le conspirationnisme. Vous avez écrit de nombreux articles sur ce sujet et sur le complotisme.*

Vous avez publié en 2019 L'opium des imbéciles. Ce matin, nous attendons de vous que vous nous disiez comment vous analysez le contexte actuel au regard de cette problématique. »

L'express : '*Directeur de Conspiracy Watch, observatoire du conspirationnisme, le politologue Rudy Reichstadt est l'un de nos meilleurs spécialistes du sujet. Il a récemment publié L'Opium des imbéciles (Grasset), dans lequel il analyse "la très prospère économie du complotisme", qu'on aurait tort de prendre à la légère.*'

RTL : *(Thomas Hugues et Sidonie Bonnec)* '*Heureux de vous entendre, vous êtes le directeur de conspiracy watch, site de référence sur l'analyse critique des théories du complot.*

Entrer dans le détail de l'affaire Covid 19 mériterait un volume entier. Je me contenterais ici, comme je l'ai fait pour François Asselineau, de mettre en relief la différence de traitement hallucinante du professeur Raoult, en me contentant des articles et émissions pour lesquels RR a été invoqué ou sollicité :

Présentateur de LCI : *"D'un côté on a un professeur, Didier Raoult à Marseille, qui est persuadé de l'efficacité de l'hydroxychloroquine pour soigner le Covid 19 dès les premiers symptômes, une observation un peu empirique pour l'un qui lui dit que ben voilà on est dans l'urgence et on fait avec ce que l'on a pour soigner et pas autre chose, de l'autre côté, scientifiques, chercheurs et médecins qui disent eux que s'il n'est pas question d'interdire la chloroquine, il faudrait de vraies études pour juger de son efficacité face à une maladie qui dans 85 % des cas se guérit on le rappelle, d'elle-même, dans ce camp là on retrouve par exemple Hervé Seitz, lui il est biologiste moléculaire au CNRS, et le moins que l'on puisse dire c'est qu'il ne mâche pas ses mots (témoin dit que c'est une fraude, d'un côté un expert qui semble persuadé de son fait, Pas un grand fan de la méthode scientifique habituelle, on aurait tendance du coup à pencher de la science mais difficile de douter de la compétence et de la bonne foi de Didier Raoult. On attend les résultats de Discovery*[79] *qui est train de tester dans les règles de l'art pour le coup l'efficacité.* La croyance en l'efficacité de la chloroquine est *corrélée à la croyance à l'origine artificielle du virus et se trouve du côté des extrêmes. Bonjour Rudy Reichstadt, vous êtes le fondateur de l'observatoire du conspirationnisme qui pour le coup est une vraie organisation* [sic ! CW comparé à l'IHU de Marseille !] , *qui existe depuis 2007, et vous avez conduit...* »

Le Monde : « *Il y a les bons scientifiques et les mauvais* », ironise Rudy Reichstadt, qui s'étonne de la violence avec laquelle sont traitées sur les réseaux sociaux les personnes qui critiquent le professeur Didier Raoult, infectiologue décrié par ses pairs pour sa méthodologie, mais très populaire notamment chez certains théoriciens du complot. Ils sont accusés de faire partie d'un grand complot pharmaceutique, voire qualifiés de « *scientifiques collabos* », s'étrangle M. Reichstadt.

RR himself : « *C'est manifestement quelqu'un de charismatique, qui aime se mettre en scène, mais c'est aussi un médecin qui a de réelles compétences, et on ne peut pas lui faire porter la responsabilité entière de ce que son double médiatique est devenu. Mais il est vrai que ce double, cette créature, est devenue une icône complotiste pour tout un tas de gens qui veulent absolument le voir comme un homme providentiel, un lanceur d'alerte, un individu seul contre les puissants, au côté des petites gens. On a la sensation que, depuis une semaine, cette*

---

[79] Le bras hydroxychloroquine de l'essai sera inexplicablement interrompu le 25 mai, et on ne peut pas dire que l'essai ait été mené « dans les règles de l'art », puisque les maîtres d'œuvre de Discovery ont délibérément choisi d'appliquer un autre protocole que celui préconisé par le professeur Raoult, en excluant l'azithromycine. Dès le 25 mars, ce dernier avait prévenu : « *Si on avait envie de prouver que ça ne marche pas, on ne s'y prendrait pas autrement. Il y aura une enquête parlementaire après tout ça, et elle sera sanglante, autant que l'affaire du sang contaminé. Et ce sera pire si le gouvernement décide de refuser l'accès au médicament.* »

image a totalement échappé au contrôle du docteur Raoult. » Tandis le RR lui, n'est-ce pas, n'est pas devenu une icône médiatique.

De façon frappante, les infimes compétences de Rudy Reichstadt sont mises en exergue avec une sémantique et un ton flagorneurs, et l'on dirait que tout est fait pour masquer l'immensité du CV du professeur Raoult dont le détail n'est jamais donné, et dont la réputation est toujours présentée comme entachée de controverse et de suspicion, alors qu'il s'agit d'un infectiologue de renommée mondiale, spécialiste des coronavirus, et à pied d'œuvre depuis le début de la pandémie pour parfaire un traitement du Covid qui semble fonctionner. Au fur et à mesure il a constitué une base de données qui n'a presque aucun équivalent dans le monde concernant les effets de la maladie et du traitement à base de chloroquine et azithromycine sur des milliers de patients.

Il a dirigé depuis 1982 une centaine de thèses de médecines et doctorats d'université. De 1994 à 1999 il a été président de l'université de la Méditerranée Aix-Marseille II. Le 19 novembre 2010, il a reçu le grand prix INSERM 2010 pour l'ensemble de sa carrière. On lit sur Wikipédia que « *le site américain Expertscape spécialisé dans le référencement de médecins experts le classe 1er au monde pour les maladies transmissibles en 2020* ». '*En 2017, peut-on lire sur mediterranee-infection.com, il figure en première position des chercheurs européens dont les publications ont été les plus citées par la communauté scientifique dans le domaine des maladies infectieuses. Ce classement a été établi en février 2017 sur la base de l'analyse du nombre de citations de publications parues dans des revues de Microbiologie scientifiquement reconnues durant une période de 7 ans entre 2007 et 2013. Le Pr Raoult a publié 636 articles entre 2007 et 2013 et ces articles ont été cités 18,128 fois par les scientifiques de la communauté internationale. Cette liste a été établie d'après la base de données Clarivate Analytics (anciennement Thomson Reuters), qui recense les chercheurs les plus influents du monde en science* *et science sociale et SCIMago qui est une mesure de l'influence scientifique des revues savantes.'*

Ce qui précède n'est qu'une infime partie d'un CV d'une densité et d'une solidité impressionnante dont aucun détail n'est jamais donné dans les médias et par Rudy Reichstadt, tout étant bon au contraire pour le salir et jeter la suspicion sur lui. De même, alors qu'il est d'usage lorsqu'un personnage public a écrit un livre de signaler son existence, son titre, et son éditeur, jamais les médias, qui font du livre de Rudy une promotion éhontée depuis un an, et le citent chaque fois qu'il est convoqué en tant que spécialiste mondial des virus depuis de la pandémie, jamais les médias ne citent l'excellent livre de vulgarisation publié aux éditions Michel Lafon en 2016 par le professeur Raoult : « Arrêtons d'avoir peur », sous-titre « La science vous aide à y voir plus clair ».

Cette différence de traitement entre Rudy Reichstadt et Didier Raoult est encore plus hallucinante que celle avec François Asselineau. Comme un point final de cette démonstration, elle vient confirmer de façon éclatante que Rudy Reichstadt est un escroc intellectuel qui ne peut prospérer que dans un système de mensonge organisé.

Le lecteur se souvient du sondage de l'IFOP qui donnait un taux de négationnistes de 0 % de la population, et de douteurs durs de la version officielle du massacre de *Charlie Hebdo* de 3 %, en conclusion de quoi néanmoins la lutte contre le négationnisme et le complotisme étaient érigée en grande cause nationale ultra prioritaire. Comme un symbole, alors que la pandémie s'avère finalement bénigne, qu'un traitement efficace a été trouvé, qu'au mois de juillet 2020 dans l'hémisphère nord le virus a de toute façon perdu presque toute sa virulence, les gouvernements sous influence des démocraties occidentales décident que la situation n'a finalement jamais été aussi grave et qu'il faut durcir les mesures de confinement, contre toute logique, au mépris des faits, tous ceux qui prétendent discuter ces décisions absurdes, humiliantes (le port du masque/muselière), liberticides, étant comme d'habitude, encore et toujours, taxés de complotistes, de négationnistes et d'antisémites. Et comme d'habitude, encore et toujours, c'est Rudy Reichstadt qui dans les médias fait quotidiennement la morale.

L'imposture Rudy Reichstadt n'est pas une demi-imposture, ou une imposture conjoncturelle, c'est une imposture intégrale, de A à Z, quel que soit le sujet considéré. Et comme nous n'avons ni le temps ni l'argent, pour faire le tri dans ses centaines de mensonges et fraudes, nous devons considérer pour le passé comme pour l'avenir que dès que Rudy prend parti contre un sujet ou des personnes, hé bien il faut, sans réfléchir une seconde, penser exactement l'inverse. Sa protection de la version officielle du massacre de *Charlie Hebdo* n'est qu'un cas parmi d'autres.

C'est la boussole inversée Rudy Reichstadt qui nous le dit : la version officielle du massacre de *Charlie Hebdo* est à jeter à la poubelle, en même temps que le personnage et tous ses frères AC, et *toutes les versions officielles qu'ils défendent*. Presque parvenus au terme de ce parcours, nous touchons à la même méthode simple et efficace d'usage depuis des années pour traiter les déclarations de Bernard-Henri Levy[80] : dès qu'il donne un avis sur un sujet, il faut penser le contraire, dès qu'il fixe une direction, il faut aller à l'opposé, dès qu'il désigne des gens à attaquer, il faut les protéger, dès qu'il cite en références et modèles des intellectuels, il faut s'en méfier comme de la peste, dès qu'il participe à une émission, un débat, un colloque, une interview, cela veut dire qu'il participe au trucage médiatique

---

[80] La probité nous oblige à signaler qu'une fois n'est pas coutume — l'exception qui confirme la règle — Bernard-Henri Levy est le seul intellectuel de l'établissement à avoir remis en question dans un ouvrage la gestion de la crise sanitaire par les autorités : *Ce virus qui rend fou*, juin 2020, Grasset.

d'un événement destiné à tromper le bétail originairement
« franc » paressant dans la pâture hexagonale.

Deuxième partie

L'épanouissement d'un démon dans l'enfer du « grand reset »

J'ai écrit cette sorte de biographie de Rudy Reichstadt pendant le printemps et l'été de l'année 2020. J'étais alors en plein dans la rédaction de *Massacre de Charlie Hebdo : l'enquête impossible*. Elle aurait dû initialement constituer un chapitre à part entière de cet ouvrage, mais le caractère extraordinaire du personnage et de son parcours, cette progression triomphante du néant vers le zénith médiatique, pour acquérir finalement une position, une influence, et une puissance inversement proportionnelles à son mérite, ses qualités personnelles, sa production littéraire et universitaire, m'a littéralement fasciné, fait tomber en arrêt, et insensiblement écarté du sillon de mon gros œuvre : j'ai été soudain irréfragablement curieux de tirer jusqu'au bout le fil de cette incroyable pelote. C'est au bout de plusieurs semaines de travail que je me suis rendu compte, m'éveillant comme d'un songe, que le chapitre prenait les proportions d'un ouvrage, et qu'il me serait difficile de l'intégrer à un ensemble déjà très considérable, la partie concernant le procès des attentats à venir (septembre à novembre 2020) n'ayant même pas été écrite. J'ai donc poussé les aventures de Rudy Reichstadt jusqu'au terme de l'été 2020, puis me suis attelé de nouveau à l'exclusif au livre sur le massacre de *Charlie Hebdo*, en me promettant d'y revenir une fois ce travail derrière moi. Tout entier absorbé par cette tâche, j'ai bien sûr, comme tout le monde, suivi de très près toutes les évolutions de la crise sanitaire et son instrumentalisation par les autorités afin de passer des apparences de la démocratie à la réalité de la dictature, mais j'ai complètement délaissé pendant un an cette recherche sur Rudy Reichstadt. Il était inévitable je tombe à l'occasion sur sa bobine, je voyais bien qu'il demeurait plus actif que jamais, que l'étoile continuait à prendre de l'ampleur et de la brillance, mais délibérément j'ai fait la sourde oreille et n'ai pas voulu compléter au fur et à mesure de fil d'actualité le concernant : à chaque jour suffit sa peine et un ouvrage comme *Massacre de Charlie Hebdo : l'enquête impossible* ne s'écrit pas tout seul.

Je pensais n'avoir à faire que de légères retouches, à n'ajouter que trois ou quatre pages, dans le prolongement des six premiers mois de l'année 2020, or je me suis vite rendu compte qu'en l'espace d'une année, le volcan avait pris des proportions encore plus prodigieuses que je m'y attendais. Je sais… Parvenu en ce point, le lecteur aura l'impression justifiée que dans mes formulations je me répète : chaque millésime surpassant l'autre, j'use fatalement des mêmes remarques et transitions hyperboliques. Qu'y puis-je ? Pendant que je continuais ma progression rectiligne, Rudy de son côté poursuivait son ascension asymptotique.

L'épanouissement décuplé de ce démon peut se comprendre si on la replace dans son contexte : l'entrée progressive, pour certains insensible, à partir de juillet 2020, de toute la population dans l'enfer du monde d'après… L'enfer est le milieu naturel des démons et il est bien naturel que l'accroissement du caractère infernal des conditions de la vie humaine favorise leur croissance, leur santé, et leur influence. Comme en ce bas monde les plantes ont besoin de la lumière du jour pour croître et gagner en vigueur, en enfer, les arbres du malin ont besoin d'obscurité, de ténèbres pour réaliser leur photosynthèse, et puisque les ténèbres n'ont cessé de s'étendre, jusqu'à cette date historique de l'obligation de la vaccination tacitement obligatoire annoncée par le président Macron le 12 juillet 2021, il est naturel que le personnage de Rudy Reichstadt ait pris en même temps des proportions encore plus monstrueuses. Cette biographie, que j'arrêterais à cette date ne pouvait faire l'économie d'un ultime chapitre assez développé couvrant les douze mois y menant.

L'ajout de cet ultime chapitre s'impose également pour une raison tout aussi puissante : celle de faire apparaître en toute clarté — aux yeux du moins de ceux dont le bon sens n'a pas été encore complètement détruit par le pacte faustien, de ceux qui ne sont pas encore devenus *Rhinocéros*, comme dans la pièce d'Eugène Ionesco — une cohérence dans l'enchaînement cauchemardesque dans lequel les Français de plus plus déboussolés sont enspiralés depuis plus d'une décennie. Il apparaît en effet évident que le durcissement actuel du pouvoir, jusqu'à l'absurde et au sadisme de plus en plus ouverts, n'est nullement la résultante compréhensible de la nécessité d'apporter une réponse efficace à une imprévue et indomptable pandémie : le confinement généralisé de la population, puis bientôt la vaccination obligatoire pour tous ne sont en fait que l'aboutissement d'une série de mesures visant à éradiquer toute forme de contestation et de résistance dans la population, d'anéantir les hordes « complotistes » qui sapent la légitimité du pouvoir, d'affermir un contrôle de plus en plus poussé des masses. Ça n'est pas forcément le cas dans d'autres pays, mais dans celui de la France c'est flagrant, et c'est sans doute pour cette raison que plus que partout ailleurs dans le monde, les autorités, depuis leurs nids d'aigles républicains, ont fait montre d'une férocité enthousiaste et débridée à humilier, menacer, sanctionner, confiner, encager, ruiner, enfin piquouser et tracer les troupeaux humains paissant sous leur férule.

Il n'est pas loin le retour du temps des « potences » et des buchers dont parle Rudy dans son brûlot inquisitorial, mais ce dont lui rêve avec tous ses cousins, c'est d'y voir en masse des dizaines de milliers de complotistes s'y trimballer au vent au bout d'une corde, et vu comment évoluent les événements d'année en année depuis dix ans, nous y allons tout droit : il y a bien un moment où l'on ne pourra plus aller beaucoup plus loin dans la violence, la cruauté, et l'injustice. Ce sera eux ou nous. Telle est l'issue fatale qu'indique l'asymptote dont la trajectoire de Rudy Reichstadt est le symbole.

Je conseille au lecteur, avant de se lancer dans cet ultime chapitre, de relire les pages X à Y de cet ouvrage, évoquant les débuts du personnage dans la carrière, pour bien prendre la mesure du caractère extraordinaire du parcours accompli. Entre-temps il n'a acquis aucune compétence nouvelle, n'a rédigé aucune thèse, n'a approfondi aucun sujet, n'a pas changé son style d'un iota. La position cependant n'est plus la même, plus du tout la même…

Feu sur les anti-masques !

En juillet 2020, période où j'avais cessé de suivre la montée de l'astre, la polémique faisait rage autour du port du masque, dont l'histoire avait été pleine de rebondissements. Au tout début de la crise, les membres du gouvernement et leurs zélés missionnaires s'étaient relayés dans les médias pour en déconseiller formellement l'usage. La ministre de la Santé Agnès Buzyn avait mis en garde le 26 janvier : « *Il ne faut pas acheter de masques en pharmacie.* » L'interdiction était assortie d'une explication lapidaire et péremptoire : « *Ce masque bleu ne protège de rien, d'aucun virus, inutile d'en acheter pour soi.* » Un décret avait même été signé en urgence pour interdire aux pharmaciens d'en vendre aux particuliers, sous peine de très lourdes sanctions, allant jusqu'à la fermeture administrative de leur commerce. Sur le plateau des Grandes gueules de *RMC*, le docteur Jérôme Marty avait expliqué le 4 février : « *Il faut le dire et insister : ça ne sert à rien ! Le masque sert quand vous êtes atteint d'une infection pour éviter que vos projections n'aillent impacter la personne qui est en face de vous et donc transmettre la maladie. Mais il ne sert pas à se protéger de la maladie quand vous êtes un sujet sain car il n'a pas un filtre suffisant pour empêcher le virus de passer. Les masques qui protègent vraiment sont les masques portés par les médecins de type FFP2 ou FFP3.* » Joignant le geste à la parole, Agnès Buzyn, juste avant son remplacement par Olivier Véran le 17 février, envoyait en Chine à titre humanitaire des dizaines des milliers de masques prélevés sur les stocks déjà étiques qu'avait négligé de renouveler le directeur général de la santé Jérôme Salomon, malgré d'instantes recommandations. Tous dans le même temps mentaient la bouche en cœur en assurant publiquement que la France disposait largement des stocks suffisants pour faire face à une situation exceptionnelle. Sur le terrain, les soignants, bientôt confrontés au pic de l'épidémie, voyaient bien qu'il n'y avait rien à disposition pour se protéger, qu'il s'agisse des blouses, des gants, des charlottes ou des masques : nous avons suffisamment de recul pour affirmer tranquillement que l'interdiction du masque comme inutile et dangereux, au début de la crise sanitaire, a été décidée dans le cadre d'un mensonge organisé dont le but était de masquer une pénurie que rendait plus scandaleuse encore les fanfaronnades de personnalités comme Agnès Buzyn ou Jérôme Salomon. Ce dernier le 4 mars sur *Bfmtv* enfonce le clou : « *Toutes les mesures qu'on prend sont adaptées à la situation et d'autre part sont basées sur un rationnel scientifique. (…) les masques n'ont aucun intérêt pour le grand public.* » Le 13 mars, le Premier violon Édouard Philippe *sur TF1* ajoute son solo au concerto *: « Le port du masque, en population générale dans la rue ça ne sert à rien* ». Le17 mars, la porte-parle du gouvernement Sibet N'Diaye confirme à l'issue d'un conseil des ministres : « *Les Français ne pourront pas acheter de masques dans les pharmacies, car ce n'est pas nécessaire si l'on n'est pas malade* » ? Ce même jour, Jérôme Salomon est encore plus catégorique : « *Ne portez pas des masques. Les masques sont uniquement pour les malades, pour les transports sanitaires, pour les secours aux personnes et pour les soignants. Ces masques sont mal portés, mal utilisés, ils manquent aux soignants.* » Olivier Véran continue dans la brutale pédagogie *:* « *Dans la situation actuelle, j'insiste, l'usage du masque en population générale n'est pas recommandé et n'est pas utile* »/« *le masque, en population générale, il ne faut pas en porter, il peut être une illusion de protection qui nuit à l'efficacité des gestes barrières* »/« *Porter un masque est parfaitement inutile à l'heure à laquelle je vous parle.* » Le 19 mars, Jérôme Salomon rappelle, au cas où l'on n'aurait pas compris, à quel point cette initiative de porter le masque, de la part de particuliers craintifs, est irresponsable et dangereuse : « *Je rappelle le principe de bonne conduite pour le port du masque : il ne faut pas porter de masque si nous ne sommes pas malades. Il ne faut* pas porter de masque lorsque l'on n'est pas soignant. Certains d'entre vous portent des masques en tissu, ce sont des initiatives personnelles. Il est important de souligner que les manipulations de masques, qu'ils soient en tissu ou protecteurs, augmentent les risques de transporter les virus de surface à surface et puis un masque c'est une technique, c'est réservé à des soignants. On enlève son masque, on manipule son masque, on se contamine en touchant son masque. On se touche le visage sous le masque. Et donc il n'y a pas d'indication à porter son masque. » C'est clair pour tout le monde ? Bonne élève, Sibet N'diaye renchérit le 20 mars : « C'est que les masques ne sont pas nécessaires pour tout le monde, et vous savez quoi ? Moi je sais pas utiliser un masque… Je pourrais dire : je suis une ministre, je mets un masque ; mais, vous savez quoi, je ne sais pas comment utiliser un masque. Parce que l'utilisation d'un masque, ce sont des gestes techniques précis, sinon on se gratte le nez sous le masque, on a du virus sur les mains, on en a une utilisation qui n'est pas bonne et cela peut être contre-productif. » Bref, à cette époque, porter un masque n'est pas loin d'être présenté comme un crime…

C'est le 21 mars qu'Olivier Véran, dans un mémorable effort de transparence, donne en fin au grand public les clés pour comprendre la vraie raison de ce concert de mises en garde : « Ces derniers jours, un enjeu est sur toutes les lèvres : les équipements en masques et en protections. Je dis aux soignants que je comprends et partage leurs attentes, et parfois, leur colère. Face à une épidémie d'une telle ampleur, il pourrait être facile de mobiliser notre énergie pour la recherche de responsabilités. Il sera temps au moment voulu de tirer toutes les conséquences. Je veux me livrer aujourd'hui à un exercice de transparence absolue et vous livrer la situation telle qu'elle est : suite à de premières alertes sérieuses (…), les pouvoirs publics ont décidé il y a une dizaine d'années d'équiper la France de nouveaux masques. Quels que soient les processus de décision qui ont conduit à ce que les stocks ne soient pas renouvelés, ils se sont réduits année après année. Lorsque le Covid 19 est apparu, il ne restait qu'un stock d'État de 117 millions de *masques chirurgicaux pour adultes et aucun stock stratégique d'État en masques FFP2. »*

À la mi-avril, alors que la dangerosité du virus s'estompe, que le pic épidémique a été dépassé, que le déconfinement se profile, et que les stocks de masques se reconstituent, les éléments de langage entrent soudain en métamorphose. En même temps qu'il annonce le 17 avril déconfinement pour le 11 mai, Emmanuel Macron annonce que *« l'État devra permettre à chaque Français de se procurer un masque grand public. »/« Pour les professions les plus exposées et pour certaines situations comme dans les transports en commun, son usage pourrait devenir systématique. »* Le 22 avril, Jérôme Salomon, pris en flagrant délit d'amnésie rappelle : *« J'ai toujours plaidé pour l'accès aux masques grand public »*. Logiquement, le 26 avril, les 22 000 pharmacies françaises sont enfin habilitées à vendre des masques.

Le 18 mai, lors de la réouverture de la majorité des collèges, parmi les mesures sanitaires drastiques et pour la plupart inapplicables recommandées, figure l'obligation pour les enseignants et les élèves de porter le masque toute la journée, à renouveler toutes les deux heures. C'est logique uniquement si l'on considère qu'au grave problème de la pénurie pendant la tempête succède le problème de l'abondance pendant l'accalmie. Dans tous les cas, c'est un fait qu'inutile et dangereux en plein pic épidémique, le masque devient indispensable et efficace à mesure que la situation sanitaire revient à la normale. Le 5 juin, l'OMS n'a visiblement pas compris le changement de paradigme : *« il n'y a pas d'éléments directs sur l'efficacité du port généralisé du masque par les bien-portants en vue de prévenir les infections dues à des virus respiratoires, notamment celui de la COVID-19. »*

Le virage à 180 degrés se confirme les semaines et les mois suivants. Afin de garantir l'application de la mesure, le 26 juin, l'absence de port du masque en extérieur et dans les lieux publics devient pénalisable d'une énorme amende de 135 euros.

Le 1ᵉʳ septembre, il devient obligatoire dans les entreprises. Le 9 septembre, le Haut Conseil de la Santé Publique préconise le port du masque à partir de l'âge de 11 ans, à l'école comme en extérieur, mesure étendue le 26 octobre à tous les enfants dès l'âge de 6 ans, suite à une recommandation du conseil scientifique. Arguments avancés : « *Le port du masque dès l'âge de 6 ans, comme préconisé en Espagne, l'Italie, ou Allemagne, lequel pourrait être d'autant plus encouragé que le masque est par ailleurs porté et que les enfants ont d'importantes capacités d'adaptation.* » On note l'absence complète d'argument d'ordre scientifique ou médical. Cette mesure inhumaine et infondée est confirmée par le président Macron le 28 octobre lors de l'allocution au cours de laquelle il annonce le second confinement de la toute la population.

On ne saura trop rappeler les formidables errements et incohérences de la chronologie concernant le port du masque pendant les six premiers mois de l'interminable crise sanitaire. Pas besoin d'être un spécialiste pour comprendre qu'il n'y a rien à comprendre dans cette série de décisions et de revirements, sinon que tous les officiels cités ont menti comme des arracheurs de dents, ont dit une chose et son contraire, le mensonge étant aggravé par le fait qu'en même temps que d'énormes amendes étaient décidées pour mettre au pas les récalcitrants, aucun d'entre eux n'a eu à rendre de compte, n'a été limogé, publiquement cloué au pilori dans le cadre d'une campagne de lynchage médiatique dont les adeptes de la secte républicaine sont si friands. Ce long rappel me semble en outre de bonne pédagogie pour souligner la monstruosité, à tous les sens du terme, des positions publiques de Rudy Reichstadt concernant cette question d'un bout à l'autre de la crise.

Parvenu en ce point de son parcours, il n'est à vrai dire pas très difficile de les deviner : plutôt que de dénoncer les inconséquences des autorités, Rudy prend pour cible les complotistes qui diffuseraient de fausses informations à ce sujet, et font montre d'une irresponsabilité qui mériterait d'être châtiée comme il se doit. C'est tout de la faute des complotistes !

Dans un article du *point.fr* du 25 juillet on peut lire : « *"C'est choquant, ça peut paraître fou", nous dit Rudy Reichstadt, "mais c'est bien ce que les anti-masques défendent". Pour le fondateur du site Web Conspiracy Watch, édité, depuis 2007, par l'Observatoire du complotisme[81] et des théories du complot, "ces anti-masques ne sont qu'un 'nouvel épisode' du continuum de théories fumeuses et conspirationnistes qui traverse notre époque. On a l'impression de découvrir le phénomène alors qu'il faut apprendre à vivre avec. La semaine dernière, c'était Raoult, la prochaine, ce sera le vaccin", nous explique celui qui s'évertue à les étudier.* »/« *Avec l'aide de notre "responsabilité diluée", comme dit Reichstadt, les anti-masques, hurluberlus paranoïaques doués de formidables porte-voix technologiques, même "ultra-minoritaires", se voient tracer des autoroutes sur les réseaux sociaux* ».

Le 3 août dans *Libération* il dénonce : « *Les antimasques s'inscrivent dans le mouvement plus large du complotisme, de ceux qui se pensent comme des dissidents face à un système qui leur ment et veut les opprimer. On les retrouve sur des plateformes bien identifiées comme Reseauinternational.net, Alterinfo.net ou Wikistrike, qui font du complotisme un fonds de commerce depuis longtemps. Ce sont les mêmes qui étaient contre le confinement, par exemple.* »

Ah oui, parce qu'évidemment, pour Rudy, le confinement, c'était aussi, comme de juste, une excellente et indiscutable mesure…

Le 4 août sur *Radio France*, il renchérit : « *Derrière ce mouvement antimasques, qui est extrêmement marginal, on voit les mêmes acteurs qui s'agitaient il y a quelques semaines pour*

---

[81] Toujours la même erreur débile : Bilbo Baggins, qui est le père de Bilbon Sacquet…

expliquer que le confinement était une première étape vers une dictature et que l'étape ultime serait la dictature vaccinale. »

Je sais bien que ça ne sert strictement à rien de le faire remarquer, que j'ai l'impression d'écrire ce genre de phrase toutes les deux pages depuis le début de cet ouvrage, mais bissons encore et encore : avec cette seule déclaration, Rudy s'est disqualifié tout seul pour l'éternité, puisque le 12 juillet 2021, avec l'historique discours du président Macron, nous entrerons officiellement dans l'ère de la dictature vaccinale. Si l'on prend Rudy au pied de la lettre, les « complotistes » avaient donc vu juste dès le départ !

La bataille de « Hold-up »

Le terme de « bataille » est sans doute impropre pour qualifier une opération de lynchage à deux cents contre un au cours duquel la victime n'a pas eu un instant l'occasion de s'expliquer dans le cadre d'un débat loyal, mais c'est ainsi que l'on vécut Rudy et ses frères AC qui sont sortis du combat couverts du sang des Richard Barnérias, Nicolas Réoutsky, Christian Perrone, et autres François Fourtillan et Martine Wonner, et c'est ainsi que l'événement a été présenté : comme une sorte de bataille de Rocroi, et si l'on devait donner un rôle à Rudy, ce serait sans exagérer, tant il était omniprésent sur la ligne de front pendant tout le mois de novembre, et au-delà pour assurer le service après-vente, celui du Grand Condé.

Tant d'eaux diverses ont coulé sous les ponts qu'un rappel factuel s'impose. Le 11 novembre 2020, Pierre Barnérias et Nicolas Réoutsky font paraître sur Vimeo un documentaire indépendant de près de trois heures sur la pandémie de Covid-19 et la gestion de la crise sanitaire par les autorités françaises et mondiales. Les deux premières heures, très convaincantes et abondamment documentées, reviennent sur les errements, revirements et mensonges sur presque tous les aspects de l'affaire, comme le port du masque dont nous venons de parler, les tests PCR inexistants puis obligatoires ou encore la très suspecte interdiction de l'hydroxychloroquine le 16 janvier 2020, dans la catégorie des substances vénéneuses alors qu'il s'agit d'un inoffensif antipaludéen qui a été prescrit à des milliards de personnes de par le monde depuis 70 ans. Les trois derniers quarts d'heure, beaucoup plus audacieux, avancent nombre d'éléments épars suggérant que le virus a été fabriqué en laboratoire, que la crise a été préparée de longue date, qu'on peut la regarder comme résultant d'une conspiration dont l'échelle est le monde entier, dont l'objectif final serait d'opérer un « grand reset »[82], c'est-à-dire une remise à plat complète de toutes les

---

[82] Le programme du « grand reset », ou « grande réinitialisation » est exposé et détaillé noir sur blanc dans l'ouvrage de Klaus Schwab et Thierry Malleret *Covid 19 : the great reset,* publié en juillet 2020, six mois après le début de la crise sanitaire. Les auteurs sont sans équivoques dès les deux premiers paragraphes : « *La crise mondiale déclenchée par la pandémie de coronavirus n'a pas d'équivalent dans l'histoire moderne. Elle plonge notre monde dans son intégralité et chacun de nous individuellement dans les moments les plus difficiles que nous ayons connus depuis des générations. Nul ne pourra ici nous accuser d'hyperbole. C'est notre moment décisif — nous allons devoir faire face à ses retombées pendant des années, et beaucoup de choses changeront à jamais. Elle entraînera des perturbations économiques d'une ampleur monumentale, créera une période dangereuse et instable sur de multiples fronts (politique, social, géopolitique), suscitera de profondes préoccupations environnementales et développera également l'étendue (pernicieuse ou non) de la technologie dans nos vies. Aucune industrie ou entreprise ne sera épargnée par l'impact de ces changements. Des millions d'entreprises risquent de disparaître et de nombreuses industries sont confrontées à un avenir incertain ; seules quelques-unes prospéreront. Sur le plan individuel, pour beaucoup, la vie telle qu'ils l'ont toujours connue vacille à une vitesse alarmante. Mais les crises profondes et existentielles favorisent également l'introspection et peuvent abriter un potentiel de transformation. Les points faibles du monde — notamment les fractures sociales, le manque d'équité, l'absence de coopération, l'échec de la gouvernance et du leadership au niveau mondial — sont plus que jamais à découvert, et la population estime que le temps est venu de se réinventer. Un monde nouveau va émerger, et il nous faut à la fois en imaginer et en dessiner les contours. Au moment où nous écrivons ces lignes (juin 2020), la pandémie continue de s'aggraver à*

composantes de la vie humaine à laquelle nous sommes habitués, de l'économie à l'éducation, en passant par le télétravail, les voyages, le traçage électronique de toute la population, la dictature sanitaire. Après huit mois passés à errer dans la grotte inquiétante, triste, humide, labyrinthique, *Hold-up* était à l'évidence la torche que toute une partie de la population attendait, aussi le documentaire connaît-il aussitôt une diffusion virale, étant visionné puis recommandé par des millions d'internautes. D'abord pris de cours, les casernes de pompiers AC n'ont pas tardé à être alertées par le soudain et gigantesque incendie et c'est toutes sirènes hurlantes que des centaines de soldats du feu AC se sont retrouvés sur le pont pour empêcher

---

l'échelle mondiale. Beaucoup d'entre nous se demandent quand les choses reviendront à la normale. Pour faire court, la réponse est : jamais. La normalité d'avant la crise est "brisée" et rien ne nous y ramènera, car la pandémie de coronavirus marque un point d'inflexion fondamental dans notre trajectoire mondiale. Certains analystes parlent d'une bifurcation majeure, d'autres évoquent une crise profonde aux proportions "bibliques", mais la substance reste la même : le monde tel que nous le connaissions pendant les premiers mois de 2020 n'est plus, dissous dans le contexte de la pandémie. Nous allons faire face à des changements radicaux d'une telle importance que certains experts parlent d'ères "avant coronavirus" et "après coronavirus". Nous continuerons à être surpris par la rapidité et la nature inattendue de ces changements — car, en se rajoutant les uns aux autres, ils provoqueront des conséquences de deuxième, troisième, quatrième ordre et plus, des effets en cascade et des répercussions imprévues. Ce faisant, ils formeront une "nouvelle normalité" radicalement différente de celle que nous allons progressivement laisser derrière nous. Beaucoup de nos croyances et de nos hypothèses sur ce à quoi le monde pourrait ou devrait ressembler seront ébranlées au passage. » Selon Rudy Reichstadt le projet de « grand reset » n'existe pas : il s'agit d'une théorie du complot sans aucun fondement, qu'aucune preuve n'atteste. Le plus drôle est qu'il ne nie même pas l'existence de l'ouvrage ! Il ne s'agit que d'une « *formule marketing de membres du Forum économique mondial de Davos pour désigner une manière de penser le monde d'après* », alors qu'en lisant l'ouvrage, on se rend compte qu'il s'agit bel et bien d'un programme pour les décennies voire les siècles à venir.

qu'il ne s'étende au pays et à la planète tout entiers, y réduisant en cendres les constructions mentales en papier crépon patiemment édifiées depuis des mois pour maintenir le bétail humain sous hypnose.

C'est ainsi que pendant une dizaine de jours, du 12 au 22 novembre 2020, Rudy Reichstadt, chef des pompiers aux multiples décorations glanées dans toutes les campagnes AC de ces dix dernières années fut omniprésent et incontournable sur tous les plateaux des émissions de radio et de télévision et dans les articles de journaux où les journalistes se démenaient pour cimenter leur défense anti-Hold-up avec une expertise digne de ce nom.

Malgré leur profusion, ce n'est pas grâce aux interventions de Rudy Reichstadt qu'une personne complètement ignorante du documentaire pourrait se faire une idée de son contenu. Notre Bayart AC en effet, pendant cette séquence, a recouru à tous les artifices AC usuels pour discréditer l'inattendu blockbuster numérique, et donc, pour commencer, a bien pris soin de ne jamais entrer dans le détail — règle d'or princeps — des près des trois heures de la démonstration proposée par les réalisateurs. Parvenu en ce point de l'ouvrage, j'imagine que le lecteur distinguera au premier coup d'œil les caractéristiques de la signature AC dans la compilation suivante.

14 novembre, *BFMTV* : Après deux minutes d'introduction ultra hostile du teaser et du présentateur, Rudy apporte l'éclairage passe-partout suivant : « *Cela fait des années et des années, près de quinze ans maintenant, que nous alertons sur le [phénomène complotiste] à Conspiracy Watch, que nous tirons la sonnette d'alarme, que nous disons que ces choses-là augmentent, qu'elles ont des effets politiques considérables, profondément nocifs, nuisibles sur notre capacité à continuer à vivre en démocratie à l'avenir, profondément nuisibles également par exemple sur les politiques de santé publique, on sait le lien entre la propagande antivaccinale et le complotisme qui est directement qui est bien établi, on sait que*

l'antivaccination se traduit par un grand nombre plus grand de morts à la fin, donc si vous voulez ces choses-là sont tout à fait sérieuses, on a eu tendance pendant longtemps à détourner le regard, ensuite d'estimer que ce n'est pas un véritable problème et aujourd'hui on se retrouve dans cette situation où des idées complètement folles envahissent l'espace public. »

Admirable exemple de commentaire passe-partout qui peut être copié-collé à l'identique dans n'importe quelle affaire…

14 novembre, JT de 23 heures sur *France 3* : Hold-up n'est « *ni une enquête, ni un documentaire. Il ne faut pas faire le cadeau aux complotistes de prendre trop au sérieux leurs arguments* ». Les principaux intervenants du film « *sont des gens assez peu connus du grand public, mais qui sont très connus sur les réseaux sociaux, notamment sur la complosphère, certains viennent de l'extrême droite antisémite, d'autres du complotisme le plus radical* ».

Encore un commentaire passe-partout et classique application de la règle commandant de s'attaquer au messager quand le message est inattaquable.

14 novembre : il intervient sur le plateau de l'émission C l'hebdo, *sur France 5*, aux côtés de son compère de l'Orap et de l'IFOP Jérôme Fourquet et de Karine Lacombe, l'expert corrompu jusqu'à la moelle qui a touché des centaines de milliers d'euros des laboratoires pharmaceutiques, diffamant l'hydroxychloroquine et le professeur Didier Raoult, promouvant le Remdesivir de son maquereau Gilead finalement jugé nocif par l'OMS de Gilead, et ardente promotrice des vaccins. La vidéo n'est malheureusement plus consultable, mais on peut imaginer que les participants ont dû se scandaliser du fait que les réalisateurs de Hold-up aient pu financer leur travail via la mise en place d'une cagnotte participative. Précisons que si Rudy a pointé à moult reprises les motivations vénales, flirtant avec l'escroquerie, des contestataires de la gestion de la crise sanitaire et des douteurs du saint vaccin, on chercherait en vain une seule

ligne indiquant au lectorat de CW ce fait incontestable et abondamment documenté que la totalité des experts médicaux promouvant le port du masque, les bienfaits du confinement, la nocivité de l'HCQ, le caractère miraculeux du vaccin, sont tous perclus de conflits d'intérêts avec les laboratoires pharmaceutiques à proportion de sommes énormes.

17 novembre, *France Inter* : Comme le présentateur Xavier Demagny lui demande : « *Que démontre le succès documentaire Hold-up, qui dénonce un "complot mondial", réalisé grâce à un financement participatif ?* », il répond : « *C'est la preuve d'un excellent business plan et d'une communication très bien pensée puisque les réalisateurs ont réussi à lever une somme considérable pour, à la fin, un documentaire de piètre qualité. Ce qui, soit dit en passant, interroge sur le modèle économique de ces sites. Mais si les gens sont prêts à donner de l'argent pour entendre ce genre de propos, c'est qu'il y a une demande sociale. Je pense qu'il faut considérer qu'il y a toute une partie du public qui est demandeuse, qui est cliente de ce genre de contenu. Il y a des raisons psychologiques, des biais cognitifs : on sait par exemple que l'anxiété est un facteur d'adhésion qui facilite l'adhésion à ces théories. Mais il y a aussi, évidemment, la variable des sympathies politiques, idéologiques qui joue à plein.* »

Toujours les mêmes passe-partout, et l'on aimerait connaître son opinion sur le business plan de certains de ses collègues en blouse blanche comme Karine Lacombe, Adna Yazdanpanah ou François Raffi[83].

---

[83] Sur l'existence systématique, jamais démentie depuis mars 2020, de liens et conflits d'intérêts entre les médecins médiatiques et/ou du Conseil Scientifique et les grands laboratoires pharmaceutiques, nous renvoyons à la conférence du professeur Didier Raoult dans le cadre des « jeudis de l'IHU », mise en ligne le 20 juillet 2021. Karine Lacombe, mise en examen suite une plainte du professeur Raoult pour diffamation, a touché 212 209 euros des labos ; nous renvoyons à

22 novembre, *France Culture* : interviewé son ex-collègue du Cercle de l'Oratoire, Marc Weitzman, il explique :

« *Ce film repose sur une technique rhétorique qui est la conglobation, c'est-à-dire l'accumulation d'arguments pour noyer le contradicteur sous une avalanche d'arguments qui vont avoir pour effet d'intimider et de faire naître l'idée que tout ne peut pas être faux. [...] Ce film repose sur un mélange du vrai et du faux.* »

Ce nouveau quoique classique argument s'applique beaucoup mieux au discours de Rudy Reichstadt en personne et des escrocs AC en général.

« *Le complotisme existe depuis le début des sociétés humaines. Le problème est que nous sommes entrés dans un monde où ces idées-là complotistes ont une chance historique du fait de la configuration technologique, médiologique.* »

C'est tout de la faute d'internet, encore un argument passe-partout typique.

J'arrête là une recension très loin d'être exhaustive : tout est du même tonneau. Un lecteur qui ne connaîtrait pas

---

l'analyse détaillée de son parcours, de ses prises de position, et de ses liens et conflits d'intérêts que nous avons faite dans *La Covid 19 au prisme de Molière (2/3) : Orgons et Tartuffes du XXIème siècle*, *francoisbelliot.fr*, 8 décembre 2020. Adna Yazdanpanah, expert auprès de l'OMS, membre du Conseil scientifique mis en place par Emmanuel Macron pour confiner le débat sur la crise sanitaire, a touché 133 698 euros des labos. François Raffi, chef de service des maladies infectieuses et tropicales au CHU de Nantes, qui a passé des coups de téléphones anonymes à Didier Raoult pour l'insulter et le menacer de mort suite à l'annonce faite par ces derniers de la découverte d'un traitement efficace de la Covid-19 à base d'hydroxychloroquine et d'azithromycine, reconnu coupable, a la palme d'or avec 541 729 euros.

l'existence d'une « pandémie » et d'un documentaire intitulé « Hold-up » serait tout simplement incapable de déterminer ce qui est si résolument attaqué dans ces différentes interventions extrêmement rapprochées dans le temps.

Un dernier extrait d'un genre un peu différent me semble toutefois utile à citer en guise de conclusion de ce chapitre. Le 25 novembre, répondant longuement aux questions de Luc Cédelle pour le quotidien *Le Monde*, il répond ainsi à l'apparente objection : « *La popularité des thèmes complotistes semble se renforcer du fait de leur mise en accusation publique. C'est encore le cas avec ce film…* » : « *La mise à l'index des productions complotistes donne certes à leurs auteurs un argument supplémentaire pour se victimiser. Mais cela les renforce-t-il réellement ? Je crois que cela consolide des convictions déjà très ancrées chez ceux qui souscrivent à cette vision du monde. Mais la grande majorité des indécis est fondée à penser que ce type de film est aussi contesté pour de bonnes raisons. La levée de boucliers est parfaitement légitime et saine en l'espèce. Il ne faut pas surestimer le caractère contre-productif qu'on lui prête.* »

On ne peut pas être plus clair : il ne s'agit pas de convaincre, mais de dégoûter a priori ceux qui n'ont pas été mis en contact avec le virus pathogène de céder à la curiosité de jeter un œil au documentaire polémique. Le recours à une rhétorique diabolisatrice fournit indiscutablement du grain à moudre aux moulins complotistes, mais l'objectif est ailleurs : sauver le reste du troupeau et ramener la plupart des bêtes sans trop de casse à l'enclos. Chaque sceptique qui a vu Hold-up et l'a recommandé autour de lui peut confirmer la validité de l'argument discutable de Rudy en se remémorant certains cas impressionnants de réaction de rejet instinctive. Pour ce qui me concerne voici la plus belle qui m'ait été renvoyée : « *Je te remercie pour tes conseils, mais je ne crois pas que je verrai « Hold-up » et encore moins que je serai convaincu par ce documentaire. Donc je ne le relaierai pas, mais je t'invite à lire ce que disent les infâmes médias tels que « Libération ». Je suis plus sensible à la prose de ses journalistes, à lire en particulier dans le Libé d'aujourd'hui du vendredi 13 novembre l'article en pages 8/9 "10 contre-vérités véhiculées par « hold-up ». À relayer. Que ce documentaire soit radicalement différent, çà je le veux bien, mais construit et d'un indéniable profit, là je n'en suis pas convaincu.* » Ce genre de réaction donne évidemment envie de se taper la tête contre les murs, et force est de reconnaître que Rudy n'a pas tort dans son diagnostic !

De la pandémie à l'infodémie

Des historiens du futur seraient sans doute perplexes si, pour comprendre ce que les peuples européens subissent depuis près de 18 mois, ils n'avaient à disposition que les écrits des auteurs anticomplotistes en général, et les nombreuses prises de position sur le sujet de Rudy Reichstadt en particulier : eu égard à la constante, obsessionnelle, dramatique présentation des événements, il ne pourrait être question que d'un phénomène épidémique d'une gravité que seule semble égaler la terrible peste noire du XIVème siècle. Mais alors pourquoi tous ces commentateurs parlent-ils si peu de familles entières emportées, de quartiers décimés, de la faucheuse qui rôde et moissonne au hasard, de fosses communes que tous les jours l'on creuse, dans lesquels au matin sont versés les cadavres ramassés pendant la nuit, que l'on recouvre incontinent de chaux vive ? On nous parle bien d'un virus, d'une maladie, d'une épidémie, de traitements inexistants, de vaccins au bord d'exister, et cependant il semble que le véritable danger en ces temps sombres soit ailleurs : du côté d'un mystérieux « incendie complotiste », d'une « pandémie conspirationniste » : plus que les tas de cadavres que l'on a finalement renoncé à compter, ce qui semble infiniment plus préoccuper Rudy et ses frères à l'unisson, c'est l'action délétère, sournoise, d'une armée des ombres, d'une cohorte de traîtres qui ne cesserait de mettre des bâtons dans les roues de nos bien-aimées autorités qui, comme on l'a vu — peut-on rêver d'illustration plus éclatante ? —, ont géré à merveille cette histoire de port du masque interdit puis finalement obligatoire partout en toutes circonstances, une gestion si parfaite que toute la population en a conçu pour ses dirigeants une confiance et une admiration sans mélange. Passons à un nouveau volet impressionnant de prises de position du charlatan du corona…

Il faut se méfier des sceptiques, « *adeptes tributaires de youtubeurs ou d'administrateurs de sites complotistes qui interprètent en permanence l'actualité à l'aune de la théorie du complot* » (25 juillet, *le Point*). Ces derniers sont des « *gourous de la fausse vérité* » (idem) La terrifiante pandémie de Covid-19 a été l'occasion sur laquelle ont sauté ces êtres malsains pour recruter plus que jamais : « *Nous nous attendions à ce que cette épidémie stimule les réflexes conspirationnistes puisque c'est le cas à chaque fois. Mais nous n'avions pas prévu que cet imaginaire complotiste se banalise aussi rapidement. De ce point de vue, on a clairement franchi un cap en 2020. Nous avons vu des contenus complotistes radicaux toucher des gens qui n'y semblaient pas forcément perméables auparavant. Tout a commencé en janvier, mais, avec le confinement, au mois de mars, la circulation de ces contenus s'est accélérée et nous avons assisté, sur les réseaux sociaux et les messageries cryptées, au partage massif et frénétique de publications complotistes autour du coronavirus. Et cela en dépit de leur caractère farfelu ou du fait qu'elles contenaient des assertions mensongères qui avaient souvent déjà été réfutées rigoureusement.* » (1er octobre 2020, *La Voix du Nord*) « *Avec le confinement, les gens ont été plus connectés et donc plus disponibles aux théories du complot au cours de l'année passée.* » (L'Observatoire Juif de France, 1er juillet 2021) Au reste, cette situation ne doit guère nous surprendre : « *les périodes de crise comme celle que nous vivons sont un terreau favorable à la prolifération de ces discours conspirationnistes.* » (20 novembre 2020, *20 minutes*) Particularité remarquable du virus conspirationniste : contrairement au Sars Cov-2 qui touche et emporte majoritairement les grands vieillards diabétiques multicancéreux, c'est chez les individus les plus sains et les plus vigoureux qu'il fait le plus de ravages : « *On observe aujourd'hui que les moins de 35 ans sont significativement plus perméables à cet imaginaire complotiste que les seniors, la génération de leurs grands-parents. Notre hypothèse de travail, c'est que cette tendance est directement liée à leur manière de s'informer —*

prioritairement sur les réseaux sociaux et sur les plateformes de vidéos en ligne. Cette génération est donc plus exposée au complotisme qui vient contaminer sa vision du monde. » (3 décembre, *infirmiers.com*) Encore plus grave, '*même la communauté scientifique n'a pas été immunisée. Démis de ses fonctions après sa participation au documentaire Hold-up, le professeur Christian Perronne s'est par exemple dit fier de cette étiquette de « complotiste », tandis que Didier Raoult affiche des positions de plus en plus radicalisées.*' (4 janvier 2021, *L'Express*). Et contrairement au coronavirus, le virus conspirationniste semble quant à lui véritablement inarrêtable ! « *On ne peut donc pas écarter la possibilité que cette fièvre conspirationniste autour de la pandémie retombe d'ici quelques mois, lorsque le péril s'éloignera de nous.* » (4 janvier, idem). Le phénomène d'ailleurs ne date pas d'hier : « *Définies depuis 1945, les théories du complot ne cessent de prospérer, propagées à l'échelle planétaire à l'image des maladies nées de la mondialisation des échanges.* » (25 mars 2021, *memorialdelashoah.org* [chapeau du rédacteur]). Aucun doute, de surcroît, l'heure n'a jamais aussi grave : « *je plaide pour davantage d'intransigeance à l'égard des théories du complot. Il faudrait rappeler, beaucoup plus qu'on ne le fait, qu'elles ont trompé beaucoup par le passé, qu'elles continuent à le faire, qu'elles nous font perdre un temps précieux que nous pourrions consacrer à autre chose mais surtout qu'elles ont et ont eu des conséquences parfois extrêmement nocives, accompagnant des dispositifs de persécution, l'obscurantisme et trop souvent aussi des passages à l'acte criminels. Elles doivent vraiment être envisagées comme une pathologie de la démocratie, un risque inhérent à la démocratie et que, pour cette raison, nous nous devons d'apprivoiser et de prévenir.* » (4 mai, interview accordée au club d'influence AEGE)

Il y a par ailleurs quelque chose de profondément comique de constater, que, si dans un premier temps Rudy jugeait que le confinement de toute la population était une mesure formidable, éclairée, dont seuls les imbéciles haineux, frustrés, et antisémites, pouvaient contester la pertinence, il s'avère finalement que c'était une mesure dont on n'a pas mesuré la dangerosité, mais pour des raisons qui n'ont rien à voir avec la médecine : renvoyés à la solitude, privés d'ouverture vers l'extérieur, frustrés de leurs loisirs et leurs distractions habituels, les confinés, certes mieux protégés de ce fait contre le terrible grand méchant SARS cov-2, se sont retrouvés exposés à un agent pathogène mille fois plus infectieux et délétère : les contenus complotistes qui pullulent sur la toile, et qu'on peut choper irrémédiablement, sans espoir de voyage retour, en une série de clics face à l'écran. Rudy est très clair là-dessus : le confinement a été une décision catastrophique dans la mesure où il a décuplé la vitesse de propagation des germes pathogènes de la pandémie conspirationniste.

« *Il y a même eu un pic délirant en début de confinement, où des vidéos totalement absurdes ont été partagées des millions de fois en 24 heures.* » *On voit aussi la façon dont l'information est déformée par ce filtre.* » (25 juillet, *le Point*)

« *Tout a commencé en janvier mais, avec le confinement, au mois de mars, la circulation de ces contenus s'est accélérée et nous avons assisté, sur les réseaux sociaux et les messageries cryptées, au partage massif et frénétique de publications complotistes autour du coronavirus. Et cela en dépit de leur caractère farfelu ou du fait qu'elles contenaient des assertions mensongères qui avaient souvent déjà été réfutées rigoureusement.* » (1ᵉʳ octobre, *La Voix du Nord*)

Cette inquiétude réelle, se surimposant à l'inquiétude feinte face au vrai virus, Rudy n'est pas le seul à l'avoir manifestée. Très intéressant à ce titre est le rapport du ministère de l'Intérieur du 26 janvier 2021, intitulé « État des lieux — nouvelle tendance des dérives sectaires », dans lequel on peut lire : '*La crise sanitaire a permis [à Thierry Casasnovas] de théoriser ses idées complotistes auprès d'une audience assez large, éloignée du discours public sur la santé (compte près de 523 000 abonnés sur YouTube). Il est la personnalité la plus signalée [par la Miviludes] : plus de 600 saisines ont été enregistrées à son encontre, dont 70 en 2020. Une enquête a été ouverte pour mise en danger de la vie d'autrui.*' ; ou encore : « *Se basant sur des principes des grandes religions et des dogmes originaux, certains groupes y ajoutent des perceptions et des concepts qui favorisent un repli communautaire, une atteinte à l'équilibre social, moral, et surtout financier.* » ; ou encore : '*Le groupe telegram « QAnon France » regroupe près de 4000 personnes et a prospéré grâce à la pandémie mondiale, en alimentant la défiance vis-à-vis de l'État, par exemple parmi la branche radicale des GJ : "avec la crise sanitaire, la communauté QAnon a augmenté au même rythme que le taux d'infections" (Tristan MENDÈS-FRANCE). Il existe également une boucle telegram, "Quoi2news", avec près de 10 000 membres qui diffuse des informations en français. On peut noter que l'augmentation des membres et diffuseurs de ces fausses informations inquiète au regard des prochaines élections présidentielles.*'

Nous pouvons ainsi livrer une analyse qui intéressera sans doute le grand public : les autorités ne sont pas prêtes de reconfiner de façon drastique pendant des mois l'ensemble de la population, et ce pour une raison très simple : si l'efficacité du confinement est vantée dans le cadre de la lutte contre le virus physique de la covid-19, il permet que se répande sans frein ce mille fois plus dangereux, tout bien pesé, virus immatériel que constitue la pensée conspirationniste. Cette pandémie étant en fait la plus dangereuse — c'est ce qu'on est obligé de déduire — les autorités ne reproduiront plus jamais cette grossière erreur stratégique qu'a finalement constitué le confinement. Je dois dire que c'est la seule bonne nouvelle que j'ai pu glaner dans les diverses positions de Rudy la seringue ces douze derniers mois, bonne nouvelle car nous devons en détruire que nous ne serons plus jamais confinés, bonne nouvelle également parce que nous comprenons, grâce à ce grotesque baratin, que la lutte contre la pandémie de sars cov 2 est en fait une pièce de théâtre, la préséance dans la dangerosité du virus conspirationniste sur le virus réel en étant la preuve : là se situe le véritable enjeu pour les autorités.

Appels à criminaliser les « complotistes » et les « conspirationnistes »

Son ouvrage publié aux éditions Grasset en septembre 2019 en donnait déjà un aperçu : Rudy Reichstadt, à la différence de ses frères AC n'est pas porté à l'indulgence. À ses yeux la pandémie conspirationniste constitue une menace contre la sécurité nationale qu'il s'agit d'enfin considérer comme telle en prenant les mesures qui s'imposent. Les autorités ont été d'autant plus inconscientes que jusqu'à présent, reconnaît-il volontiers, il s'avère impossible par la raison et l'échange verbal de combattre efficacement ce fléau. La censure officieuse doit elle-même être considérée comme une demi-mesure. Il est inévitable à son sens de passer à la répression judiciaire, ou à la répression sévère et dissuasive d'une façon ou d'une autre.

Parfaitement intégré dans toutes les composantes du système médiatique, politique, et éducatif, fermement adossé au mur des Lamentations de la Fondation pour la Mémoire de la Shoah ; certain que quoiqu'il dise ou fasse, il ne rencontrera jamais de contradicteur sérieux, que tous ses mensonges et erreurs passeront sans jamais entraîner la moindre réprobation, ou même le commencement d'une critique timide, que chaque fois qu'il posera un pied sur un plateau ou dans une assemblée, il sera reçu avec tous les égards ; ayant enfin par ailleurs ajouté une ligne à son CV faisant de lui une véritable autorité, son *opium des imbéciles*, de très médiocre facture, que personne ne lit, y compris parmi ses aficionados — mais qu'il peut poser comme une brique avec fracas sur la table quand il prend sa place dans le cercle — Rudy a décidé que le moment était venu de lâcher ses coups en répétant à l'envie qu'à présent le temps était venu d'employer la manière forte avec les conspis, que le temps était venu de *criminaliser* le conspirationnisme. Cet appel à l'une des valeurs fondamentales de la république constitue sans doute le leitmotiv de toutes ses interventions entre juillet 2020 et juillet 2021. Nouvelle poignée de citations, avec quelques commentaires insérés entre crochets.

« *Et si rien ne peut freiner le complotisme des anti-masques, c'est que nous sommes tous coupables ! Reichstadt rappelle que cette culture du complot est un produit d'importation. Nous la devons à notre imprégnation par la culture américaine, consciente ou non* [pas besoin de franchir l'Atlantique pour développer naturellement une culture du doute envers « nos » élites. Le système dans lequel nous vivons pue suffisamment le mensonge et la manipulation par tous ses pores pour piquer un nombre sans cesse croissant de narines] *, et c'est elle qui nous fait ressentir toute obligation collective « comme une violation de nos droits, ce qu'elle n'est pas dans notre pays ».* "*Nous avons des lois, par exemple, contre le négationnisme, la loi Gayssot* [il n'y a pas de quoi être fier…], *mais pas le premier amendement américain, ce qui ne fait pas de nous des pays dictatoriaux ou liberticides*", *précise le spécialiste.* "*Ce qui est en jeu, en revanche, c'est notre participation, tacite mais active dans la circulation de la désinformation* [culpabilisation des masses qui n'y peuvent strictement rien, victimes elles-mêmes qu'elles sont de désinformateurs professionnels comme Reichstadt] *.* » (25 juillet 2020, *le Point*)

« *Il faut déjà commencer par arrêter de lui trouver des excuses, d'être complaisant ou indulgent à l'égard du complotisme et de ses adeptes* [lexique péjoratif], *parce que c'est un vrai danger* [c'est RR qui bénéficie d'une indulgence extraordinaire, et c'est lui et ses frères qui représentent un danger pour la "démocratie"]. *J'attends beaucoup de la société civile mais aussi de nos élites universitaires, des professionnels de l'information, des enseignants, des personnels de santé et, de manière générale, de chacun d'entre nous* [qui es-tu, Rudy, pour oser en ton nom propre en remontrer impérieusement à toutes ces corporations en même temps ?]. *Je pense qu'on n'a pas encore suffisamment pris la mesure du problème. Il y a les conséquences désastreuses que ce complotisme peut avoir en matière de santé publique* [c'est la gestion calamiteuse de la crise sanitaire qui a eu des conséquences dramatiques en termes de santé publique… Que pourraient avoir en comparaison à se reprocher les "complotistes" ?], *mais également sur notre capacité à continuer à vivre en démocratie.* » (*infirmiers.com*, 3 décembre 2020)

« Ces théories du complot sapent la confiance des citoyens dans leurs institutions [en lesquels le naïf ou menteur RR a une confiance aveugle qui confine au fanatisme] et frappent d'impossibilité tout débat public apaisé. Lorsqu'on ne partage plus de réalité commune, non seulement le débat démocratique se transforme en dialogue de sourds, mais on vit aussi le verdict des urnes comme une violence insupportable contre laquelle tout paraît justifié. Si vous pensez que le système démocratique porte au pouvoir des personnes corrompues et malhonnêtes [c'est systématiquement le cas, il suffit de voir le casier judiciaire de tous les hommes politiques de ces quarante dernières années, ainsi que toutes les affaires qu'ils traînent. C'est tellement évident que le constat "tous pourris" est devenu un proverbial euphémisme] , des pantins manipulés par des forces tapies dans l'ombre, il est normal d'aspirer à renverser un système aussi inique et aussi mensonger pour le remplacer par autre chose [là on est d'accord]. La psychiatrisation du phénomène complotiste ne me paraît pas très appropriée : l'idée que le complotisme n'est, au fond, qu'une modalité de la paranoïa clinique tend à gommer sa dimension politique. Si le complotisme est une pathologie, c'est avant tout une pathologie collective, une pathologie de la démocratie. Nous devons collectivement, L'État aussi bien que la société civile, à tous ses niveaux, affronter le problème et sortir urgemment de la culture de l'excuse [et donc passer à la répression aveugle. Qui es-tu pour te permettre ce genre d'injonction ?] qui prévaut encore trop souvent lorsqu'il est question de complotisme. »(15 janvier 2021, la Croix)

« Sur ce sujet, il y a beaucoup d'incertitude. J'ignore quelle est la bonne méthode pour faire changer d'avis qui que ce soit ou pour lutter contre une théorie du complot en particulier. Mon humble avis est qu'il n'existe pas de recette miracle valable en tout temps et en tous lieux. En revanche, je crois qu'il est essentiel d'apporter des réponses claires et des explications rationnelles aux questions légitimes que le public peut se poser [cela fait soixante pages que nous avons constaté que RR ment en toutes circonstances, en répondant de façon biaisée et en multipliant les explications irrationnelles et manipulatoires]. C'est ce à quoi nous essayons, avec d'autres, de contribuer à *travers Conspiracy Watch, le média que je dirige. Au-delà, lutter contre le complotisme en général implique d'encourager une prophylaxie qui passe évidemment par la maîtrise* [traduction : le trucage] *de la méthode scientifique, la familiarité* [même remarque] *avec l'histoire, la littérature et l'éducation aux médias et à l'information. Surtout, je plaide pour davantage d'intransigeance à l'égard des théories du complot* [ces formulations vagues ouvrent la porte à toutes les dérives répressives aveugles]. *Il faudrait rappeler, beaucoup plus qu'on ne le fait, qu'elles ont trompé beaucoup par le passé, qu'elles continuent à le faire, qu'elles nous font perdre un temps précieux* [inversion accusatoire : c'est RR et ses pareils qui font perdre un temps précieux à tout le monde] *que nous pourrions consacrer à autre chose mais surtout qu'elles ont et ont eu des conséquences parfois extrêmement nocives, accompagnant des dispositifs de persécution, l'obscurantisme et trop souvent aussi des passages à l'acte criminels* [inversion accusatoire : ce dont rêve RR c'est le passage à l'acte criminel ouvert, le dressage de potences pour les "complotistes" et autres "conspirationnistes"]. *Elles doivent vraiment être envisagées comme une pathologie de la démocratie, un risque inhérent à la démocratie et que, pour cette raison, nous nous devons d'apprivoiser et de prévenir. L'analyse critique du complotisme se situe au croisement de trois sujets de préoccupations que sont la haine en ligne, la désinformation et la radicalisation. La lutte contre le conspirationnisme compte ainsi parmi les axes du Plan national de prévention de la radicalisation* [cet amalgame est cohérent avec la mutation du discours AC que nous observons depuis 2015, qui s'efforce de faire passer les "complotistes" pour des djihadistes en puissance, cousins des frères Kouachi et autres psychopathes comme Larossi Abala et Mickaël Chiolo[84].» (14 mai 2021, club d'influence de l'AEGE)

« *Il ne faut pas se tromper de cible : nous ne cherchons pas à parler aux complotistes. On essaie plutôt de rattraper par*

---

84 cf. note XXX

la manche ceux qui pourraient être séduits par ces arguments [énorme aveu que dans le débat à armes égales RR et ses pareils sont bien conscients qu'ils ne peuvent qu'être battus à plate couture, et qu'ils ne sont efficaces que dans le conditionnement diabolisateur des gros naïfs qui ne se sont encore jamais posé de questions dérangeantes], *ce qui est assez naturel compte tenu des biais cognitifs humains* [là on est d'accord !]. *Il s'agit de dire "attention, voilà ce qu'on vous dit sur les sites complotistes, voilà la théorie mise en avant et voilà ses limites : jugez-en vous-mêmes", afin d'endiguer des tendances complotistes que l'on sent émerger. Contrairement au complotisme qui véhicule un très grand pessimisme, nous faisons le pari de la raison, de la capacité des gens à réfléchir* [traduction : nous faisons le pari de l'irrationalité naturelle de l'esprit humain et de la mauvaise volonté de la plupart des citoyens/consommateurs à se mettre à réfléchir sérieusement !]. »

« *J'aimerais insister sur deux pistes de solutions. Premièrement, l'éducation aux médias et à l'information (EMI) est une solution incontournable, mais c'est une solution à long terme. Il va falloir éduquer des générations entières à la maîtrise des outils : qu'est-ce que c'est que s'informer ? Comment chercher des sources fiables ? Comment vérifier une information ? On a, il me semble, à cet égard une marge de progression importante* [nous avons déjà constaté que RR était véritablement obsédé par les enfants et leur éducation, nous allons y revenir plus loin]. *Ce qu'on appelle la "digital literacy" doit non seulement être renforcée, pour les jeunes à l'école, mais pas seulement. Ce n'est pas qu'un problème de l'Éducation Nationale, mais de toute la société. Il y a beaucoup de seniors connectés, ils vont l'être de plus en plus, et il ne faut pas surestimer la capacité de ces catégories d'âges-là à distinguer facilement le vrai du faux. Ensuite, il n'y a aucune raison qu'on s'interdise de penser à une évolution législative. (…) Et puis, il y a une disposition toujours en vigueur dans notre droit : l'article 27 de la loi de 1881 sur la liberté de la presse qui punit "la publication, la diffusion ou la reproduction, par quelque moyen que ce soit, de nouvelles fausses" susceptible de "troubler la paix publique". Mais aujourd'hui, seul le procureur de la*

République peut engager des poursuites sur la base de cet article. De fait, l'une des propositions que l'on formule depuis quelques années est de permettre aux associations à but non lucratif qui ont pour but, dans leur statut, de lutter contre la désinformation, de pouvoir engager des poursuites pénales sur la base de cet article 27 pour mettre face à leurs responsabilités les personnes qui désinforment [on ne peut être plus clair : ce qui est envisagé, c'est la criminalisation de toute pensée étiquetée – naturellement par ses soins – de "complotiste", sur le modèle de l'inique arsenal juridique qui a été échafaudé à partir des années 90 contre le "révisionnisme" et le "négationnisme"]. *Cela permettrait de rééquilibrer un peu la situation où ces médias — qui sont par ailleurs monétisés (par la publicité, par des dons faits sur des plateformes de crowdfunding, etc.) — semblent bénéficier d'une sorte de privilège d'extraterritorialité juridique, comme s'ils n'avaient par principe à rendre aucun compte quant aux accusations graves et infondées qu'ils s'ingénient à publier* [inversion accusatoire d'école : ce sont les personnalités comme RR, les acteurs AC, les sites comme CW, plus généralement tous les "journalistes" des grands médias qui bénéficient de ce point de vue d'une extraterritorialité juridique]. " (11 juin 2021, cnnumerique.fr) « N*ous devons collectivement cesser d'être indulgents ou complaisants avec le complotisme. Il constitue une menace mortelle pour la démocratie.* » (L'observatoire Juif de France, 1er juillet 2021)

Rudy l'ami des enfants

La position de Rudy Reichstadt par rapport aux enfants, ou de la position de ces derniers par rapport à lui, est assez paradoxale. Nous avons déjà eu l'occasion de remarquer que l'une de ses hantises était que gagnent en crédit auprès de la population les rumeurs persistantes de réseaux pédocriminels de très haut niveau. On l'a ainsi vu monter régulièrement monter au front pendant la campagne présidentielle états-unienne de 2016 pour dédouaner Hillary Clinton et son clan dans l'affaire du « Pizzagate ». Conspiracy Watch a par ailleurs été d'une discrétion remarquable pendant l'affaire Epstein, qui a vu la révélation incontestable de l'existence d'un réseau pédocriminel dirigé par l'homme d'affaires juif Jeffrey Epsteïn, impliquant des hautes personnalités du monde entier. De façon symbolique, on ne relève sur le site qu'un seul article, de la plume de Rudy, et focalisé non pas sur réseau qu'il dirigeait, sans doute pour le compte du Mossad qui pouvait ainsi faire chanter des décideurs de haut niveau du monde entier, mais aux circonstances mystérieuses de sa mort, en prison, le 10 août 2019, alors qu'il était censé faire l'objet d'une surveillance draconienne, en l'attente d'un procès appelé à entrer dans les annales de la justice états-unienne. Dans ces deux articles on relève plusieurs intentions : 1) banaliser son « suicide » : « *Il existe assurément des raisons d'être troublé par la mort d'Epstein. Mais un trouble ne constitue en rien une preuve. Même lorsqu'il est partagé par un très grand nombre de personnes.* » 2) Placer au premier rang de ses complices, contre toute évidence, Donald Trump : « *Les opposants à Donald Trump n'oublient pas que le futur président avait déclaré en 2002 au New York Magazine qu'il connaissait Epstein "depuis quinze ans", qu'il le qualifiait alors de "gars formidable" et confiait : "C'est très amusant de passer du temps avec lui. Il aime autant les belles femmes que moi, mais il les préfère plus jeunes. Aucun doute là-dessus, Jeffrey a une bonne vie sociale"* ». De tels propos relèvent à l'évidence de l'ironie. 3) Rendre les complotistes responsables du barouf immérité qu'a déclenché l'affaire : « *Exacerbé par l'annonce de la mort d'Epstein, le conspirationnisme ambiant exerce une telle pression sur l'opinion et les professionnels de l'information que manifester son incrédulité à l'idée qu'Epstein ait pu être victime d'un assassinat vous fait immédiatement passer auprès d'une large fraction du public pour un candide. C'est pour esquiver un tel reproche que de trop nombreux commentateurs des deux côtés de l'Atlantique oublient, depuis samedi, tout ce qui fait l'honneur de la profession de journaliste, comme l'observance d'un certain nombre de précautions élémentaires : rappeler que le temps de l'enquête n'est pas celui des réseaux sociaux, que la présomption d'innocence est l'un des piliers de l'État de droit, qu'il n'existe pas non plus de précédent historique de l'assassinat — en tous cas dans un régime démocratique — d'un détenu gênant maquillé en suicide.* » Bref ce qui est grave, ce n'est pas l'affaire

Epstein, c'est l'exploitation qu'en feraient les « complotistes ». On est donc toujours dans le même déni de la réalité et les obsessions de l'inversion accusatoire, et l'on sourira au passage de l'appel au respect des règles de la déontologie journalistique et judiciaire !

On doit considérer cette complaisance, mansuétude, ou cécité envers ce sujet explosif que représentent les réseaux pédocriminels en regard de l'attention toute particulière que notre héros coreligionnaire de Jeffrey Epstein porte aux soins qu'il faudrait apporter à la formation des enfants, pour les immuniser avant qu'ils n'atteignent l'âge où ils seront immanquablement exposés aux virus conspirationnistes. C'est là, dans la tendre enfance, qu'il faut pouvoir les prendre, quand la pâte à modeler mentale est encore malléable, peut être déformée dans tous les sens, prendre exactement l'orientation voulue grâce au maniement habile et résolu de l'instrument. On l'a déjà vu participer diffuser la bonne parole AC auprès de lycéens dans le cadre du partenariat de Conspiracy Watch avec l'Éducation Nationale, mais en 2021, Rudy va réaliser son rêve en entrant pour la première fois en contact avec une chair beaucoup plus fraîche et prenable.

Le premier coup d'essai, qui sans doute en appelle d'autres, a eu lieu dans la deuxième semaine de janvier 2021. 300 classes de CM1, CM2, et de 6ème, dans la France entière, étaient simultanément concernées. Il s'agissait pour les enseignants de proposer à leurs élèves une longue et dense séquence qui commençait le lundi pour s'achever le vendredi. Son intitulé : « La théorie du complot, c'est quoi ? Comment réagir face aux théories du complot ». La carotte promise aux enfants apparaît dès les premières lignes de la fiche pédagogique fournie aux enseignants mouillés de force dans l'opération : « *Nous allons réfléchir ensemble à ce qu'est une théorie du complot. Le 15 janvier, à 14 heures, vous allez rencontrer en visioconférence Rudy Reichstadt, directeur de l'Observatoire du conspirationnisme, qui va répondre à vos questions. Nous allons préparer cette conférence avec des activités. À l'issue de chaque activité, vous noterez une ou plusieurs questions que vous aimeriez lui poser.* » En apparence, la séquence ressemble à s'y méprendre à une « séquence » classique qui mélange différentes activités de complexité croissante censées amener au développement et à la validation de différentes « compétences » : recherche de définitions, séries de questions/réponses, ateliers de recherche d'informations « fiables » sur la toile, projection d'une vidéo pédagogique dénonçant en même temps « *la chasse aux sorcières au Moyen-Âge [les rumeurs sur] la triche dans le vote américain, et le virus du Covid-19 répandu volontairement* ». Une activité comprend le décryptage des mensonges de Donald Trump et la mise en avant de l'honnêteté de Joe Biden et du camp démocrate lors de la dernière élection présidentielle de la fin de l'année 2020. Une autre activité, un peu redondante, consiste à expliquer aux élèves « *les pièges d'internet* ».

Pendant quatre jours de préparation intenses et étroitement encadrés, les élèves furent tout entiers tournés vers l'objectif final, afin de « *préparer l'échange avec le conférencier, not (ai) ent les questions qui les interpell (ai) ent personnellement* », auxquelles Rudy bouche d'or allait répondre avec sa bonhomie et son infaillibilité habituelle. Arriva enfin le moment tant attendu, la journée du vendredi 15 janvier 2021, le « webinaire », ou visioconférence au cours de laquelle les enfants, le regard tourné vers le télécran, entendirent le grand homme répondre aux questions qui lui avaient été communiquées à l'avance, qu'il avait personnellement choisies, et auxquelles il répondit sans interaction directe, ce qui certes peut se comprendre face à un public de près de 10 000 enfants. Après la conférence, les élèves furent invités à partager avec leur enseignant leur ressenti.

À la fin de la fiche, les enseignants sont renvoyés au site Conspiracy Watch comme source unique d'éclairage sur ces problématiques. Il est impossible de ne pas évoquer le contenu d'une activité annexe proposée aux élèves, au cours de laquelle ils sont incités à imprimer dans leurs jeunes cervelles qu'il est mauvais de douter de la version officielle des attentats du 11 septembre 2001, de l'assassinat de John Fitzgerald Kennedy en 1963, de l'alunissage d'Apollo en 1969, de la mort de Mickaël Jackson en 2009, de celle de Lady Diana en 1997, des bienfaits des campagnes de vaccination et de la vocation philanthropique des laboratoires pharmaceutiques. Le nom de l'auteur de la séquence n'est pas inscrit à la fin du fascicule numérique d'une dizaine de pages, mais qui a pratiqué son Rudy reconnaît sans peine au bout de quelques lignes sa grossière papatte.

J'avoue que je tombe en panne d'adjectifs pour qualifier la réaction qui a été la mienne en prenant acte de l'existence de cet événement, de sa *réalité* : les parents doivent savoir qu'à présent, non seulement on impose à leurs enfants dès l'âge de six ans le port du masque dix heures par jour 5 jours sur 7, avant de les piquer en masse à la rentrée dans les écoles transformées en vaccinodromes, mais qu'en plus, dès l'âge de 8 ans, toute une partie de leur temps de cerveau disponible sera désormais mobilisée pour s'imbiber d'une propagande malformatrice au service d'intérêts inavouables, guidés qu'ils seront par un avocat de fait de pédocriminels comme John Podesta et Jeffrey Epstein : Rudy, l'ami des enfants.

Partenariat avec *France info* et prise de parti pour Joe Biden contre Donald Trump

En même temps que s'approfondit son partenariat avec l'Éducation nationale et sa relation avec les enfants, Rudy continue son incrustation dans le complexe médiatique. Pour cette ultime douzaine de mois passés en revue, nous ne reviendrons pas dans le détail des innombrables interview données aux quotidiens, citations en tant qu'autorité dans les articles et émissions traitant des théories du complot et de la pandémie conspirationniste. Nous nous contenterons de revenir sur l'établissement d'une collaboration désormais constante et régulière avec *France info*, avec le calage dans la grille des programmes de la chaîne publique d'une émission bimensuelle animée par Marina Cabiten, où il intervient en compagnie de son complice AC Tristan Mendès France, « maître de conférence spécialisé en culture numérique ». L'émission, baptisée Complorama, « *décrypte les théories du complot et l'activité de la complosphère en lien avec l'actualité* ». Les angles d'attaque des émissions déjà enregistrées et diffusées, un vendredi sur deux, reflètent sans surprise les mêmes obsessions qui font le fond de commerce de Rudy depuis bientôt 15 ans. Les titres des émissions suffisent à en donner une idée : 22 janvier : États-Unis, les complotistes et l'après-Trump ; 5 février : les complotistes et le business de la covid-19 ; 19 février : Russie, Chine, Iran : la géopolitique du complotisme ; 5 mars : dissolution de Génération identitaire : les liens qui unissent ultra droite et complotisme ; 19 mars : des reclus de Montflanquin à Vivian Kubrick : dérives sectaires et complotisme ; 2 avril : vaccin contre le covid-19 : la flambée « antivax » complotiste en France ; 16 avril : affaire Mia : un enlèvement d'enfant sur fond de complotisme ; 14 mai : de Francis Lalanne à Kim Glow : ces « peoples » séduit par les théories du complot ; 28 mai : Régionales : ces complotistes aux ambitions politiques ; 11 juin : Thomas Pesquet [le cosmonaute français qui séjourne dans la station spatiale internationale] hypnotisé par la CIA, aliens, platisme : la conquête complotiste de l'espace.

Nous n'avons pas perdu notre temps à fouiller à fond toutes ces poubelles, dont le contenu nauséabond est désespérément invariable au fil des années, mais il nous semble de bonne pédagogie de revenir au moins sur la toute première, puisqu'elle évoque l'un des autres théâtres d'opérations où les forces spéciales AC ont été fortement mobilisées, entre deux interventions sur le front de l'Armageddon covidique. À la fin de l'année 2020, Rudy Reichstadt s'est sans surprise investi à fond en faveur de Joe Biden et des démocrates, et posé en opposant farouche à Donald Trump et au camp républicain, à l'unisson de tous les médias hexagonaux, contestant en particulier tout fondement aux innombrables accusations de fraude portées par le président sortant et ses partisans à l'encontre de leurs adversaires ; Dans l'émission, du 22 janvier, il a été invité à revenir avec son compère de « Stop hate money » sur les dérives complotistes de l'ère Trump. Le teaser et l'introduction de l'émission — deux minutes outrancièrement anti-Trump — indiquaient d'emblée un parti pris radical. Le détail importe peu : tout était propre à faire réduire le parcours et le mandat de Donald Trump à celui d'une caricature de théoricien du complot dont la défaite fin 2020 devait être fêtée comme une immense victoire des valeurs de la République contre le populisme complotiste d'extrême droite, les États-Unis redevenant enfin ce qu'ils n'auraient jamais dû cessé d'être, c'est-à-dire la plus grande démocratie de l'histoire de l'humanité et l'Étoile du Berger du monde libre. Ont été évoqués sa proximité avec l'ignoble hydre complotiste QAnon, sa dénonciation forcément dénuée de tout fondement de l'existence et de l'activité satanique de puissants réseaux pédocriminels, ses délirantes et répétées évocations d'un État profond (deep state) qui lui aurait mis des bâtons dans les roues pendant toute sa présidence, sa tendance maniaque à recourir systématiquement à des positions populistes, anti-élites, anti mass médias, anti-système. Mais au-delà du caractère infantile de ces caricatures, voici le détail objectivement scandaleux : alors que l'émission affichait l'ambition de fournir aux auditeurs une rétrospective complète des années Trump, pas un instant n'ont été évoquées les incessantes accusations typiquement « complotistes » — au sens mendèsien et reichstadtien du terme — de collaboration des équipes de Donald Trump avec la Russie pour voler l'élection de 2016, une sorte de conspiration à ciel ouvert de la part de tous les médias et de tout l'establishment états-unien et européen pendant quatre années, sans une journée de répit, pour le déstabiliser, brandir la menace d'impeachment, avec la propagation sans fin de rumeurs et accusations qui se sont toutes révélées inanes les unes après les autres. Du « Russiagate » et de son issue heureuse pour Donald Trump, Reichstadt et Mendès France *n'ont tout simplement pas touché un mot*, ce qui constitue la nouvelle preuve que dans les esprits de ces propagandistes israéliens, il y a bien deux sortes de conspirationnismes : un *cacher* que l'on doit mettre en avant en s'autorisant tous les artifices les plus sales de la rhétorique, et un *haram* dont on doit celer à tout prix l'existence aux yeux des masses hypnotisées. Laurent Dauré a bien résumé ce deux poids deux mesures, illustration éclatante de l'imposture que constitue la lutte contre les théories du complot sans les « démocraties du monde libre », sur le site d'*Acrimed* le 10 mars 2021, dans un article intitulé « Quand les "complotologues" de *France info* font l'impasse sur la principale théorie du complot de l'ère Trump ». Extrait : « *L'anti-conspirationnisme promu par les médias* dominants n'est pas neutre idéologiquement, ce qui détermine en partie le choix de ses cibles et priorités. Selon que vous serez puissant ou misérable... Il arrive aussi que ses experts, emportés par leurs a priori personnels et le consensus politico-médiatique du moment, abandonnent toute prudence et relaient eux-mêmes une théorie du complot et son cortège de fausses informations. Exemple avec Rudy Reichstadt et Tristan Mendès France, désormais complotologues de référence du service public. Le rapport aux faits et à la vérité de Donald Trump paraît osciller entre le cynisme calculateur et la nonchalance crasse, mais le président sortant et ses partisans sont loin d'avoir eu le monopole de la mise en circulation ou de la propagation dans l'espace public de théories du complot dénuées de preuves. Dans cette catégorie, la plus marquante fut le « Russiagate ». La thèse centrale de celui-ci était l'existence d'une collusion entre l'équipe Trump et Moscou en vue de faire élire l'homme d'affaires à la présidence des États-Unis en novembre 2016. Propulsé par différentes forces traumatisées par la défaite d'Hillary Clinton, relayé massivement par les médias, le Russiagate a occupé le devant de la scène pendant la majeure partie du mandat de Donald Trump. En plus de 24 minutes d'émission, le trio de « Complorama » n'a pas trouvé le temps de dire le moindre mot de ce qui fut pourtant, comme le rappelle le journaliste et essayiste états-unien Thomas Frank dans un article paru dans l'édition de février du Monde diplomatique, "le grand feuilleton médiatique des années Trump, le thème dominant des titres de « une », et toujours traité à sens unique, avec des révélations accablantes à la pelle". Pour quel dénouement ? Malgré un tapage sensationnaliste d'ampleur record et une pléthore de procureurs médiatiques sûrs de leur fait, "lesdites révélations n'ont jamais abouti. Nul n'a été poursuivi par le procureur Robert Mueller pour complicité ou conspiration avec le gouvernement russe. Et son rapport a conclu, en mars 2019 : « En définitive, cette enquête n'a pas établi que des membres de la campagne Trump ont conspiré ou se sont coordonnés avec le gouvernement russe dans ses activités d'ingérence électorale. » Rudy Reichstadt a écrit sur son site que 'les éléments troublants [...] portés sur la place publique' par le dossier Steele lui semblaient de nature à appuyer « l'hypothèse que le Kremlin ait *pu influencer les élections américaines » (21 janvier 2017). Une formulation qui n'est certes pas tout à fait affirmative... Mais qui pourrait néanmoins relever du discours complotiste, si l'on en croit les propos du principal intéressé, dans une interview accordée au site Nonfiction (1er mars 2021) (...). À notre connaissance, l'auteur de L'Opium des imbéciles : essai sur la question complotiste (Grasset, 2019) — qui a sans surprise bénéficié d'une abondante publicité médiatique — n'a toujours pas admis publiquement avoir relayé de fausses informations en donnant du crédit au dossier Steele. Conspiracy Watch a juste traduit un article ambigu du rédacteur en chef du New Yorker (un magazine pro-Russiagate) sur l'audition de Robert Mueller par la Chambre des représentants. Sous la plume de Rudy Reichstadt, on ne lira que ce discret et implicite dédit au détour d'un texte publié après la victoire de Joseph Biden : « Trump a été, en 2016, élu à la régulière » (8 novembre 2020). Le complotologue en chef s'efforce de se parer d'un sérieux académique, institutions et médias y sont d'ailleurs sensibles, mais le fait de ne pas avoir publié un correctif explicite et fait amende honorable montre que l'ambition scientifique est plus mimée que réalisée. »*

Touche pas à mon étoile jaune !

Nous allons renouer, pour mettre un terme à cette biographie, avec le fil chronologique orthodoxe, en nous rendant à la pointe de l'événement significatif le plus récent. Rudy Reichstadt a applaudi des deux mains et des deux pieds le discours martial du président Macron le 12 juillet 2021, annonçant à la fois la tacite vaccination obligatoire de toute la population de 7 à 77 ans, la mise en place progressive du « pass sanitaire » et de mesures d'apartheid pour les irresponsables récalcitrants, et la remise en chantier de la réforme des retraites et de l'assurance chômage, mais sa pupille s'est soudain noircie quand il a observé le déploiement d'un nouveau mouvement de manifestations tous les samedis, et surtout quand il a constaté ce crime abominable, cette insupportable prévarication du devoir de mémoire, qu'a constitué le brandissement, par nombre de manifestants des nouveaux Actes du samedi, de l'étoile jaune accompagnée du slogan « non vacciné ». La liesse républicaine du 14 juillet aura été de courte durée : déjà il fallait repartir en campagne contre ces immondes complotistes qui, avec leurs amalgames malsains pavloviennement exhibés, menaçaient le retour annoncé à la vie normale et au bonheur du vivre-ensemble, par la grâce de la piqûre pour tous et de cette formidable innovation démocratique que constitue le saint pass sanitaire.

La polémique autour du recyclage de l'étoile jaune a commencé en Europe à partir au printemps 2021. Sur le campus numérique juif *Akadem* dont il est un habitué, Rudy Reichstadt s'en était inquiété, dès le 3 mai 2021, dans un petit topo de 5 minutes intitulé « l'étoile jaune détournée » : '*Le 24 avril 2021, deux individus participant à une manifestation covidosceptique à Londres ont arboré sur leur poitrine une étoile jaune à six branches, accompagnée en son centre de ces mots : « no covid certificate ». Le même jour, à l'autre bout de la terre, à Nouméa, une manifestation contre le pass sanitaire a été organisée en usant là encore, du signe de l'étoile jaune, s'attirant la réprobation publique du haut-commissaire de la République en Nouvelle-Calédonie. Depuis un an, dans toute l'Europe, le symbole fleurit sur des vêtements, des montages, ou des pancartes, et vient parfois remplacer une photo de profil sur tweeter ou face book. À Prague, Berlin, Munich, Paris, Avignon, se sont multipliées les étoiles de David imitées de celles qu'étaient obligés de porter les Israélites sous l'occupation, avec en lieu et place du mot juif, la mention "non vacciné" ou "sans vaccin". (…) Plus récemment, l'avocat Carlo Alberto Brouza, figure influente de la complosphère covidosceptique, écrivait sur Facebook : "le passeport sanitaire se rapproche de l'étoile jaune qui u amené le peuple d'Israël à la Shoah". La comédienne Véronique Genest quant à elle surenchérissait dès le lendemain, affirmant ne pas comprendre la différence entre "interdit aux juifs" et "interdit aux non-vaccinés". L'analogie victimaire on le voit fonctionne sur un fantastique analphabétisme historique. Contrairement au négationnisme, son intention n'est pas de réécrire l'histoire du crime, mais d'enrôler sa mémoire au service d'une cause qui lui est étrangère. En se juchant de la* sorte sur les cimes de l'horreur, on cherche à réveiller les consciences. Ce faisant pourtant on piétine la mémoire qu'on prétend honorer, car à convoquer sans discernement la mémoire de la Shoah, on insinue tout simplement qu'elle ne fut pas si terrible. C'est là contribuer à sa banalisation.' Il va sans dire que Rudy Reichstadt n'a aucun commencement de doute sur les bienfaits de la vaccination obligatoire de toute la population et de la généralisation du pass sanitaire, et qu'il ne tolère pas que l'on puisse émettre des doutes sur le bien-fondé d'une telle fuite en avant, et la légitimité du pouvoir à se précipiter sur des mesures discriminatoires auxquelles il avait pourtant juré de ne jamais recourir[85], alors qu'il n'a réuni que 3 % des suffrages des électeurs inscrits aux dernières élections régionales. Le 8 juillet, il est cité en autorité par Véronique Lemberg pour le Centre Communautaire Laïc Juif[86] (CCLJ) dans un article poétiquement intitulé « *les covido-sceptiques, variants du complotisme* » : '*Avec le succès de la campagne de vaccination, le passeport vaccinal est devenu un des enjeux majeurs de la lutte contre la*

---

85 Le 29 avril, s'exprimant devant des journalistes de plusieurs journaux de la presse quotidienne régionale, Emmanuel Macron avait juré : « *Je tiens beaucoup à l'unité de la Nation. Sur le plan sanitaire, chaque innovation a été accessible à tous. Les tests sont gratuits en France. Très peu de pays sont dans ce cas. Nous n'avons laissé personne au bord de la route. La République et l'État Providence ont été au rendez-vous. Le "quoiqu'il en coûte", c'est aussi ça. Le pass sanitaire ne sera jamais un droit d'accès qui différencie les Français. Il ne saurait être obligatoire pour accéder aux lieux de la vie de tous les jours comme les restaurants, théâtres et cinémas, ou pour aller chez des amis. Par contre, dans des lieux où se brassent les foules, comme les stades, festivals, foires ou expositions, il serait absurde de ne pas l'utiliser. Comme il en va de nos libertés publiques, le Parlement se saisira de la question. Le débat doit être ouvert. Ce pass, qui sera papier ou numérique, via l'application TousAntiCovid, permettra de montrer qu'on est vacciné ou testé négatif dans les deux jours qui précèdent. C'est juste et ça ne fracturera pas le pays. Ce sera un outil supplémentaire pour assurer la protection des Français.* »

86 Le couplage de ces deux adjectifs n'est pas une blague mais un oxymore.

covid-19. *Il n'en faut pas plus pour que les anti-vaccins ne se lancent dans une valse de comparaisons entre le passeport vaccinal et l'étoile jaune. (…) Ils assimilent le gouvernement aux nazis mais ils acceptent avec une grande complaisance l'antisémitisme qui ne cesse de s'exprimer dans leurs rangs. Ils comparent le pass sanitaire à l'étoile jaune mais ils s'affichent avec des figures qui recommandent la lecture des Protocoles des sages de Sion !* [NDA : plus c'est gros plus ça passe] *Dans le complotisme des covido-sceptiques, l'antisémitisme est évidemment incontournable. "C'est comme un éléphant dans une pièce", relève Rudy Reichstadt. "Il ne remplit pas toute la pièce, mais on ne peut s'empêcher de le voir. Certains covido-sceptiques parlent d'élites apatrides auto-élues. Ce sont des formulations qui font sens lorsqu'on comprend ce langage. Certes, ils ne hurlent pas mort aux Juifs mais leurs discours sont emprunts d'un antisémitisme évident. Le thème de la domination est omniprésent. Ce sont les Juifs qui tirent les ficelles du système".'*

Rudy a compris ! Ces manifestations contre le pass sanitaire ne sont en fait, tout bien pesé, rien d'autre qu'une tentative masquée de promouvoir l'antisémitisme de la part des complotistes qui ont infiltré et noyauté le mouvement de protestation contre les mesures toujours parfaites prises par les autorités pour renvoyer au néant le coronavirus, afin de faire sournoisement avancer leur agenda haineux, révisionniste, négationniste et génocidaire. Le 23 juillet, *Radio J* chapeaute ainsi une interview de Rudy : *'Antisémitisme, négationnisme, comparaisons entre le pass sanitaire, la Shoah et le port de l'étoile jaune : les manifestations de ces derniers jours contre l'entrée en vigueur et l'extension du pass sanitaire en France ont été le théâtre de parallèles honteux et dangereux de la part des complotistes. Face à cette situation, le Conseil représentatif des institutions juives de France (CRIF), a annoncé être particulièrement choqué et révolté par le détournement et la falsification de la persécution des Juifs durant la Seconde Guerre mondiale. L'organisation juive européenne a également porté plainte ce mardi contre X pour délit de négationnisme.'* Rudy explique notamment à l'un de ses cousins qui lui tend le micro :

"Ce qui paraît certain c'est qu'il y a un lien très fort entre l'idéologie anti-vaccinale et le refus du pass sanitaire. Par ailleurs, les gens qui se mobilisent ont pour personnalité de compromis (sic). [...] Ces manifestations sont organisées beaucoup sur les réseaux sociaux. Un certain nombre des organisateurs relaient des théories du complot qui parfois ont une connotation antisémite." Circonstance aggravante, contrairement aux grands laboratoires pharmaceutiques qui ne font aucune marge sur les milliards de doses au moyen desquelles ils évangélisent les corps pour assurer le salut du genre humain, il semble bien qu'à la motivation antisémite, s'ajoute l'ignoble objectif de faire du pognon : *"Aujourd'hui, ça va encore plus loin puisque l'on vous propose sur des plateformes de ventes en ligne des t-shirts avec une étoile jaune intégrée avec écrit « non vacciné ». Il y a tout un commerce qui se développe autour de cela. C'est de notre responsabilité de dire qu'il y a des choses qui ne sont pas tolérables."*

Ce procédé de réduction ad antisémitismum d'un puissant mouvement contestataire n'est pas nouveau : on se souvient qu'en février 2019, c'est exactement le tazzer idéologique qui avait été employé pour diaboliser les Gilets jaunes et justifier la répression féroce de ces derniers[87].

Précisons que la voix de Rudy Reichstadt n'a pas été la seule développer en boucle cet argumentaire éculé et pervers. Ce sont tous les militants pro-israéliens qui se sont d'un coup levés comme un seul homme pour constituer un chœur. Dans le même registre on a ainsi entendu les hurlements hystériques d'Alain Jakubowitz, président d'honneur de la LICRA, Jean-Yves Camus, chroniqueur à *Charlie Hebdo* et président de l'Observatoire des RAdicalités Politiques (ORAP), Francis Kalifat, président du CRIF, Arno Klarsfeld, célèbre fils de israélobsédé, Joseph Swarcz, rescapé de la rafle du Vel d'hiv, etc.

---

87 cf. « Réflexions sur les "actes antisémites" de février 2019 », François Belliot, *francoisbelliot.fr*, 7 mars 2019

On peut certes éprouver de la compassion pour ces gens qui ont tellement, tellement souffert et qui désormais occupent dans la société française une influence nulle, des emplois subalternes et peu rémunérateurs qui les privent de toute influence, mais pour se remettre les yeux en face des trous, sans doute est-il utile de rappeler le fait suivant : le détournement en masse de l'étoile jaune a été premièrement effectué *en Israël par des manifestants juifs qui dénonçaient la mise en place de la vaccination obligatoire et du « passeport vert »*, équivalent du « pass sanitaire ».

Si les médias français sont restés extrêmement discrets sur le phénomène, ce détournement de l'étoile jaune par des manifestants juifs a évidemment fait la une en Israël au début de l'année 2021 :

Épisode 1 : « *Plusieurs centaines de Juifs ultra-orthodoxes, certains portant l'étoile jaune, ont manifesté samedi soir dans leur bastion du quartier de Méa Shearim à Jérusalem contre les médias qui, selon eux, leur sont hostiles, dans un climat de tension entre religieux et laïques. (…) Tous les quotidiens israéliens ont consacré dimanche leur Une à des photos montrant ces manifestants, dont des enfants, portant l'étoile jaune sur la tenue rayée des déportés des camps d'extermination nazis.* » (1ᵉʳ janvier 2021, *20minutes.fr*)

Vous avez bien lu : non seulement les manifestants arboraient l'étoile jaune, mais ils étaient vêtus des célèbres pyjamas rayés, portés même par des enfants ! Le relai fugace de cette information par un média de l'hexagone s'explique ici par le fait que les manifestants étaient des « juifs ultras orthodoxes », « obscurantistes », « rétrogrades », honnis par la frange progressiste de la communauté juive israélienne et diasporique. Mais par la suite, la reprise de ce symbole a dépassé ce cadre aisé à diaboliser.

Épisode 2 : « *Les manifestants anti-vaccination ont comparé les fameux passeports verts pour ceux qui ont été vaccinés contre le coronavirus aux étoiles jaunes que l'Allemagne nazie avait imposées aux Juifs pendant la Shoah. (…) À côté des banderoles décrivant le système de passeports verts comme une forme d'Apartheid, il y avait aussi une banderole assimilant le passeport aux étoiles jaunes de la Shoah et aux numéros que les nazis tatouaient sur les bras des détenus des camps de concentration. Certaines personnes auraient également porté des étoiles jaunes. (…) Lors d'un précédent rassemblement à Tel-Aviv, une semaine plus tôt, on avait pu voir un certain nombre de personnes ne portant pas de masque, ainsi que des comparaisons entre la campagne de vaccination d'Israël et les lois nazies, certains portant des étoiles de David jaunes indiquant "non vacciné", c'est-à-dire ressemblant à celles que les nazis ont forcé les Juifs à porter pendant la Shoah.* » (2 mars 2021, Timesofisrael.com)

Là, comme il ne s'agissait plus de repoussants ultra-orthodoxes, mais de citoyens israéliens normaux auxquels il aurait été plus facile de s'identifier, les médias « français » ont cette fois décidé de garder un silence total. Silence total qu'ont religieusement observé de leur côté Rudy Reichstadt et Conspiracy Watch : si dans le bulletin de veille hebdomadaire du média financé par la FMS, on trouve une recension systématique des dérapages « à l'étoile jaune », *partout dans le monde*, des manifestants contre les restrictions tous azimuts des libertés, avec mise en évidence des noms des personnalités dénoncées dans ce qu'il faut bien appeler des listes noires délatrices, sur Israël il est impossible d'y relever ne serait-ce qu'une ligne… Des Israéliens antisémites, révisionnistes, négationnistes ? Cela pulvériserait d'un coup le storytelling destiné au bétail français.

Allez, ça suffit, j'en ai plus qu'assez de faire les poubelles. Rudy Reichstadt, ici par omission, ment comme il respire, œuvre, comme dans une récapitulation de toute sa carrière, dans l'intérêt exclusif de la communauté juive organisée. Son « observatoire du complotisme », son « conspiracy watch » n'est que l'une des tours de guet du camp de concentration en train de se mettre en place, barbelé après barbelé, tranchée après tranchée, baraquement après baraquement, sous nos yeux éberlués. Il serait sans doute temps de la prendre d'assaut et de l'en déloger tant qu'il en est encore temps, au moins pour le symbole, au mieux pour éviter la « potence » qu'il promet, sur son mode chéri de la perverse inversion accusatoire, aux « complotistes » et aux « conspirationnistes ».

Annexe

Composition du conseil scientifique de la Dilcrah à sa fondation en 2016

Dominique Schnapper

Raymond Aron doit sans doute se retourner dans sa tombe en contemplant depuis le cimetière du Montparnasse la galère dans laquelle s'est embarquée sa petite fille. Présidente du conseil scientifique de la DILCRAH de février 2016 à janvier 2019, c'est une avocate infatigable et inconditionnelle du président Emmanuel Macron. Si l'homme est détesté, selon elle, c'est avant tout parce qu'il est « *jeune et talentueux* » qu'il « *semble n'avoir connu ni les épreuves ni les échecs* ». Il est « la victime de ce qu'on appeler la haine démocratique ». Aucun fait ni événement concrets ne lui viennent à l'esprit pour expliquer la colère des Français à son encontre. Si elle ne semble rien comprendre au mouvement des Gilets jaunes, elle est tombée en pâmoison devant la performance de Jupiter lors du grand débat national : « *La maîtrise dont a fait preuve le président de la République six heures durant devant des maires ruraux, démontrant sa connaissance des dossiers et même sa capacité à écouter et ses qualités de pédagogue, risque de renforcer cette image : il est trop jeune et trop intelligent. Arrogant, en un mot...* » Quelle bande de crétins envieux, ces Français qui n'ont pas compris la chance qu'ils avaient d'avoir élu un génie aussi rare et méritant grâce au miracle de la démocratie. Démocratie dont Mme Schnapper donne, dans le numéro d'avril/juin 2019 du magazine *l'histoire*, partenaire de la fondation Jean Jaurès, une définition très étroitement communautaire : « *La démocratie n'en demeure pas moins le seul rempart contre l'antisémitisme. Défendre les Juifs, c'est combattre pour la démocratie.* » Par quoi l'on peut inférer que combattre les Gilets jaunes, c'est défendre la démocratie.

Laurent Bouvet

Professeur d'université en sociologie politique, ancien membre de SOS racisme dans les années 1980 et militant du parti socialiste de 1988 à 2007, farouche défenseur de la laïcité, et adversaire du Front national, contributeur régulier de *Marianne* et de *Causeur*, Laurent Bouvet était jusqu'en 2015 directeur de l'Observatoire de la Vie Politique (OVIPOL) de la fondation Jean Jaurès. En février 2016, il lance le mouvement politique Printemps républicain avec le délégué de la DILCRAH Gilles Clavreul, en réaction aux tueries de *Charlie Hebdo* et de l'Hyper cacher de janvier 2015, pour dénoncer l'Islam politique et le terrorisme islamique. Sa femme est cofondatrice du mouvement En marche ! En 2019 il migre en compagnie de Dominique Schnapper, qui le décrit comme « *courageux et loyal* », au Conseil des Sages sur la Laïcité (CSL). C'est un défenseur inconditionnel d'Israël[88]. Il a participé à trois séminaires de la

---

88Avril 2018, sur *France 24*. Notez l'énormité de la contradiction, puisque Israël, c'est « l'État juif », et rien d'autre.

— Journaliste : Jusqu'à contester la légitimité de l'État d'Israël ?

— Bouvet : Ah non... Ça non, ça je pense que la contestation de la légitimité de l'État d'Israël est pour moi...

— **Journaliste** : consubstantielle de l'antisémitisme ?

— **Bouvet** : Ah bah il y a un élément clé évidemment là-dedans qui est relié. C'est-à-dire qu'on est là où l'antisionisme stricto sensu et l'antisémitisme se rejoignent. Contester la validité, l'existence même de l'État d'Israël, c'est vouloir que les Juifs n'aient pas cet État, leur terre, et là effectivement il y a quelque chose...

— **Journaliste** : On peut tout simplement ne pas vouloir d'État confessionnel sur la planète…

— **Bouvet** : Alors la question de l'État confessionnel, ça c'est encore autre chose. Moi, je suis défenseur de la laïcité, donc pour moi un État confessionnel n'est pas envisageable, mais c'est une autre question et là pour le coup on parle du conflit israélo-palestinien, c'est pas tout à fait la même chose. »

Règle du jeu. Malgré le H ajouté à DILCRA, il est connu pour ses accointances avec des personnalités ouvertement homophobes, transphobes, ou opposées au mariage homosexuel. Quand éclate l'affaire Strauss-Kahn en mai 2011, suite à son agression sexuelle sur une femme de ménage noire, il déclare sur Facebook : « Nous sommes tous strauss-kahniens ». Un temps secrétaire général du think tank fondé en 1992 par le professeur au Collège de France Pierre Rosanvallon, la fondation Saint-Simon (dissoute en 1999), qui fut son directeur de thèse, ce dernier a déclaré à son sujet en 2018 dans *le Monde* qu'il « *a préféré être sur le devant de la scène comme auteur d'essais plutôt que de livres de fond* » concluant qu'il « *n'a réussi ni sa carrière politique ni à devenir un intellectuel vraiment marquant.* »

Nonna Mayer

Directrice émérite de recherche au CNRS, rattachée au centre d'études européennes et de politique comparée de sciences-po, contributrice du Centre de Recherches Politiques de Sciences Po (CEVIPOF), Nonna Mayer a codirigé un important collectif sur le Front national avec Pascal Perrineau, Front National qui constitue son domaine de recherches de prédilection, avec l'extrême-droite en général. Elle concentre également son intellect sur le problème du racisme et de l'antisémitisme, cette dernière préoccupation semblant relever de la paranoïa si l'on en juge par cet extrait du manifeste contre le nouvel antisémitisme qu'elle a cosigné en 2018 : « *Nous demandons que la lutte contre cette faillite démocratique qu'est l'antisémitisme devienne cause nationale avant qu'il ne soit trop tard. Avant que la France ne soit plus la France* ». Nous sommes encore bien loin des préoccupations portées par les Gilets jaunes… Le 19 mai 2015 elle cosigne avec Vincent Tiberj dans *le Monde* un article dans lequel elle dénonce « *le simplisme d'Emmanuel Todd* » qui vient de publier un ouvrage où il détaille la sociologie des « Je suis Charlie » des manifestations du 11 janvier : pour l'écrasante majorité des Français de souche de culture catholique. Les deux auteurs s'appuient sur un sondage commandé par la Commission Nationale Consultative des Droits de l'Homme (CNCDH) dont Nonna Mayer est membre. Parmi les aberrations de ce sondage, relevons que sur les 1000 personnes interrogées, 30 % auraient participé aux manifestations du 11 janvier, ce qui donnerait par règle de trois sur une population 50 millions d'adultes, 15 millions de manifestants, « *au lieu de 4 maximum, analyse le site les crises.fr* », ce qui implique que « *trois sondés sur quatre qui affirment avoir manifesté ont menti* ». Contre toute évidence, Mayer et Tiberj sont en outre parvenus à la conclusion, sans doute à dessein de faire des manifs du 11 janvier des manifs black-blanc-beur, que la majorité des manifestants était composée de jeunes et de personnes originaires du Maghreb et de l'Afrique subsaharienne. Contacté par l'analyste des *crises.fr*, le CNCDH a tout simplement refusé de donner le détail de ce sondage manifestement frauduleux. Son mari Samy Cohen est membre depuis 2014 du Conseil Scientifique du centre de recherche français à Jérusalem (CRFJ), et président de l'association française d'études sur Israël depuis mars 2019.

Vincent Tiberj

Vincent Tiberj est, venons-nous de constater, co-auteur de l'article faisant la promotion du sondage frauduleux de la CNCDH en compagnie de Nonna Mayer. Professeur des universités, délégué de recherches à sciences-po Bordeaux, contributeur du CEVIPOF, il est également, entre autres nombreux titres, chercheur associé au baromètre « racisme » de la CNCDH et à l'enquête « valeurs » en France. Il est « *Spécialisé dans les comportements électoraux et politiques en France, en Europe et aux États-Unis et la psychologie politique, ses travaux portent sur les modes de raisonnement des citoyens "ordinaires", la sociologie politique des inégalités sociales et ethniques, la sociologie de l'immigration et de l'intégration, l'explication du vote et les méthodes quantitatives.* » (*Atlantico.fr*) Il déplore que la parole de Dieudonné et Alain Soral soit trop accessible sur internet. Dans un entretien croisé avec Nonna Mayer accordé au Cercle de la LICRA en 2015, il reconnaît que « *trop souvent on reste sur l'idée que les préjugés sont fixés une fois pour toutes. L'indice nous montre au contraire qu'ils bougent, avec tantôt des moments de crispation très forts, tantôt des poussées de tolérance. Sur le long terme ces évolutions sont plutôt positives : les Français sont de moins en moins racistes* (…). » Ce constat honnête ne l'a pas dissuadé d'entrer au conseil scientifique de la DILCRAH.

Gérard Noiriel

Après avoir passé la première partie de sa vie adulte dans le milieu marxiste communiste, Gérard Noiriel commence à se passionner pour l'immigration et son apport pour la France. Agrégé et docteur en histoire après un parcours chaotique, il réalise sur ce thème une quarantaine de documentaires diffusés sur France 3 en 1990-1991. Profondément marqué par le nazisme, le fascisme, et le franquisme, il est devenu président du comité d'aide exceptionnelle aux intellectuels réfugiés (CAEIR). Plus contemporainement, c'est un opposant résolu à l'extrême-droite et au Front National. Il a publié en 1988 *le creuset français*, première histoire générale de l'immigration en France. Plus récemment, en 2019, il a publié *Le venin dans la plume. Édouard Drumont, Éric Zemmour, la part sombre de la République*, dans lequel il compare l'intellectuel juif sioniste ultra médiatisé à l'auteur de *la France juive* et fondateur de la ligue antisémitique. Pour la DILCRAH, il a écrit le spectacle Chocolat Blues, joué en juillet 2017 au festival d'Avignon, qui raconte l'histoire du premier artiste noir ayant connu la célébrité en France. Lors de l'affaire Gabriel Matzneff, sans le défendre sur le fond, il a publié un article dénonçant le lynchage médiatique dont ce dernier a fait l'objet, faisant la leçon : « *J'ai toujours détesté le comportement des meutes qui s'acharnent sur la cible du jour (quels que soient les crimes qu'on puisse lui reprocher) pour se ranger, sans risque, dans le camp des Vertueux, des Impeccables et des Justiciers.* » On aimerait connaître son point de vue sur le lynchage médiatique, politique, judiciaire subi par Dieudonné M'bala M'bala, et sur tant d'autres figures contestant la tyrannie du « système », et on aimerait connaître les raisons d'exception qui l'ont poussé à se joindre à la meute des Vertueux, Impeccables, et Justiciers de la DILCRAH.

Cris Beauchemin

Comme Gérard Noiriel, mais d'une génération plus jeune, Cris Beauchemin est passionné par l'immigration plus que par la France. Parmi ses axes de recherche, on trouve « les politiques de migrations, d'intégration, et de lutte contre les discriminations » et « les migrants et leurs mouvements ». Géographe, directeur de recherche à l'Institut national des études démographiques (INED), il a notamment codirigé l'ouvrage *Trajectoires et origines : enquête sur la diversité des populations en France* en 2016. « *Il s'agit de la plus ambitieuse étude du genre jamais produite en France : fruit de 10 ans de travaux, elle a mobilisé près de 556 enquêteurs pour 22 000 entretiens sur le territoire français, entre 2008 et 2009* », lit-on dans une interview de l'auteur par *Jeune Afrique*. Au-delà du pur intérêt sociologique, cette étude cherche à établir la nature et l'étendue des discriminations dont sont victimes les immigrés et leurs descendants. Les auteurs de l'étude ont fait une découverte extraordinaire : quelqu'un qui vient visiblement de l'étranger ou dont les parents viennent visiblement de l'étranger n'est très souvent pas immédiatement perçu par les Français comme ils se perçoivent entre eux, et il rencontre plus de difficultés pour obtenir un emploi. Dingue ! Et tellement injuste… C'est pourtant un phénomène banal, propre à tous les pays du monde pourvus d'une forte identité ! Israël, Japon, Chine, Inde, Iran, Arabie saoudite…

Myriam Cottias

Issue d'une famille martiniquaise, professeure à l'université des Antilles (Guyane), directrice de recherche au CNRS, coordinatrice du programme de l'Agence Nationale de la Recherche « Réparations, compensations et indemnités au titre de l'esclavage (Europe-Amériques-Afrique) (XIXe-XXIe) », ancienne présidente du Comité National pour la Mémoire et l'Histoire de l'Esclavage (CNMHE), partenaire de la DILCRAH[89]. Le « concours de la flamme pour l'égalité » en est un excellent exemple. En clôture d'un article intitulé « Qu'est-ce qu'un blanc ? », publié sur le Huffington Post, où elle n'envisage la question que sous l'angle d'un supposé suprémacisme racial revendiqué par cette race, qui a culminé avec le nazisme, elle écrit : « *En France, la question n'a été abordée que sur un mode conflictuel, de dénonciation d'un "racisme anti-blanc" sans que les termes en soient définis[90]. Il serait performant de déconstruire*

---

[89] Nous avons vu que la DILCRAH mène des actions en faveur des pèlerinages sur les « lieux de mémoire », enfin en faveur de *deux* types de lieux de mémoire : ceux associés à la Shoah, et ceux associés à l'immigration et à l'esclavage. Les lieux de mémoire intéressant les Français et l'histoire de France n'en font pas partie, comme s'ils ne méritaient pas d'exister, ou comme s'il fallait en effacer la mémoire, sauf dans le cas où le lieu de mémoire est susceptible de les présenter collectivement sous les traits d'immondes salauds. Le « concours (annuel) de la flamme pour l'égalité ! » en est un excellent exemple. Voici comment il est présenté sur le site : « *Les Ministères chargés de l'Éducation nationale et des Outre-mer, le Comité National pour la Mémoire et l'Histoire de l'Esclavage (CNMHE) et la Délégation Interministérielle à la Lutte contre le Racisme l'Antisémitisme et la Haine anti-LGBT (DILCRAH) s'associent à nouveau pour la 5ème édition du concours national "La Flamme de l'égalité". Jusqu'au 10 mars 2020, les enseignants du primaire et du secondaire sont invités à mener avec leurs élèves une réflexion et à réaliser un projet sur l'histoire des traites et des captures, sur la vie des esclaves et les luttes pour l'abolition, sur leurs survivances, leurs effets et leurs héritages contemporains. Pour plus d'informations vous pouvez consulter le site de la flamme de l'égalité.* »

[90] Il suffisait pourtant à Myriam Cottias de s'adresser à l'ex-ministre de la Culture Françoise Nyssen (une nullité soit dit en passant) et à la présidente de France Télévision Delphine Ernotte qui ont faire part de leur volonté de faire disparaître des écrans les « *mâles blancs de plus de cinquante ans* », expression non seulement raciste, mais de surcroît sexiste et animalisante. Elle aurait pu aussi solliciter les lumières d'Emmanuel Macron qui dans un discours de présentation du « plan banlieue » à 48 milliards d'euros a dit, dans une allusion transparente à

l'association fictive, le plus souvent, entre "blancheur" (référent non pertinent sous l'angle de la culture et de moins en moins informatif sous l'angle de l'apparence phénotypique) pour rendre improductives les oppositions "raciales". » Touche pas à mon statut de victime historique !

Christine Lazerges

Licenciée ès lettres, docteur agrégé de droit privé et de sciences criminelles, professeur de droit à l'Université Paris I Panthéon-Sorbonne, dont le mentor fut René Cassin, députée PS de 1997 à 2002, Christine Lazerges (née Rothé dans une famille protestante et « humaniste ») est une ancienne présidente de la CNCDH, qui a commandé le sondage frauduleux défendu par Nonna Mayer et Vincent Tiberj, en refusant par la suite d'en donner le détail. L'extrait de cette lettre ouverte publiée dans *l'Humanité* le 12 janvier, coécrite avec Pierre Tartarowski, président de la LDH, et le psychanalyste Roland Gor, jette un doute sur le chapelet de diplômes si l'on considère sa nullité intellectuelle consternante : « *Comment rester nous-mêmes, fidèles à l'image de ce que nous avons de plus précieux, en sachant le défendre avec la vigueur requise ? D'abord, en réaffirmant notre attachement farouche à la démocratie, au débat contradictoire, au conflit d'idées. Pas par amour de la chicane mais parce que le débat, seul, nous donne l'intelligence de la complexité de nos sociétés et de notre capacité collective à continuer leurs constructions, dans la diversité citoyenne. En attachant également une attention particulière à défendre le droit au blasphème. Là encore, non par goût de la provocation en soi, mais pour protéger la transgression créative sans laquelle la pensée est enfermée dans le cercle étroit et stérile des bien-pensances et des conformismes. La liberté ne se divise pas.* » Transmis à Dieudonné ! Si l'on était taquin, on appellerait ça de la « récupération politique en chialant ». Au début de sa carrière,

---

Jean-Louis Borloo : « *Cela n'aurait aucun sens que deux mâles blancs, qui ne viennent pas de ces quartiers proposent un plan* ».

en Côte-d'Ivoire, elle était consternée par l'entre-soi des expatriés occidentaux, entre-soi qui ne la dérange plus quand il s'étale encore plus flagrante à la la DILCRAH. Comme Vincent Tiberj, elle concède que le racisme sur le long terme diminue, mais il ne faut surtout pas se fier aux statistiques : « *Sur le long terme, le racisme en France diminue, le temps des ratonnades est révolu, mais le racisme qui se développe aujourd'hui est plus sournois et n'est plus réservé aux franges extrêmes. Il pénètre toutes les couches de la société.* » Bigre ! Elle déplore en particulier que la présence sans cesse accrue et toujours constructive des Roms dans les grandes villes ne soit pas perçue avec les yeux de Chimène. Léonarda reviens ! On t'aime !

Denis Peschanski

Issu d'une famille juive d'Europe de l'Est, directeur de recherche au CNRS, militant communiste jusqu'en 1981 (comme Gérard Noiriel, mais lui en a été exclu comme « agent infiltré par la bourgeoisie »), historien spécialiste du parti communiste et de la période Vichy (les fameuses « heures les plus sombres »), sur laquelle il a écrit plusieurs ouvrages et réalisé plusieurs documentaires. Candidat malheureux pour le PS aux cantonales et aux législatives en 2011 et 2012, il rejoint en 2017 le mouvement en Marche ! Et cosigne une tribune avec des chercheurs et des universitaires appelants à voter Emmanuel Macron au premier tour, confirmant ainsi a posteriori les soupçons du PCF à son encontre. Comme Marc Knobel, autre membre du conseil scientifique de la DILCRAH, que nous évoquerons plus loin, Denis Peschanski est un rouage majeur de la communauté juive organisée dont le CV approche en densité dans ce domaine celui de son collègue, ce qu'il faut faire ! « *Associé à deux fondations, la Fondation pour la Mémoire de la Déportation et Fondation pour la Mémoire de la Shoah, il préside le conseil scientifique du Mémorial du camp de Rivesaltes depuis 2001. Depuis 2006, il préside le conseil scientifique du Mémorial de Caen. Depuis 2009, il est membre du conseil scientifique du mémorial de la Shoah, depuis 2012 du conseil scientifique d'Yahad-in-Unum (présidé par Édouard*

Husson), depuis 2017 du conseil scientifique de l'OSE (Œuvre de Secours aux Enfants ; CS présidé par Arnold Migus) et depuis 2017 du conseil scientifique de l'Établissement de Communication et de Production Audiovisuelle de la Défense (ECPAD[91]). *En 2011 et 2012, il a été conseiller près le président du conseil général de Seine–Saint-Denis pour les questions d'histoire et de mémoire de la Seconde Guerre mondiale.* » (Wikipédia) Marié premièrement à l'historienne Catherine Darbo avec qui il a eu deux enfants, il est marié depuis 2013 avec Carine Klein. En février 2019, il a été traumatisé par l'agression verbale dont a été victime Alain Finkielkraut de la part d'un Gilet jaune. Gilets jaunes qu'il juge d'ailleurs responsables de la recrudescence de l'antisémitisme[92] : « *Il s'épanouit dans un*

---

[91] Site du ministère des armées : « *Constitué en établissement public administratif depuis 2001, l'ECPAD est devenu une agence d'images de référence et un centre de production audiovisuelle de premier plan. Dépositaire d'un patrimoine sans cesse enrichi depuis 1915, de l'autochrome au reportage numérique, il réalise des reportages photo et vidéo en France et dans le monde, contribuant ainsi à une meilleure compréhension de l'actualité de la Défense. L'ECPAD a pour mission de garantir la disponibilité permanente d'équipes de reportage formées aux conditions de tournage opérationnel pour témoigner en temps réel de l'engagement de nos armées dans tous les théâtres d'opérations : Côte-d'Ivoire, Liban, Afghanistan… Ces soldats de l'image transmettent leurs sujets par moyens satellitaires, pour une mise à disposition immédiate, par le réseau Globecast, aux agences de presse et aux télévisions. Ils contribuent ainsi, souvent de façon exclusive, à la réalisation de journaux et de magazines d'information. L'établissement assure par ailleurs la couverture de tout événement significatif intéressant la politique de défense.* »

[92] Est-il besoin de préciser que cette recrudescence est imaginaire ou dépourvu de crédibilité, puisque les statistiques des actes antisémites sont établies par le CRIF, qui représente les intérêts d'Israël, l'état le plus raciste du monde, en France, et que d'innombrables faux actes antisémites ont été rapportés comme tels par cette instance ? Pour ne donner qu'un exemple, rattaché à Denis Peschanski, dans l'article du Parisien où ce dernier pleure sur son ami Alain, et crache sur les Gilets jaunes, il se souvient avec nostalgie des manifestations consécutive à la profanation du cimetière de Carpentras en 1990, alors qu'il est établi

conglomérat de complotisme qui prend de l'ampleur dans la société en général et encore davantage dans le mouvement des Gilets jaunes. » Il a participé à deux séminaires de la Règle du jeu en juin 2015 : « Hommage aux résistants juifs », et « Yiddishland révolutionnaire, une épopée européenne »

Pascal Perrineau

Comme Vincent Tiberj, Pascal Perrineau est un spécialiste de la sociologie électorale. Il est comme d'autres membres professeur des universités à Sciences Po (Paris), directeur du CEVIPOF de 1991 à 2013, et comme presque tous les autres et tous les membres de la Fondation Jean Jaurès, l'extrême-droite française (et européenne) est l'un de ses domaines de prédilection. Invité régulier de l'émission C dans l'air, membre du conseil d'administration de la chaîne *Public Sénat* et président de l'association des anciens élèves de Sciences Po depuis 2016, c'est comme Nonna Mayer un ardent macroniste qui a consenti à devenir en janvier 2019, l'un des cinq garants[93] du Grand Débat National organisé pour faire semblant de répondre aux revendications des Gilets jaunes. En cette occasion Denis

---

aujourd'hui qu'il s'agissait d'une manipulation de l'opinion publique (cf. les propos d'Hubert Védrine à ce sujet).

[93] Les garants avaient pour mission de garantir l'indépendance du grand débat national. Deux ont été nommés par le gouvernement, les trois autres ont été nommés, respectivement par les présidents de l'Assemblée nationale, du Sénat, et du Conseil économique(CESE), social et environnemental. Bref, cinq personnalités triées sur le volet par le pouvoir, issues du sérail, et aussi « indépendantes » et impartiales qu'Emmanuel Macron et Édouard Philippe. Les quatre autres membres étaient Jean-Paul Bailly, ancien patron de la RATP (désigné par Philippe), Isabelle Falque-Pierrotin, présidente de la CNIL (désigné par Philippe), Nadia Bellaoui, secrétaire générale de la Ligue de l'enseignement (désignée par le CESE), Guy Canivet, ancien membre du Conseil constitutionnel (désigné par Richard Ferrand, président de l'A.N.). M. Perrineau quant à lui a été nommé par le président du Sénat Gérard Larcher.

Rimbert résume ainsi son parcours dans un article du *Monde Diplomatique* d'avril 2019 : « *Depuis un quart de siècle, ce politologue poursuit à Sciences Po une quête fiévreuse et passionnée : tirer un trait d'équivalence entre contestation sociale et extrême droite.* » Il s'agit d'un parangon caricatural de la pensée unique : « *Du "oui" au traité européen de Maastricht en 1992 au "oui" au traité constitutionnel en 2005, Perrineau a, avec d'autres, imposé une règle du débat public toujours en vigueur : qui ne soutient pas les démocraties libérales penche du côté du fascisme.* » Se situant politiquement dans le camp des néoconservateurs français, il fit partie de la petite clique de traîtres pro-israéliens, à l'instar de Bernard Kouchner, qui promurent ardemment l'invasion de l'Afghanistan dans la foulée des attentats du 11 septembre 2001, et l'aventure états-unienne catastrophique en Irak en 2003 : « *Dans l'appel "Bienvenue au président Bush !", signé avec une brochette de néoconservateurs français qui, presque tous, approuveront ensuite l'invasion de l'Irak, Perrineau introduit une subtile variation dans son éternel refrain : "Islamisme et gauche radicale se rejoignent dans la même vision manichéenne d'un monde divisé entre les 'masses opprimées' et 'l'impérialisme'* » *(Le Figaro, 25 mai 2002).* » Il a été invité par la commission politique du CRIF en octobre 2013, mars 2015, reçu par les « amis du CRIF » en janvier 2017. Il a participé en février 2012 à un séminaire de la Règle du jeu en compagnie de Laurent Bouvet.

Emmanuel Debono

Pour changer un peu, Emmanuel Debono est devenu docteur en histoire à sciences-po Paris en 2010 après avoir soutenu une thèse sur « la ligue internationale contre l'antisémitisme (1927-1940) : la naissance d'un militantisme antiraciste ». C'est par ailleurs un ancien boursier de la Fondation pour la Mémoire de la Shoah, et un membre de la commission mémoire et transmission de la FMS. Il tient un blog sur le *monde.fr* intitulé « Au cœur de l'antiracisme ». Sur la centaine d'articles longs et fouillés que l'homme y a publiés depuis 2014, c'est bien simple, il n'est question *que* de racisme, d'antisémitisme, de dénonciation de l'extrême droite, de piques contre l'homme blanc et ses privilèges. Opposant déclaré à Dieudonné et Alain Soral, il dénonce la liberté trop grande que permet internet, qu'il dénonce en mode typiquement AC : « *La crainte d'une contagion du racisme et de l'antisémitisme se trouve aujourd'hui renforcée par ce que nous savons des effets de la désinformation, lorsqu'elle est promue par un support technique aussi puissant qu'internet. Les plateformes et réseaux sociaux favorisent l'enfermement dans les idées et la constitution de communautés virtuelles, à même de retrancher l'individu de la réalité commune et de faciliter le passage à l'acte.* » Rudy a dû lui souffler ce désormais répandu amalgame « complotisme = antichambre du geste homicide et des génocides ». Puisque Debono parle d'enfermement, nous lui conseillons à notre tour d'ouvrir ses fenêtres, voire de changer d'immeuble… promotion de ses ouvrages par la LICRA, grande interview par le cercle de la LICRA, interview par Marc Knobel (DILCRAH) pour le CRIF, relai de sa thèse par la FMS, interventions régulières sur le campus numérique juif *Akadem*. Sur son compte tweeter, Emmanuel Debono relaie exclusivement les productions AC (Rudy, Tristan Mendès France, Raphaël Enthoven, FMS, etc.), et se félicite de toute mesure prise contre les opposants politiques. Bref, c'est un rouage essentiel de la communauté juive organisé et un escroc AC très engagé.

Tommaso vitale

Sa fiche Sciences Po (décidément) commence ainsi : « *Tommaso Vitale est Associate Professor de Sociologie à Sciences Po, et directeur scientifique du master Governing the Large Metropolis à l'École Urbaine.* » Ses thèmes de recherche principaux s'inscrivent dans les champs de la sociologie urbaine et de la sociologie politique. Ses thèmes de recherche sont les « *contextes structurels d'opportunités d'intégration, contrôle des frontières, tensions entre mécanismes endogènes et exogènes de changement urbain, mécanismes de diffusion et légitimation du racisme, lobbying du secteur associatif et influence politique sur les gouvernements des grandes villes, Roms et les Sinti dans les villes européennes.* » Il a participé en décembre 2019 à une conférence sur les impacts des attentats de 2015 sur l'opinion, avec Nonna Meyer, Vincent Tiberj, et Guy Michalat. En avril 2016, il commente avec ses deux compagnons les résultats du rapport 2015 de la CNCDH sur l'état du racisme, de l'antisémitisme, et de la xénophobie en France, appuyée sur un sondage Ipsos réalisé début janvier 2016. Si le sondage constate une hausse du sentiment anti-Islam, bien compréhensible vu le contexte extrêmement tendu, il constate surtout que « *la société française refuse les amalgames et valorise l'acceptation de l'autre* », également que les préjugés antisémites sont en recul. Même les préjugés (sic) envers les Roms (qui vivraient de vols et de trafics et exploiteraient leurs enfants) sont en recul. À l'exemple de Vincent Tiberj, cela ne l'a pas dissuadé un an plus tard de juger utile d'intégrer une structure comme la DILCRAH.

Et comme encore une fois nous nous nous trouvons dans une situation où les statistiques font état d'une réalité qui ne colle pas ce que l'on souhaite, seul le *ressenti*, finalement, lui, ne mentant pas : nous allons résumer le « pourquoi la DILCRAH ? » en une formule : *Tous les sondages et indices montrent que nous n'assistons pas vraiment à une montée du racisme et de l'antisémitisme, la tendance, déjà très faible, serait même plutôt à la décrue, mais il est évident qu'il est de la plus extrême urgence de faire de la lutte contre le racisme et l'antisémitisme le combat du XXIème siècle.*

Nous renvoyons pour preuve à l'article de commentaire hallucinant de mauvaise foi de Marc Knobel (DILCRAH, voir son portrait plus loin), intitulé « Les Français n'ont jamais été aussi tolérants (étude de la CNCDH) Qu'en penser ?[94] »

Marie-Anne Matard-Bonucci

---

[94] « Les Français n'ont jamais été aussi tolérants (étude de la CNCDH), qu'en penser ? », Marc Knobel, *revuecivique.eu*

Pour changer, vraiment ! Marie-Anne Matard-Bonucci est *normalienne*, agrégée et docteur en histoire, professeur à l'université Paris 8, membre de l'institut universitaire de France. Pour ne pas changer, l'objet de ses recherches est le fascisme et la violence politique et sociale dans l'Italie moderne, plus récemment l'antisémitisme en France et en Italie, sujet sur lequel elle a publié un livre : *Antisémythes — L'image des juifs entre culture et politique 1848-1939* (Nouveau Monde Éditions, 2005). Elle est par ailleurs présidente de l'Association de Lutte contre l'Antisémitisme et les Racismes par la Mobilisation de l'Enseignement et de la Recherche (ALARMER), fondée en janvier 2019. Et finalement, pour ne rien changer, elle est chercheuse associée au Centre d'histoire de sciences-po Paris. Ah oui… et pour ne rien oublier elle est membre de la commission Histoire de l'Antisémitisme et Histoire de la Shoah de la FMS. En mai 2018, au micro de *franceinfo junior*, elle a répondu à des questions d'enfants de CM1/CM2 préenregistrées (et très probablement suggérées voire dictées, les enfants de cet âge n'ayant strictement rien à foutre des juifs et de l'antisémitisme) sur l'antisémitisme. Les réponses sont encore plus nulles que les questions des enfants.

Abdennour Bidar

Abdennour Bidar semble avoir été moulé dans la catégorie des « musulmans de service » dénoncés par Vincent Geisser dans *La nouvelle islamophobie*, dont nous avons parlé au début de cet itinéraire d'un AC gâté. S'opposant résolument à l'Islam traditionnel, sur le ton du donneur de leçons, pour prôner un Islam des Lumières débarrassé de ses scories obscurantistes — ce qu'il appelle les « maladies de l'Islam » — et compatible avec les *valeurs de la république*. Rappelons que ces types de personnes ne représentent pas leurs « communautés » dans lesquels ils sont généralement considérés comme des traîtres. Il n'est d'ailleurs que le fils d'une Française catholique convertie à l'Islam et en partie élevé par un père adoptif marocain. Quarantenaire hyper actif, l'homme est chargé de mission sur la pédagogie de la laïcité au ministère de l'Éducation nationale et au Haut Conseil de l'Intégration, planche sur des outils de formation, forme lui-même corps d'inspection et chefs d'établissement, et anime des conférences sur le sujet. Il est promu au Conseil de la laïcité le 5 janvier 2016 et appartient au comité de rédaction de la revue *Esprit*. Il présente l'émission *Cultures d'Islam* sur *France Culture*, et est régulièrement invité dans tous les médias où il fait la promotion de ses nombreux ouvrages. Le 7 janvier 2015, à 20 heures, dépassé en vitesse par le seul charlatan Thierry Meyssan, mais avec le même opportunisme, il publie une longue lettre intitulée « résister collectivement à la haine » dans laquelle il explique déjà toutes les leçons qu'il faut retirer de la tuerie de *Charlie Hebdo* : « *je dénonce leur perversion absolue de la référence à l'islam, tout en ajoutant que celui-ci est décidément bien malade, bien en crise, pour être revendiqué par de telles abominations ! Nous voilà tous exposés dès maintenant au risque gravissime que cet islam devienne définitivement le casus belli qui ruine notre société, au risque radical que celle-ci se déchire totalement en tombant dans le piège de confondre islam et barbarie, et d'accuser tous les musulmans de cette barbarie. Saurons-nous garder la tête assez froide pour éviter cela ? Serons-nous assez nombreux à garder un discernement lucide pour éviter que cet amalgame se produise ? Pour éviter que les musulmans fassent — à cause de quelques fous — l'objet d'un rejet massif, d'une hostilité et d'un racisme généralisés ?* » Ils n'ont donc trouvé qu'un seul descendant de l'immigration africaine pour figurer sur la photo de famille de la DILCRAH, et c'est un demi-maghrébin islamophobe !

Gilles Kepel

Diplômé de philosophie et d'anglais, Gilles Kepel devient arabisant après un séjour en Syrie à l'Institut français de Damas. Il est également diplômé de science-po. En 1984 il publie *le prophète et le pharaon*, ouvrage encore aujourd'hui de référence. Jusqu'à son basculement à la fin des années 90 (avec tous les autres) dans le camp « islamistophobe », c'est le seul intellectuel pour lequel Vincent Geisser, non sans un pincement au cœur, conserve de l'estime et une forme de nostalgie pour le maître qu'il fut[95]. Nommé chercheur au CNRS en 1995, c'est un collaborateur régulier du *Monde*, du *New York Times*, de la *Reppublica*, d'*el Pais*. Il est membre du haut conseil de l'Institut du Monde Arabe et directeur des études au programme sur le Koweït à Sciences Po Paris. Depuis février 2016, il a été nommé directeur de la chaire d'excellence Moyen-Orient Méditerranée à l'Université Paris Sciences et Lettres (PSL), basée à l'École

---

[95] À l'évidence, Gilles Kepel, après les attentats du 11 septembre 2001, s'est placé dans le camp huntingtonien des tenants néoconservateurs du « choc des civilisations ». Vincent Geisser : « *D'aucuns considèrent que Gilles Kepel est un auteur familier du mélange des genres, qui fait se côtoyer l'érudition et une tendance à la vulgarisation à outrance sur des thématiques d'actualité telles que l'islamisme, le djihadisme transnational ou l'implantation des réseaux fondamentalistes en France. Il faut malgré tout reconnaître qu'il a été souvent un excellent vulgarisateur de recherches sociologiques approfondies sur l'islam de France et les mouvements islamistes dans le monde arabe. Son livre, Les banlieues de l'islam. Naissance d'une religion en France, publiée en 1987, demeure un ouvrage de référence qui a nourri plusieurs générations d'étudiants, de jeunes chercheurs, d'universitaires confirmés ou de fonctionnaires s'essayant à la sociologie du fait musulman hexagonal. De même, son ouvrage de jeunesse, Le Prophète et Pharaon a été l'un des premiers de l'espace francophone à s'intéresser au rôle des mouvements islamistes dans le champ politique égyptien. De ce point de vue, l'auteur a incontestablement contribué à diffuser auprès du grand public un savoir académique sur les phénomènes ayant trait à l'univers islamique, en faisant le pont, au sens fort du terme, entre les deux rives de la Méditerranée. (…) Le problème principal du livre tient au fait que l'auteur joue en permanence sur l'ambivalence, ne précisant pas s'il s'agit d'un phénomène collectif et massif ou d'un fait minoritaire, voire marginal. Plus grave, il fait de cette ambivalence la trame principale de son ouvrage, luissant planer l'idée que le djihadisme serait devenu la nouvelle utopie mobilisatrice des "banlieues de l'islam". En ce sens, la thèse procède d'un double essentialisme : les banlieues populaires ramenées au statut de "quartiers musulmans" où prévaudraient chez les habitants un "habitus" islamique, et ces mêmes "quartiers musulmans" réduits à la représentation anxiogène de "foyers du djihadisme".* »

normale supérieure. Si on le compare à la plupart de ses frères et sœurs de la DILCRAH, nous avons pour le coup affaire à une vraie pointure. En mars 2012, il est nommé pour deux ans au Conseil Économique, Social et Environnemental (CESE, voir portrait de Pascal Perrineau). Militant trotskyste dans sa jeunesse, il a participé à la réunion du groupe de Bilderberg 2015. Il conseille Emmanuel Macron avec qui il s'entretient régulièrement, et qu'il lui arrive souvent d'accompagner dans ses voyages à l'étranger. Ses prises de position sont systématiquement relayées par le CRIF. Il est régulièrement interviewvé sur *Akadem*, le campus numérique juif. Il a collaboré, sous le patronage de la Fondation pour la Mémoire de la Shoah (FMS), aux éditions du CNRS, à un ouvrage collectif[96] d'hommage à Pierre-André Taguieff, le père contemporain de tous les acteurs AC d'un certain niveau (« notre père à tous » lit-on souvent). Présenté sur le site *Chlou'him.com* comme « non-juif et athée », il assiste tout de même aux offices de Yom Kippour[97] à la synagogue. La vérité si je mens !

---

[96] Présentation du site de la FMS : « *Cet ouvrage rassemble les contributions de 91 auteurs, dont les textes font écho aux questions qui nourrissent ses recherches sur les mythes modernes — qu'ils soient progressistes ou déclinistes — et accompagnent le regard incisif qu'il porte sur les maux de notre monde contemporain. Parmi les auteurs, on retrouve : Gérald Bronner, Laurent Bouvet, Pascal Bruckner, Johann Chapoutot, Gilles Clavreul, Isabelle Cohen, Emmanuel Debono, Frédéric Encel, Alain Finkielkraut, Élisabeth de Fontenay, Marcel Gauchet, Nathalie Heinich, Laurent Joly, Jacques Julliard, Gilles Kepel, Marc Lazar, Richard Prasquier, Michaël Prazan, Rudy Reichstadt, Henry Rousso, Boualem Sansal, Alain Seksig, Antoine Vitkine, Michel Winock… et bien d'autres.* »

97 Quatre-vingt-treize avec Gilles Keppel, Akadem, février 2012 : « *À Clichy Montfermeil, globalement il y a très très peu de juifs. Il y a une communauté juive très importante au Raincy. Et donc j'ai assisté justement aux offices de Kippour, et c'est tout à fait amusant, parce qu'on voit les élus, ou ceux qui veulent être élus, qui passent de la synagogue, du Kippour, le Kippour est arrivé juste après l'Aïd-el-Kébir, donc on voit les mêmes qui vont à Kippour et qui vont à la*

Marc Knobel

Sans faire dans l'hyperbole, l'existence tout entière de Marc Knobel est consacrée à la défense des juifs et d'Israël, et la traque et la dénonciation de la « haine anti juive » : directeur des études au Crif depuis septembre 2012, Précédemment, il a été attaché de recherches au Centre Simon Wiesenthal à Paris, ancien vice-président de la LICRA et membre de l'Observatoire sur l'antisémitisme. Par ailleurs, en tant que rapporteur à la CNCDH, il remettait tous les ans des études sur le racisme sur l'internet, publiées dans le rapport annuel de la CNCDH (2000-2012). Il est membre de la commission de lutte contre l'antisémitisme et au dialogue interculturel à la FMS ; ancien codirecteur du groupe de travail sur l'antisémitisme en Europe de l'Ouest auprès du Global Forum for Combating antisemitism (Israël) ; membre du Conseil consultatif International de l'Online Hate Prevention Institute (Australie) ; conseiller en France et en Europe de l'Institute (US) for the Study of Global Antisemitism and Policy (ISGAP), correspondant à Paris des Cahiers Naturalistes — Société littéraire des Amis D'Émile Zola ; membre du conseil éditorial de la Revue Civique (revue en partenariat avec la Société d'encouragement pour l'industrie nationale). Il est également blogueur et/ou chroniqueur au *Huffingtonpost* France, Québec, *Trop Libre* (Fondapol), *Times of Israël*, *Actualité juive* ; beau-frère des compagnons de Jéhu... Et c'est tout ! On comprend qu'il n'ait pas le temps de donner des cours à sciences-po. Le concernant on pourrait inventer le terme clinique d'*hypocondrie antiraciste*, dans le sens, où, même quand, par exemple, la CNCDH publie un rapport annuel indiquant une baisse générale du racisme et de l'antisémitisme sur le long terme, il se fend d'*un*

---

mosquée, en pèlerinage... après tout c'est peut-être ça la vie démocratique... il n'y a peut-être pas de raison de s'en inquiéter outre mesure, mais c'est amusant parce que les discours sont parfois contradictoires les uns avec les autres, mais bon c'est la vie... Dans l'expérience que j'ai eue pendant un an je n'ai pas assisté à des incidents à proprement parler. »

article[98] dans lequel il énumère pas moins de *quinze* « réserves » suggérant qu'il faut se méfier des chiffres et ne pas être « benoîtement optimiste. »

Gilles Finchelsteïn

Issu des grands-parents roumains et polonais juifs qui ont commencé dans le Sentier et œuvraient dans le cuir et le vêtement, il se définit comme n'ayant aucune croyance, laïc, mais *attaché à l'histoire et à la culture juive*. Diplômé de sciences-po Paris, directeur général de la fondation Jean Jaurès depuis 2000, Ancien proche de Dominique Strauss Kahn dont il se présentait en 2011 comme son « sparring-partner de confiance », responsable des études d'opinion chez Euro RSCG (anciennement Havas Worldwide)[99], membre du club le Siècle, promoteur du vote obligatoire sous peine d'amende. En 2016, interviewvé par Léa Salamé sur France Inter, il déclare sa flamme à Emmanuel Macron : « *J'aime beaucoup Emmanuel Macron… Je pense que les Français apprécient chez Emmanuel Macron un homme politique différent qui est venu là pour faire des choses, et une forme de simplicité dans le rapport à la politique.* » La pauvreté argumentaire valide en effet l'état de transe amoureuse. Depuis décembre 2018, il est devenu chroniqueur tous les samedis midis du « Grand face-à-face », duel entre « libres penseurs » sur France Inter, où il affronte Natacha Polony, en remplacement de Raphaël Glucksman, autre penseur connu pour

---

[98] http://revuecivique.eu/etudes-livres-sondages/les-francais-nont-jamais-ete-aussi-tolerants-etude-de-la-cncdh-quen-penser-par-marc-knobel/#.VynleVRRF8F

[99] Sans doute à relever dans le cadre de cet ouvrage : Anne Homel, intronisée attachée de presse de Charlie Hebdo après le massacre, et au cœur de toutes les polémiques soulevées dans l'ouvrage *Après Charlie*, est la responsable médias d'Euro RSCG, considérée par DSK comme une jeune sœur, Finchelsteïn étant quant à lui un jeune frère.

sa liberté[100]. Grégory Rzepski informe dans son article sur les think tanks que ces deniers « *constitue (nt) un efficace moyen d'autopromotion. Bigorgne, Finchelsteïn et Penh figuraient parmi les soixante-cinq "intellectuels" invités à débattre le 22 mars 2019 avec M. Macron, alors que tous n'ont à faire valoir, dans la sphère intellectuelle, que des accomplissements modestes.* »

Patrick Amoyel

---

[100] Cet immense patriote a publié en 2016 un ouvrage présenté dans tous les points de vente de livres en tête de gondole, et célébré comme il se doit dans tous les médias. Intitulé, « Notre France », il y propose comme symbole de l'identité de la France et des Français le personnage de Renart dans le roman de Renart, qu'il appelle « notre père à tous » et s'en explique ainsi : « *Le Moyen-Âge nous lègue donc un voleur de poule comme père fondateur de notre identité. Qui est vraiment Renart ? Difficile de répondre. Et c'est cette difficulté qui est riche d'enseignements sur ce que nous sommes et ce que nous ne pouvons pas être. Échappant à toute tentative de classification, Renart est un animal hybride, entre chien et loup, chez lui nulle part et partout. Il n'appartient ni à la forêt, ni à la ferme, ni à la culture, ni à la nature. Il ère dans un entre-deux génétique et topographique. Bandit de grand chemin, déraciné radical qui assume la complexité de son être et en joue, il ne cesse de "gandiller" lorsque l'on prétend l'assigner à résidence identitaire. Il est tout et rien à la fois, le nom d'un "trouble de la personnalité" originel.* » (p. 27) Quelle définition curieuse ! Il s'agit là d'une inversion mensongère typique des auteurs cosmopolites. Dans sa tribu Glucksmann doit avoir beaucoup de « bandits de grand chemin», qui sont « chez eux nulle part et partout », et « errent dans un entre deux génétiques et topographique ». Comme BHL Glucksmann ne parle ici au fond que de lui-même et des siens, et projette sur la communauté nationale ses propres traits. Plutôt que parler de « notre père à tous », il devrait se contenter de parler du sien à lui, André, membre fondateur du Cercle de l'Oratoire dont nous avons déjà parlé, aux côtés duquel il publiait au début des années 2000 avec Rudy Reichstadt, dans la revue des néoconservateurs français, le *Meilleur des mondes*.

Le meilleur pour la fin... Psychanalyste, directeur des recherches et études freudiennes de Nice, proche du journaliste Mohamed Sifaoui, l'angle d'analyse essentiel de Patrick Amoyel est d'expliquer que la radicalisation terroriste, « jihadiste », ou « daéchienne » pour user des termes impropres qu'il aime à employer, est un phénomène propre à l'Islam et aux musulmans, incitant ces derniers à reconnaître leur responsabilité collective dans tous les attentats des dernières années, et niant le fait que l'écrasante majorité de leurs auteurs sont des ex-délinquants salafisés souffrant de graves troubles psychiatriques ou de l'identité. L'homme revendique mensongèrement dans ses conférences la qualité d'« historien ». Il intervient souvent en compagnie de Benjamin Erbibou, son coreligionnaire juif et collègue dans l'association « En quête de sens », financée par des subventions publiques, et dont l'objectif affiché est de prévenir contre la radicalisation islamiste. Lisez cette anecdote hilarante racontée par un assistant à l'une des conférences de ces « Bouvard et Pécuchet de la radicalisation », pour reprendre une des expressions de son très plaisant récit : « *Le 12 décembre 2016, une seconde journée de formation menée par les mêmes intervenants fut consacrée à la laïcité. Celle-ci s'est ouverte par une virulente apostrophe de M. Amoyel à mon encontre qui crut bon de laisser accroire que je lui déniais le titre d'enseignant. J'ai immédiatement corrigé ses propos en précisant que je le savais enseignant et psychanalyste mais que des trois titres dont il s'était prévalus, à savoir chercheur, psychiatre et historien, tous étaient fictifs puisqu'il n'est pas médecin et qu'il ne produit aucun travail de recherche. Furieux, il m'a répondu qu'il avait reçu une "formation en médecine", ce qui ne fait évidemment pas de lui un médecin. Il m'a demandé ce que signifiait pour moi être historien et j'ai répondu que cela impliquait un travail de rédaction soit d'une thèse, soit tout au moins d'une production écrite. Me reprochant de m'être renseigné sur lui, M. Amoyel m'a accusé d'user de "méthodes fascistes" et d'être — je cite — "effrayant". J'ignorais que la vérification des sources était une caractéristique de la méthodologie fasciste.* » Recruté le 9 février 2016 au conseil scientifique de la DILCRAH, intervenant auprès de l'institut européen Emmanuel Lévinas, « Patrick » Amoyel (info Panamza) « *sur une page Facebook dénommée "Fier d'être juif" et suivie par plus de 40 000 abonnés, a promu son nouveau livre : "RadicalisationS, Petit Livre Rouge à l'attention des égarés et des perplexes"* ». Il a par ailleurs été mis en examen et écroué pour viol d'une jeune fille de 16 ans et exercice illégal de la médecine en avril 2017. Il est exclu de la DILCRAH en cette circonstance. Quand même !

Déjà parus

ÉDITIONS LE RETOUR AUX SOURCES

HONGBING SONG

LA GUERRE DES MONNAIES
LA CHINE ET LE NOUVEL ORDRE MONDIAL

Une guerre mondiale est en cours, qui a des monnaies pour armes et pour munitions, une guerre aussi meurtrière qu'elle est, à ce jour, invisible...

ÉDITIONS LE RETOUR AUX SOURCES

JOSEPH TAINTER

L'EFFONDREMENT des SOCIÉTÉS COMPLEXES

L'auteur passe en revue une vingtaine de cas d'effondrement...

ÉDITIONS LE RETOUR AUX SOURCES

Gottfried Feder

Manifeste pour briser les chaînes de l'usure

Un livre prophétique pour alerter l'opinion sur le risque d'hyperinflation...

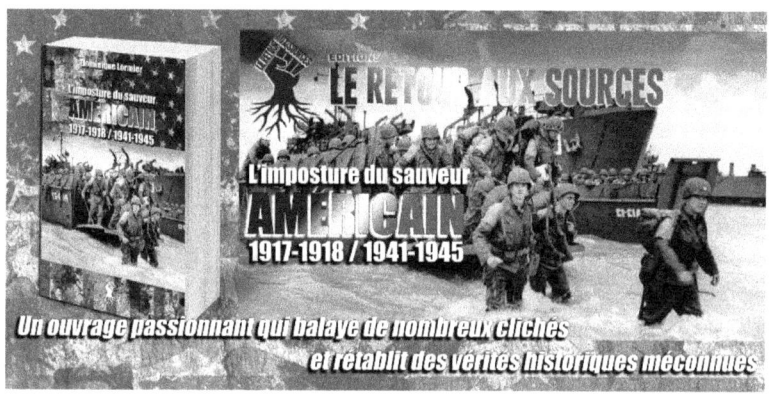

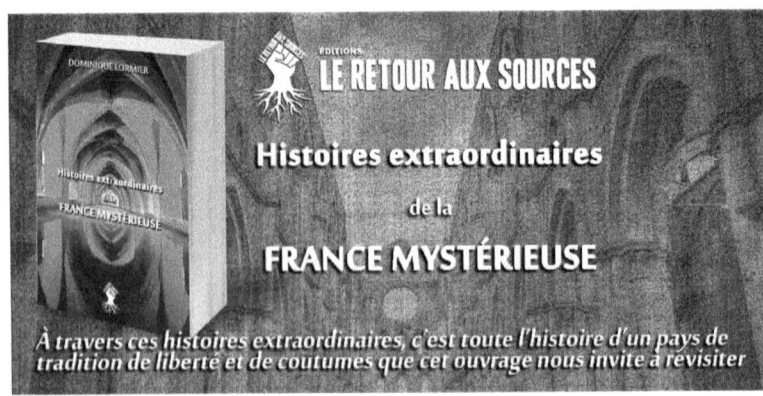

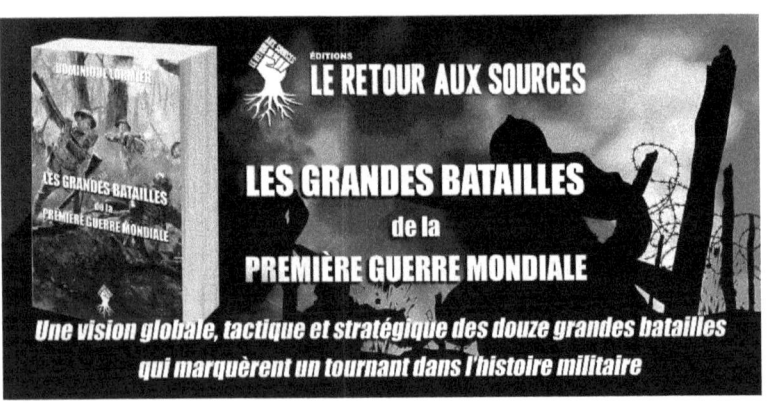

Lightning Source UK Ltd.
Milton Keynes UK
UKHW020635120722
405737UK00008B/259

9 781913 890513